スウェーデンの高齢者ケア

その光と影を追って

西下彰俊
nishishita akitoshi

新評論

はじめに

「スウェーデンはすでに研究し尽くされているのに、今ごろスウェーデンに留学する意味があるのですかね？」

　これは、親しい友人と長時間居酒屋で飲んでいたときに彼の口から出た言葉である。彼も私もずいぶんと酔いが進んでいたのであるが、この一言ですっかり酔いがさめてしまった。ちょうど、1998年の春、スウェーデンに出発する数か月前の出来事である。

　この友人は大変義理堅く、留学祝いとして金一封を用意してくれるような人物である。冒頭の言葉は、別に他意はなく本心なのであろう。同業者であるこの友人は、専門分野は異なるので、ほぼ一般の人の感覚からスウェーデンに留学する意味を私に確認したかったのだろう。

　実は、友人のこの言葉には半分の真実があった。というのも、スウェーデンに留学するにあたって当時の私は、独自の分析視角やテーマをもっているわけではなかったからだ。つまり、独自の分析視点があれば「研究し尽くされている」という言葉にすぐさま反論して「留学の意味がある」と言えたわけである。

　しかし、今は違う。スウェーデンに留学してからではあるが、本書の内容が示すように独自の分析視角を少しはもつことができたし、これまでのスウェーデン研究にはない新しい研究課題をいくぶんかは発見することができたということを考えても留学した意味は十分にあったと断言できる。このことを証明するために本書を著した。

　当時を遡ること３年。私は、当時勤務していた大学で福祉系の学科を設立する準備委員となり、週９コマと非常勤の２コマをこなしながら新学科の人事、文部科学省に提出する書類の作成・修正、文部科学省への

出張で忙殺されていた。半年以上にわたって毎日夜10時すぎまで残業をせざるをえないという激務の中、突然、頸椎椎間板ヘルニアを患ってしまった。医者からはストレスを溜めない生活をすすめられた。

　日本にいてはストレスが溜まる一方と判断した私は、新学科設立後、一切の仕事から離れて転地療養するために留学を思い立った。誠に不純な動機である。大学で高齢者福祉論を教えており、漠然とスウェーデンには関心があったので、留学先もスウェーデン以外には考えられなかった。しかし、留学するまでスウェーデンの高齢者ケアに関する研究論文を書いたことはまったくなく、もちろんスウェーデンへ行ったこともなかった。つまり、スウェーデンの高齢者ケアに関する先行研究の影響で、一般の人と同じレベルで「スウェーデンは高齢者ケアの進んだ国」という漠然とした印象しか、もち合わせていなかったのだ。ただ、一つだけ言えば、いくら「福祉国家スウェーデン」と言われていても何か問題があるはずだ、先行研究はそれを隠しているのではないかという疑念だけは抱いていた。

　当時はスウェーデン研究をしていたわけでもなかったので、留学をするにあたってそれを受け入れてくれる教授を探さなければならなかった。そこで、かつての同僚である奥山正司先生（東京経済大学教授、当時、財団法人東京都老人総合研究所研究員）に相談したところ、「東京都老人総合研究所」[★1]と交流をもっていたスウェーデンの高齢者ケア研究者であるウーベ・アンベッケン（Owe Anbäcken）先生（Linköping University, Tema Institute）とエルスマリー・アンベッケン（Els-Marie Anbäcken）先生（Linköping University）をご紹介いただいた。両先生には、留学中のホストファミリーを引き受けていただいただけでなく、アパートの紹介や家具などの準備まで、言葉に言い表せないほど親切にしていただいた。熱心なクリスチャンであるお二人には、リンショーピングの教会での行事やパーティに誘っていただいたりもした。留学中に様々なスウェーデン人との交流ができたことは、言うまでもなく両先生のおかげで

ある。

　さらに研究面では、効果的なフィールドワークができるように何度か訪問先に問い合わせをしていただいたり、情報を与えていただいたりした。両先生とも多忙な方であるため、お二人の研究成果を教えていただく機会には恵まれなかったが、私が自らの問題関心に従って自由に調査研究できる機会を得ることができたことに感謝したい。本書で取り扱う様々なトピックスおよび着眼点は、この自由な時間が確保できて初めて生まれたものであり、そのような環境をつくっていただいたお二人には非常に感謝している。

　ところで、常々学生には、知識を身につけるよりも「想像力」を高めるように指導しているのだが、想像力をより高めなければならなかったのはどうやら私のほうだった。スウェーデンという国でのんびりと生活することは逆に難しい。留学して3か月後の11月からは毎日雪が降り、日照時間が日ごとに短くなる。そして、その雪は3月まで続いた。のんびりしていては逆に心身の健康が維持できないことに気づき、転地療養は諦めて研究に専念することにした。そして何よりも、ウーベ・アンベッケン先生は「テマ（Tema）研究所」の先生方のなかでも特にユーモアとウィットに富んでおられたので、厳しい自然環境のもとでの留学であったが、彼の存在は私の精神衛生面で大いにプラスになった。このすばらしいお二人の先生をご紹介いただいた奥山先生にこの場を借りて感謝申し上げたい。

★1　美濃部東京都知事の時代、1972年度に創設された四つの都立研究所の一つ。1981年に財団法人化され、2002年には「財団法人東京都高齢者研究・福祉振興財団東京都老人総合研究所」に改組され現在に至る。発足当時から、基礎医学、臨床医学、社会学、社会福祉学、心理学、看護学などの幅広い分野の研究者が所属し、2003年度までは日本で唯一の高齢者問題の学際的な専門研究施設であった。なお、2004年度には愛知県に「国立長寿医療センター」がスタートしている。住所は、〒173-0015　東京都板橋区栄町35番2号　電話：03-3964-3241。http://www.tmig.or.jp/J_TMIG/J_index.html

凡例

　本書では、脚註と引用文献註の二つを用いている。

・脚註は、本文中に示した用語について★1、★2……のように表記し、当該ページかその前後のページの下部において、同じく★1、★2……のように表記し、主として用語説明を行っている。
・引用文献註は、本文中の当該箇所に（1）（2）……のように表記し、各章の最後に「引用文献註」として、同じく（1）（2）……のように表記し、それぞれ引用した文献タイトルおよび引用箇所のページを明示している。
・本文中の SEK はスウェーデンの通貨単位クローナのことである。

もくじ

はじめに i

序章　スウェーデンの社会的文化的背景　3

1　本書執筆の動機　3
2　スウェーデンの社会的文化的特徴　4
3　作家と高齢者問題　5
　　　　コラム　イヴァル・ロー＝ソサイエティ　8
4　高福祉高負担の内実　9

第1部　スウェーデンと日本の高齢者ケア政策に関する構造的問題　11

第1章　エーデル改革後の社会的入院費支払い責任をめぐる構造的問題　12

1　エーデル改革の評価　12
2　全コミューンに対するアンケート調査の結果　19
3　結論　23

第2章　スウェーデンにおけるニーズ判定　25

1　はじめに　25
2　ヘリューダコミューンの場合　27
3　レールムコミューンの場合　29
　（1）アンナ・アンダーソンさんのニーズ判定　29
　（2）認定された援助と広がり　30
4　リンショーピングコミューンの場合　30

　　　　　（1）ADL の測定スケール　30
　　　　　（2）高齢者のケアニーズとケアアセスメント　32
　　　5　ベクショーコミューンの場合　34
　　　6　ティエルプコミューンの場合　36
　　　7　まとめと今後の課題　44

第3章　日本における要介護認定の現状と問題点　46

　　　1　はじめに　46
　　　2　認定調査票の各質問項目の妥当性および問題点　47
　　　3　中間評価項目得点に関する構造的問題　57
　　　4　結論と今後の課題　60

第4章　サービス利用時の自己負担額のコミューン間格差に関する構造的問題　62

　　　1　サービス利用時における自己負担額のコミューン間比較　62
　　　　　（1）在宅サービスの自己負担　62
　　　　　（2）「介護の付いた特別住宅」入居者の自己負担　72
　　　2　自己負担額のコミューン間格差に対する政府の反応　74

第5章　介護の付いた特別住宅の運営に関する入札制度と官民間競争原理　78

　　　1　はじめに　78
　　　2　高齢者ケア施設運営と入札　79
　　　　　（1）財源と運営の4分類　79

　　　　（2）入札の具体的プロセス　80
　　　　（3）民間委託の現状　81
　　3　介護スタッフの身分移動　87
　　　　（1）コミューンから民間組織への変化　87
　　　　（2）民間組織からコミューンへの変化　87
　　4　入札制度に対する評価と課題　88
　　5　結論と今後の課題　91

第6章　高齢者虐待防止法としてのサーラ法の成立とその後の展開　93

　　1　はじめに　93
　　2　ポールヘルムスゴーデンにおける高齢者虐待事件　94
　　3　サーラ法に基づく通報システムの具体的プロセス　96
　　4　高齢者虐待に関する調査の結果　100
　　5　二つのレーンにおける高齢者虐待のデータ　106
　　6　高齢者虐待の具体的内容　106
　　7　結論と今後の課題　108

第7章　スウェーデンにおける住宅改修サービスの現状と課題　113

　　1　はじめに　113
　　2　各コミューンの住宅改修サービスの実績　113
　　3　ヘリューダコミューンにおける住宅改修補助金の申請方法　120
　　4　スウェーデンにおける住宅改修サービスの問題点　123
　　5　結論と今後の課題　126

第8章　日本における住宅改修サービスの現状と課題　128

1　はじめに　128
2　住宅改修サービスの内容　128
3　介護保険下の住宅改修の実績　130
4　ケアマネジャーの限界と期待　132
5　住宅改修をめぐる不正受給の可能性とその防止　132
6　住宅改修サービスに関する新しい枠組み　134
7　結論と今後の課題　137

第2部　スウェーデンと日本のケア実践に関する構造的問題　139

第9章　スウェーデンにおける介護スタッフの勤務スケジュールの現状と問題点　140

1　グループホームの誕生　140
　　コラム　バルブロ・ベック＝フリス　141
2　高齢者ケア施設での新しい取り組みとしてのスヌーズレン　143
3　ヘリューダコミューンにおける介護スタッフの勤務スケジュール　147
　（1）ユニット・リッラローダの場合　147
　（2）アンネヒルの場合　154
4　フィンスポングコミューンにおける介護スタッフの勤務スケジュール　159
5　ピーテオコミューンにおける介護スタッフの勤務スケジュール　162

  6 ユードレコミューンにおける介護スタッフの勤務スケジュール 165
  7 介護スタッフの夏休みとアルバイトに関する構造的問題 168
  8 結論と今後の課題 171

第10章 日本における介護スタッフの勤務スケジュールの現状と問題点 175

  1 はじめに 175
  2 Ａグループホームの場合 176
  3 Ｂグループホームの場合 180
  4 Ｃグループホームの場合 186
  5 スウェーデンと日本における日勤スケジュールの比較分析 190
  6 結論と今後の課題 192

第11章 スウェーデンの高齢者に対するインフォーマルサポートの過去と現在 195

  1 はじめに 195
  2 隠居契約制度の誕生 196
  3 隠居契約制度の限界 200
  4 隠居契約制度の終焉 203
  5 福祉国家と「国民の家」 203
  6 現代におけるインフォーマルサポート 205
  7 日本におけるインフォーマルサポートの過去 208
  8 結論 212

終章　スウェーデン高齢者ケア研究からのレッスン　215

1　スウェーデンの高齢者ケアの構造的問題点の整理　215
（1）高齢者ケア政策にかかわる問題　215
（2）高齢者ケア実践にかかわる構造的問題　216
2　一括りの陥穽(かんせい)　217
3　スウェーデンの高齢者ケアに関する研究課題　224
4　スウェーデンと日本を比較することの意味と限界　225

おわりに　228
引用参考文献一覧　232
索引　240

スウェーデンの高齢者ケア
――その光と影を追って――

序章

スウェーデンの社会的文化的背景

▶1　本書執筆の動機

「スウェーデンの高齢者ケアは、果たして本当にバラ色か？」

筆者の研究は、この素朴な疑問からスタートしている。「はじめに」で述べたように、1998年の夏からリンショーピング大学テマ研究所で1年間にわたって客員研究員として滞在することになり、それに先んじて、スウェーデンの高齢者ケア関連の日本人研究者による文献や論文に数多く目を通した。しかし、それらの先行研究は、例外なくスウェーデンの高齢者ケアの素晴らしい部分だけを強調したものだった。

「福祉国家スウェーデンの高齢者ケアは、決してバラ色一色ではない」

どの社会でもそうであろうが、本当に素晴らしい部分もあればそうでない部分もあるはずだ。高齢者ケアに関しても、日本が目標にすべきバラ色の「光（長所）」の要素もあれば、日本が同じ轍を踏むべきでない「影（欠点、問題点）」の要素もあるということである。

高齢者ケアは、①政策にかかわるマクロな部分と、②ケア実践（直接援助）にかかわるミクロの部分という二つの次元に分けることができると考えている。スウェーデンの高齢者ケアの光の面だけでなく、影も含めてその全体像を正確かつ具体的に示したいというのが本書を執筆した大きな動機である。

この複眼的な動機と高齢者ケアの二つの次元をかけあわせた結果、以

下の四つの要素を柱として本書を構成することにした。
　❶高齢者ケア政策に関する「光」の部分
　❷高齢者ケア政策に関する「影」の部分
　❸高齢者ケア実践に関する「光」の部分
　❹高齢者ケア実践に関する「影」の部分
　これまでの高齢者ケアに関するスウェーデン研究では、❶と❸にのみに焦点を当てるという傾向が強く見られたので、本書では、❷と❹にも着目し焦点を当て、バランスの取れた「スウェーデンの高齢者ケア研究」を目指した。そして、「第1部　スウェーデンと日本の高齢者ケア政策に関する構造的問題」で❶と❷を対象とし、「第2部　スウェーデンと日本のケア実践に関する構造的問題」では❸と❹を取り上げることとした。
　もちろん、スウェーデンの高齢者ケアの光にスポットを当てる場合も影を明らかにする場合も、可能なかぎりその根拠（evidence）を具体的に示しながら論じることを基本方針としている。スウェーデンの高齢者ケアを評価する場合も批判する場合も、根拠を示すことが研究者としての最低限の姿勢だからである。主要なトピックスや論点については、できるだけ日本の高齢者ケアの実情と比較することを心がけた。なお、日本の現状と比較分析できる形になっていないトピックスについては今後の課題としたい。

▶2　スウェーデンの社会的文化的特徴

　スウェーデンには、「Lagom（ラーゴム）」という言葉がある[1]。手元にある辞書によれば、「inte för mycket och inte för lite」と解説されている[2]。英語にすれば not too much and not too little で、「多すぎず、少なすぎず、ちょうどであること」を意味する。外国の社会の現状を述べる場合、得てして対象とする特定の国を過大評価したり、あるいはまったく逆に過小評

価したりすることになりがちである。その点を十分に踏まえ、ここではlagomのスタンスから、スウェーデンの高齢者ケアをありのままに紹介することに努めたい。

このlagomという言葉は、スウェーデン社会の価値体系の一端を示す概念だが、これとは別に、「アレマンスレッテン（allemansrätten）」という豊かな自然を背景にした非常に個性的な慣習法がスウェーデンでは数世紀前から続いている。「アレマンスレッテン」は「自然享受権」と訳され、すべての人がスウェーデンの自然のなかで自由に行動できるという権利である。スウェーデンでは、あらゆる人々が、他人の所有物である池などでボートを漕ぐことができ、私有地に許可なく立ち入って自由に歩いて野のベリー、マッシュルーム、花などを摘むことが可能であるだけでなく、一晩だけならばテントをそこに張ることも可能となっている。ただし、この権利を遂行するにあたっては、ある種の珍しい花は摘んではいけない、土地の所有者、鳥、動物の邪魔にならないように十分配慮するという義務も課せられている。また、植林直後の森や庭園、種の蒔かれた農地に入ることはできない[3]。

ほかの北欧諸国にはない、世界的にも極めて稀なこのような慣習法の存在が示すように、欧米に根づいている個の自立（個人主義）を前提としながらも、スウェーデン社会は「個と個の連携、連帯性を重んじる社会」、「私的所有を相対化する価値体系をもつ社会」であると言うことができる。

▶ 3　作家と高齢者問題

全人口に占める高齢者の割合が10％に達すると、老人問題が社会問題として一般に認識されるようになると言われている[4]。スウェーデンでその比率が10％に達したのは1950年頃であり、ちょうどこの頃にイヴァル・ロー＝ヨハンソン（Ivar Lo-Johansson, 1901〜1990）が写真集

切手になったイヴァル・ロー=ヨハンソン
(イヴァル・ロー=ヨハンソン文学館入り口のショーウィンドウにて)

『ÅLDERDOM（老い）』を出版し、「老い」が社会問題として一般に認識されるようになった[5]。

　この写真集で彼は、高齢者が雑居部屋の施設に強制的に入所させられることの問題性を指摘しているだけでなく、50年以上経った今でも新しい課題となっている「高齢期における性」についても問題提起をしている。また彼は、この写真集での社会批判をさらに深化発展させ、3年後に『Ålderdoms-Sverige（スウェーデンの老後）』という著作を発表している[6]。

　なお、この両書は、渡辺博明氏（大阪府立大学教員）と兼松麻紀子氏（ソーデルトーン大学バルト・東欧研究センター大学院博士課程）の両スウェーデン研究者によって翻訳されつつある。筆者と渡辺氏がそれぞれ補論を執筆し、新評論から出版される予定である。

　ヨハンソンは、スウェーデンで最も有名なプロレタリア作家の一人である。小作農であるスタータレ[★1]の両親のもと、1901年にエスモ（Ösmo）で生まれたヨハンソンは、労働者階級や土地をもたない農民を主人公と

した小説や短編で知られている。

　彼は若い頃に農夫として働き、国民学校卒業後、地方新聞のジャーナリストとして働いた。ストックホルム（Stockholm）に移ってからは、郵便配達、ビル建設や採石場の作業員など様々な仕事に従事した。『ÅLDERDOM』を出版したのは、48歳のときである。彼の母親は自ら進んで老人ホームに入ったと言われているが、入所せざるを得ない状況であったことを息子として苦しんだようである。このことがきっかけとなって、高齢者介護の問題を社会問題として世に訴えるべく写真集を出版し、それ以後はラジオに出演したり街頭で訴えたりした。彼の訴えが功を奏し、当時の選挙で高齢者問題が初めての政策課題として取り上げられた。

　ヨハンソンは1990年に亡くなったが、亡くなる4年前から肺がんを患い、近くのホスピスで療養生活を送りながら、アパートの一室にベッドを持ち込んで休息をとりつつ執筆活動を続けた。ストックホルムを走る地下鉄のマリアトリエ（Mariatorget）駅近くにそのアパートがある。4階のフロアが現在の「イヴァル・ロー＝ヨハンソン文学館」となっており、そこにイヴァル・ロー・ソサイエティがある。

　このアパートからは、メーラレン湖、ストックホルムの市庁舎などが一望できる。いろいろと思索を重ねたのであろう。机の下の床が少しすり減っており、ここにいると、情熱をもって執筆活動に勤しんだヨハンソンの姿が目に浮かぶ。

　さて、日本が全人口に占める65歳以上の高齢者の割合が10％に達したのは1985年である。その10年以上も前の1972年に作家の有吉佐和子（1931～1984）が『恍惚の人』（新潮社）を出版し、認知症高齢者の介護について問題を提起した。スウェーデンにおいても日本においても、高齢者問題が社会問題化するきっかけが、作家の作品であるという点に注目しておきたい。

★1　1700年代から存在する最下層の貧しい農業労働者。土地財産を持たず住居、食料、衣類など現物支給を受けながら農園で働いた。

コラム　イヴァル・ロー＝ソサイエティ

　イヴァル・ロー＝ヨハンソンが1990年に亡くなって2年後に、イヴァル・ロー・ソサイエティは設立された。ヨハンソンの仕事場兼住居は、メーラレン湖が一望できるアパート（bastugatan 21番地 118 25 Stockholm）の4階にあった。そしてそこが、現在『イヴァル・ロー＝ヨハンソン文学館』となっており、イヴァル・ロー・ソサイエティ（電話 08-658 25 84）が管理運営を行っている。初代の館長はオーラ・ホルムグレン（Ola Holmgren）氏（1998年より Södertörns högskola の専任講師）で、2代目はロバート・ヤンソン（Robert Janson）氏が務めている。

　この文学館は、ヨハンソンの生涯と数多くの作品に関心をもつ人達の出会いの場であり、イヴァル・ロー・ソサイエティは、ヨハンソンの作品やプロレタリア文学への関心を広めること、そしてヨハンソンに関する研究・啓発活動を促進することを主な役割としている。

　年会費は125SEK。会員になれば、様々な催しや活動に関する情報が掲載された「会報」が定期的に送られ、文学館への入館が無料になる。パンフレットに掲載されたヨハンソンの次の言葉が、人々の心を打つ。

「人間は、自分の靴の中で生きるのではなく、夢の中に生きる存在である」

▶4　高福祉高負担の内実

　スウェーデンは、「高福祉高負担の国」と言われることが多い。果して、本当にそうであろうか。スウェーデンが高福祉の国と断定できるかどうかについては、本書において様々な角度から検証して問題提起をしている。ここでは、スウェーデンが高負担社会であるかどうかを少し見てみよう。

　高負担を議論する場合に最も重要なのが「所得税」である。スウェーデンの場合、国に支払う所得税と地方自治体に支払う所得税に分かれる。まず、国に支払う所得税については、2006年度ベースで以下のような全国一律の課税区分となっている。

❶課税所得317,700SEK[★2]以下は支払いなし。（2007年4月現在、1SEK（クローナ）＝約16円。以下同様）

❷課税所得317,700SEK超472,300SEK以下は、317,700SEKを超えた年収に20％課税。

❸課税所得472,300SEK超は、472,300SEKを超えた年収に対して5％課税。

　労働者の大多数（80％以上といわれている）が❶のランクに入り、国に所得税を支払っていない。一方、地方自治体に支払う所得税については、同一地方自治体内では所得の多寡に関係なく一律である。しかし、地方自治体間には格差がある。地方自治体は、日本の「市」に相当する「コミューン（kommun）」と「県」に相当する「ランスティング（landsting）」に分かれる。スウェーデンでは、各コミューン、各ランスティングに課

★2　課税所得の計算方法は以下の文献に詳しい。❶の場合、定額部分として200SEKを国に納めることとされているが、地方財政支援のために、特例的に地方所得税として徴収されている。井上誠一（2003）『高福祉・高負担国家　スウェーデンの分析』中央法規、89～91ページ。

税率の決定権がある。2006年時点では、コミューンに支払う税率の平均は約21％、ランスティングの平均は約11％、合計約32％となっている。

日本の場合、国に支払う所得税の税率は、課税所得330万円以下は10％、330万円超900万円以下は20％、900万円超1800万以下は30％、1800万超は37％と4段階に分かれている。2007年度からは、195万円以下5％、330万円以下10％、695万円以下20％、900万円以下23％、1800万円以下33％、1800万超40％と6段階に細分化され、より累進性の高い税率体系となっている。言うまでもなく、最高税率25％のスウェーデンに比べれば税率は高いわけである。

日本の地方自治体に支払う所得税については、市民税は所得により3～10％、県民税は2～3％で、住民税の合計は5～13％であるが、2007年度からは合計一律10％に変更されている。こちらのほうは、スウェーデンの平均約32％に比べればはるかに負担が少ない。

スウェーデンが高負担であるという場合、この地方所得税の高さがクローズアップされる傾向にあるが、国に支払う税金に関してはむしろ日本のほうが税率が高い。所得税に限定した場合、スウェーデンだけでなく、日本も高負担であることを確認しておきたい。

──────（引用文献註）──────

(1) M.Maccoby (ed)（1991）Sweden at the Edge, University of Pennsylvania Press, p. 6
(2) SVENSK-ENGELSKT LEXIKON（1996）Statens Skolverk, p. 408
(3) Statens Invandrarverk（1995）Information about Sweden, pp. 93-94
（アーネ・リンドクウィストほか／川上邦夫訳（1997）『あなた自身の社会』新評論、6～7ページ）
(4) 山井和則・斉藤弥生（1994）『日本の高齢者福祉』岩波書店、186～189ページ。
(5) Ivar Lo-Johansson（1949）ÅLDERDOM, Veckotidningen Vi
(6) Ivar Lo-Johansson（1952）Ålderdoms-Sverige, Carlssons

第1部

スウェーデンと日本の高齢者ケア政策に関する構造的問題

第1章

エーデル改革後の社会的入院費支払い責任をめぐる構造的問題

▶ 1　エーデル改革の評価

　スウェーデンにおける高齢者ケアの質は、1992年のエーデル改革（Ädelreformen）を契機として飛躍的に向上したと言われている。このエーデル改革は、高齢者に対するケアサービスと初期医療を統合した上で各コミューンがそれを一元的に担当するという組織改革である。この改革は1988年12月に発足した「高齢者委員会（Äldredelegationen）」で構想され、1990年12月に国会で可決されたのちに1992年1月1日に実施された[1]。なお、この改革の名称は高齢者委員会の頭文字からつけられ、Äldre（高齢者）の「Ä」、delegationen（委員会）の「del」をつなぎ合わせて「Ädel（エーデル）」と名付けられた。ちなみに、Ädel はスウェーデン語で「高貴な」という意味である。

　この改革が始まる以前は、コミューンが福祉サービスを充実させるより、重度の介護を必要とする高齢者をランスティングが運営する病院に入院させたほうが財政的には安上がりであるという考え方が支配的であった。日本の社会的入院とは異なる意味であるが、コミューンの都合による社会的入院（bed-blockers）が一般的であった。病院のベッドが高齢者で埋まってしまうために緊急の治療を必要とする患者のベッドが不足したり、入院待ちの時間が長くなったりしてランスティングの医療財政を圧迫していた[2]。こうしたコミューンの無気力や怠慢を背景とす

る社会的入院をなくすために、後述する「社会的入院費支払い責任」制度がエーデル改革により創設された。

本章ではこのエーデル改革に焦点を当てて、この改革の最大の効果として評価されてきた「社会的入院に対する抑制効果」が、果たして実証的に確認できるかどうかについて検討する。まず、1992年のエーデル改革によって何がどのように変わったのかについてまとめておきたい。改革の要点は、以下の7点にまとめられる(3)。

❶1991年までランスティングの運営であった約540の長期療養病院／地域療養ホームなど（約3.1万床）が「ナーシングホーム」という形でコミューンに移管されると同時に、老人ホーム、グループホーム（約3,000人分）、そして約330か所のデイケアもコミューンに移管された。

❷社会サービス法第20条にある高齢者のための「サービスハウス」が「サービス・介護の付いた特別な住居形態」と変更された。そして、このカテゴリーには、サービスハウス、老人ホーム、グループホーム、ナーシングホームなどが含まれるようになり、これらがすべて各コミューンの責任となった。

❸保健医療法が改正され、上記の「介護付き住居」における看護だけでなく、それまでランスティングが運営していたデイケアもコミューンの責任となった。また、コミューンが訪問看護も行えるようになった。この結果、各コミューンに看護の最終的な責任者である医療責任看護師（Medicinskt Ansvaring Sjuksköterska：MAS）を置かなければならなくなった。なお、介護などに問題があれば、最終的には医療責任看護師の責任において社会庁に報告しなければならない。[★1]

❹病院での医学的な治療が終わると、病院は福祉事務所に退院の連

[★1] ここで引用した奥村芳孝氏は「MAS」を「医療責任看護師」と正確に訳しているが、職務内容に合わせて「地域責任看護師」と表現することも多い。

絡をする。その連絡から5日以内にコミューンが引き取ることができなければ、患者の総費用はコミューンが負担しなければならなくなった。このようにして、高齢者ケアに熱心に取り組んでいないコミューンは財政的に損をするというシステムとなった。

❺新築、改築における補助方法が改正されて、すべての「介護付き住宅」に対して同じ条件となった。この場合、最低限1部屋とトイレ、シャワー室、キチネット（簡易キッチン）がなければならず、また車いすが使える広さでなければならない。

❻一部のコミューンにおいては、ランスティングとの合意ののちに、1992年から5年間においては実験的に初期医療をランスティングからコミューンに移管できるようになった。

❼この改革に伴い、これらの「住居」で働いているランスティング職員（看護師5,300人、准看護師（介護保健士）8,000人、看護助手9,400人、作業療法士300人、理学療法士400人、その他6,600人）約5万5,000人（フルタイム換算約3万人）が、1992年1月1日よりコミューンの職員となった。

ここで特に注目したいのは、❹の「当該病院から福祉事務所に退院の連絡がなされてから5日以内にコミューンが当該高齢患者を引き取ることができなければ、患者の総費用をコミューンが負担しなければならなくなった」点である。この費用の支払い義務のことを「社会的入院費支払い責任（betalningsansvar av medicinskt färdigbehandlade）」と呼んでいる。これは、病院の主治医が医学的処置の終了宣言を出した後、6日目以降も高齢患者が入院を続けなければならない場合に、その高齢患者が住むコミューンが当該病院（ランスティング）に社会的入院費支払い責任という超過金を支払わなければならないという義務である。

この支払い責任は、土曜、日曜、祝日を除いて6日目から当該コミューンに発生するとこれまで説明されてきたが、この社会的入院費支払い責

任が発生するメカニズムは、奥村芳孝『新スウェーデンの高齢者福祉最前線』の説明よりもやや複雑な過程を辿ることが分かってきた[4]。

たとえば、高齢者が何らかの疾患もしくは傷病で病院に入院する。病院は必要な治療を行い、患者の病状が落ち着き退院に際してのケアプランが必要と判断された場合、その病棟の看護師がFAXにより高齢者の住むコミューンの高齢者ケア課（または福祉事務所）に「ケアプラン作成の要請」を行う。その翌日から数えて5日（土・日・祝日は含めず）の間に、ニーズ判定員（必要に応じて、地域の巡回看護師、作業療法士、理学療法士なども含む。第2章参照）が病院でその高齢者に会い（必要な場合は家族にも同席を求める）退院後のケアプランを作成する。担当医師が、その5日間が経過したあとに医学的処置終了宣言を出す場合もあり、事情はやや複雑である。

ここで、Tさんという具体的な例を示して説明すると以下のようになる。ケアプラン作成要請が、7月2日（月）に入院中の病院からTさんが住むコミューンに届いたとする。7月4日（水）に本人を交えてのケア会議が行われ、Tさんの状態からして、コミューンのショートステイでのリハビリが必要だと判断されたとする。その場合、以下の三つのパターンが考えられる。

❶担当医師による医学的処置終了宣言が、ケアプラン作成要請と同じ日の7月2日（月）に出される場合は、社会的入院費支払い責任は7月10日（火）から発生する。Tさんの退院が10日以降になる場合は、土日にも含めて支払い責任の日数がカウントされる。

❷医学的処置終了宣言が7月4日（水）に出された場合も、ケアプラン作成要請日を起点に計算されるので、7月10日（火）から支払い責任が発生する。

❸担当医師による医学的処置終了宣言が7月12日（木）に出された場合、その翌日の7月13日（金）から支払い責任が発生する。

表1-1 1日当たりの社会的入院費支払い責任額の変化

	Somatisk Vård（急性疾患）	Geriatrisk Vård（慢性疾患）	Psykiatrisk Vård（精神科疾患）
1992	1,800	1,300	
1993	1,957	1,413	
1994	2,016	1,455	
1995	2,054	1,483	
1996	2,155	1,556	
1997	2,205	1,592	
1998	2,293	1,656	
1999	2,364	1,707	
2000	2,475	1,787	
2001	2,614	1,887	
2002	2,810	2,028	2,407
2003	2,990	2,158	2,559
2004	3,148	2,272	2,671
2005	3,280	2,367	2,783
2006	3,382	2,440	2,869
2007	3,511	2,533	2,978

（注）単位はSEK（クローナ）。
（出典）www.riksdagen.se

❸のパターンについては説明が必要である。ケアプラン作成要請がなされてから10日後に担当医師による医学的処置終了宣言が出されることもある。病院側の都合でTさんを早く退院させたいために、早い段階で担当医師がケアプラン作成要請をすることもありうる。その場合、Tさんの体調が一時的に悪化したり病状が安定しない場合などは、担当医師が終了宣言を出せないまま時間が経過することになる。

　この超過金は当該患者の疾患の種類により異なっており、一人につき1日超過すると、2002年当時は、急性疾患の場合には2,810SEK（約36,500円）、慢性疾患の場合には2,028SEK（約26,360円）、精神科疾患は2,407SEK（約31,290円）を（2002年当時、1SEK＝13円）コミューンが

当該病院(またはランスティング)に支払うというものである。なお、社会的入院費支払い責任の金額は、エーデル改革がスタートした1992年以降毎年改定されている。**表1－1**が示すように、1992年は急性疾患の場合1,800SEK、慢性疾患の場合1,300SEKであったものが徐々に上昇し、2007年の場合、急性疾患3,511SEK、慢性疾患2,533SEK、精神科疾患2,978SEKとなっている。

なお、障害者ケアに関しては、1994年に制定された「LSS法(Lagen om stöd och service till vissa funktionshindrade、特定の機能不全の人々を対象とする援助およびサービスに関する法律)」により身体障害者ケアと知的障害者ケアがコミューンの責任となった。加えて1996年には、コミューンが精神障害者ケアの責任をもつことになった。つまり、1996年をもって、高齢者ケア・障害者ケアの全責任をコミューンが担うことになったのである。なお**表1－1**の精神科疾患については、1996年から2001年まで責任額を確認することができなかった。精神科疾患の社会的入院費支払い責任が発生する日数の条件は長くなっており異なっている。

日本の先行研究では、この高額な社会的入院費支払い責任が各コミューンにとって強いプレッシャーあるいはインセンティヴとなり、各コミューンは高齢者ケアの基盤整備に腐心し、主治医の医学的処置の終了宣言後5日以内に高齢患者を引き取りコミューンで対応したので社会的入院は激減したと断定している。つまり、エーデル改革が強力な効果を発揮したとして評価しているのである。その判断の論拠にされているのが**表1－2**と**表1－3**である。これらの表のデータやランスティング連合会の調査データに基づいて、エーデル改革が社会的入院を抑制するにあたって大いに力を発揮したと評価している研究例は少なくない[5]。

表1－2と**表1－3**は、社会庁(Socialstyrelsen)がエーデル改革に関する最終報告書の中で示したデータである。しかしながら、この二つ

表1－2 急性疾患医療における社会的入院患者数

	90.3	92.3	93.3	94.3	96.1
患者数	3,959	1,725	1,806	1,363	1,387
割合（%）	15.0	7.0	7.7	6.1	6.9
中位待機日数	13	6	5	2	2

（注）タイトルの身体的疾患急性期医療を急性疾患医療に修正した。表頭の数字は調査年、月を意味する。
（資料出所）Socialstyrelsen（1996）Ädelreformen, Slutrapport, p. 59
（出典）訓覇法子（2000）「第Ⅳ部スウェーデン」、総務庁長官官房高齢社会対策室『各国の高齢化の状況と高齢社会対策』215ページ。

表1－3 老年科医療における社会的入院患者数

	92.3	93.3	94.3	96.3
患者数	1,298	920	658	627
割合（%）	20.8	15.5	13.0	12.7
中位待機日数	36	26	12	9

（注）タイトルの老年医学専門医療を老年科医療に修正した。
（出典）表1－2と同じ。

社会庁の外観

表1－4　エーデル改革後10年間の「社会的入院費支払い責任」の変化

	回答コミューン数	社会的入院費支払い責任の総額（SEK）	1コミューンあたり平均支払い責任額（SEK）
1992	73	199,400,886	2,731,519
1993	81	182,959,357	2,258,757
1994	87	169,944,434	1,953,384
1995	96	215,560,014	2,245,417
1996	108	179,389,393	1,661,013
1997	125	196,306,176	1,570,449
1998	130	272,403,533	2,095,412
1999	144	321,142,837	2,230,159
2000	67	133,985,329	1,999,781
2001	69	162,065,583	2,348,777

（出典）筆者作成。

の表には問題があると言わざるを得ない。上述した通り、エーデル改革により創設された社会的入院費支払い責任は、6日目以降に発生する日数単位の責任である。では、この二つの表には、日数単位で計算される社会的入院費支払い責任の総額が日数単位でなぜ記載されていないのだろうか。

　二つの表の上段には患者の実数が示されているが、これを見るかぎりは、エーデル改革後にかなりの減少が見られるようである。また、待機日数の中位数（メディアン）で見た場合にも社会的入院期間の著しい減少が見られるようである。いずれにせよ、日数単位で計算される超過金総額のデータが示されていないために、社会的入院の全体像が把握しにくいものとなっている。その結果、エーデル改革の成功の程度が分かりづらくなっている。

▶2　全コミューンに対するアンケート調査の結果

　そこで筆者は、独自にこの社会的入院費支払い責任に関するデータを

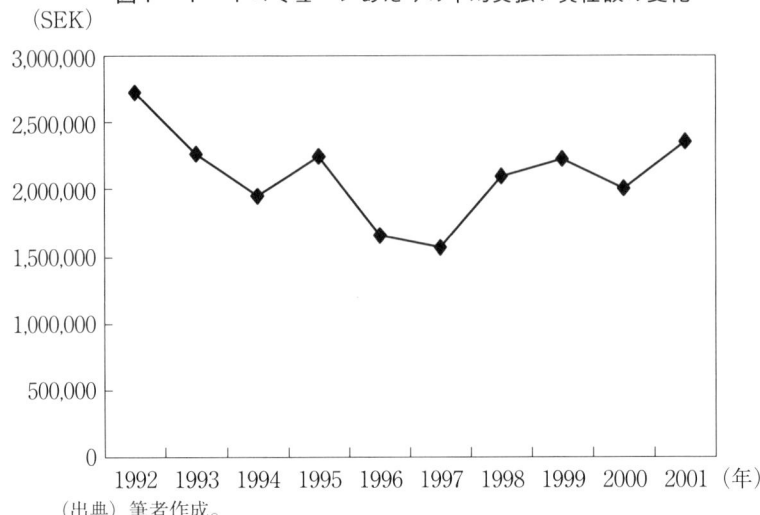

図1-1　1コミューンあたりの平均支払い責任額の変化

（出典）筆者作成。

アンケート調査によって確認することを試みた。その第1回目の調査を2000年5月に実施し[6]、第2回目の調査を2002年5月に全コミューン（当時289コミューン）を対象として実施した。回答の得られたコミューンは、第1回目が168コミューン、第2回目が69コミューンであった。

表1-4は、1992年以降、年毎に回答のあったコミューンの社会的入院費支払い責任の額を足し上げたうえで（その合計が「社会的入院費支払い責任の総額」の部分）、回答のあったコミューン数で割り、1コミューンあたりの社会的入院費支払い責任額の平均を計算したものである。そして図1-1は、その平均支払い責任額に関して、1992年から2001年までの10年間の変化を図示したものである。

社会庁が発表した前述の表1-2と表1-3のデータとは異なっているものの、表1-4および図1-1の結果は確かに1992年から1997年にかけて1コミューンあたりの社会的入院費支払い責任額が減少していることを示しており、筆者の調査データからも、エーデル改革は社会的入院に対する抑制効果を発揮したと断定することができる。ただし、ここ

で直ちに付け加えなければならないのは、そうした抑制効果を確認できたものの、1996年時点での社会的入院患者の「実数」という点では著しい乖離があるということである。具体的に、数字で確認してみよう。

表1－2によると、1996年に1,387名の急性疾患による社会的入院患者がいて、中位待機日数が2日なので概数で約598万SEK（1996年の急性疾患の支払い責任単価2,155SEK×1,387人×2日間）が支払われたことになる。一方、**表1－3**によれば、1996年に627名の高齢期疾患による社会的入院患者がいて、中位待機日数が9日間なので同じく概数で約878万SEK（1996年の慢性疾患の支払い責任単価1,556SEK×627人×9日間）が支払われたことになる。合計で約1,476万SEKが支払われたと推測できるが、この額は筆者の調査から得られた**表1－4**の約1億7,940万SEK（1996年）のわずか約8％にすぎない。しかも、**表1－4**の1996年における合計額は、全国の108コミューンの支払い合計額にすぎない。

上記は極めて粗い計算となっているが、1996年時点での社会的入院患者の規模という点では著しい乖離が見られる。つまり、社会庁の最終報告書のデータから推計された約1,476万SEKは、筆者の調査結果から推計しうる社会的入院費支払い責任の総額である4億7,974万SEK（1コミューンの平均額約166万SEK×289コミューン）の30分の1にも満たないのである[7]。

加えて、**表1－4**の下線部および**図1－1**が示すように、1998年から2001年の4年間のうちの3年間については、1コミューンあたりの平均額が増加に転じたことが明らかになった。つまり、社会庁が最終報告書を公表にした1996年を境として社会的入院費支払い責任の額が著しく増大しており、「リバウンド現象」とも形容しうる現象が確認できるのである。

社会的入院費支払い責任額の増加現象の原因については今後も詳細に検討をする必要があるが、さしあたっては以下の三つの背景要因が仮説として提示できよう。

❶各コミューンの基盤整備が疾病を伴う要介護高齢者の増加に追いつかないという要因である。病院から退院したあと直ぐに自宅に戻ることのできるケースは少なく、リハビリテーションのためのショートステイベッドや入居のためのサービスハウスやナーシングホーム、グループホームなどの空きがなければ当該患者を退院させることができない。こうした退院後の受け皿の整備が追いつかなければ、患者は社会的入院を続けざるを得ないことになる。

❷エーデル改革に伴って国から補助金が各コミューンに支給されていたが、その補助金が5年で打ち切りになったために基盤整備が進まなくなったという可能性である。

❸ランスティングの財政事情が悪いために、「医者による医学的処置終了宣言」がここ数年早められているという可能性である。ランスティングは財政事情が悪いため、異常に早く主治医の医学的処置の終了宣言を出させ、コミューンから超過金を徴収してランスティングの財源に充てているという解釈である。もともと、医学的な処置の終了の基準が曖昧であるという批判があり、それがゆえに意図的な操作によって処置の終了宣言がなされる可能性は十分にありうる。事実、筆者もヒアリング調査をしたいくつかのコミューン職員から終了宣言が早すぎるという苦情を幾度となく聞いている。また、この点については、先行研究においても「ランスティングの財政悪化の結果、病院が治療終了を早く決定するという批判が出ている」という指摘[8]や「治療終了をいつ宣言するかは、医師に任されており、明確な定義はない。確かに、宣言が早すぎるという問題が起こりうるとランスティング連合会職員が述べている」と問題提起している[9]。したがって、筆者だけが問題視しているわけではなく、先行研究においてもすでにこの点については問題として指摘されてきたわけである。

▶ 3　結　　論

　エーデル改革がスタートしてから6年間は、社会的入院費支払い責任というシステムがある程度予想通り正しく機能し、各コミューンにおける基盤整備が順調に進んだと言える。しかしながら、筆者の調査によれば、1998年以降はリバウンド現象ともいえる社会的入院費支払い責任の増加傾向が確認できた。2002年以降のデータも継続して調査を行ってこの増加傾向が確認できるかどうかを検討しなければならないが、社会的入院費支払い責任の制度がコミューンによる基盤整備のインセンティヴとして機能しにくくなっていることは明らかであり、この制度の根本的な見直しが必要な段階に来ていると言えよう。

　前述の❶～❸以外にリバウンド現象が発生する要因の一つとして、「介護の付いた特別住宅」の基盤整備が抑制されている点が指摘できる。第5章の表5-2が示すように、2000年に介護の付いた特別住宅に入居していた高齢者は117,900名であったが、2004年には104,500名と13,400名も減少している。こうした抑制傾向は、リバウンドが発生している1998年頃から進行していると推測される。

　社会的入院費支払い責任の金額を増やさないために、高齢者の退院後に在宅サービスでサポートする方法も当然可能ではあるが、介護の付いた特別住宅の介護スタッフも在宅のホームヘルパーも労働力が絶対的に不足しているために、やむを得ず社会的入院費支払い責任額を支払わざるをえないという現実に各コミューンは直面している。

──────（引用文献註）──────

(1)　斉藤弥生（1995）「エーデル改革の政治経済学」、岡沢憲芙・奥島孝康編『スウェーデンの経済』早稲田大学出版部、149ページ。
(2)　同上書、160ページ。
(3)　奥村芳孝（2000）『新スウェーデンの高齢者福祉最前線』筒井書房、111～112ページ。医療経済研究機構（2004）『医療白書　2004年度版』日本医療企

画、273～276ページ。Lennarth Johansson (1997) Decentralization from acute to home care settings in Sweden, Health Policy 41 Suppl., pp. 135-139

(4) エステルシュンドコミューン職員の石濱・ヒョーグストローム・実佳氏からの情報に基づく。

(5) たとえば、以下のような研究が代表例である。①訓覇法子(1998)「スウェーデンの社会福祉」、仲村優一・一番ヶ瀬康子(編集委員会代表)編『世界の社会福祉　スウェーデン・フィンランド①』旬報社、87～88ページ、②訓覇法子(2000)「第Ⅳ部　スウェーデン」、総務庁長官官房高齢社会対策室『各国の高齢化の現状と高齢社会対策』215ページ、③斉藤弥生(1994)「エーデル改革の政治経済学」、岡沢憲芙・奥島孝康編『スウェーデンの経済』早稲田大学出版部、172～173ページ。

(6) 西下彰俊(2002a)「スウェーデンの高齢者ケアに関する２つの構造的問題」、『金城学院大学論集』(社会科学編)第44号、61～83ページ。

(7) 西下彰俊(2002b)「高齢者－エーデル改革の評価を中心に」、二文字理明・伊藤正純編『スウェーデンにみる個性重視社会―生活のセイフティーネット』桜井書店、123～145ページ。

(8) 奥村芳孝(2000)前掲書、116ページ。

(9) 山井和則(1996)「スウェーデンにおける1990年代の高齢者福祉」、(社)生活福祉研究機構編『スウェーデンにおける高齢者ケアの改革と実践』中央法規出版、131ページ。

第2章

スウェーデンにおけるニーズ判定

▶1　はじめに

　スウェーデンにおいて、要介護高齢者に対するニーズ判定はどのように行われているのであろうか。

　本章では、スウェーデンの高齢者ケアの中で最も重要なトピックスであり必要不可欠な過程であるものの、これまでの先行研究では言及されてこなかった「ニーズ判定（needs assessment）」に関して、具体的なプロセスおよび現行システムにおける課題を明らかにする。なお、次章では、日本の介護保険における要介護認定プロセスの構造的問題を明らかにする。そこでは、これまで指摘されることのなかった要介護認定に関する問題点、基本調査項目に関する様々な問題点を指摘している[1]。

　日本の介護保険制度における要介護認定は全国共通であるが[★1]、スウェーデンではニーズ判定の基準、判定方法がコミューンごとに異なっている。図2－1に示す「ニーズ判定員（biståndshandläggare）[★2]」によるニーズ認定の流れそのものは同じであるものの、この図のチャートのうち、Bのニーズ判定員が行う訪問調査の具体的内容、Cのニーズ判定

★1　要介護認定以外では、被保険者の介護保険料が各市町村で異なるし、また在宅サービスにおける介護給付単位の円換算が地域特性により異なっている。

★2　「Biståndsbedömare（ビーストンズベドゥーマレ）」と呼ばれることも多いが、同一の職種である。主として、Socionom（ソシオノム）またはsocial omsorg科の卒業生がこの職に就くことが多い。

図2−1　在宅高齢者のニーズ判定の流れ

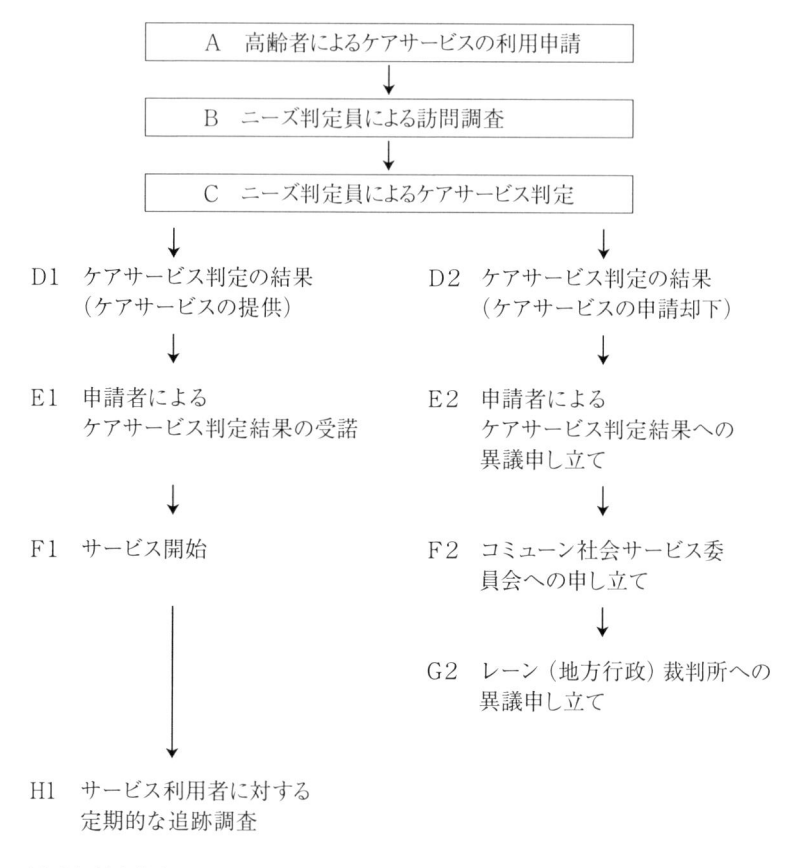

```
        ┌─────────────────────────────────────┐
        │ A  高齢者によるケアサービスの利用申請 │
        └─────────────────────────────────────┘
                        ↓
        ┌─────────────────────────────────────┐
        │ B  ニーズ判定員による訪問調査        │
        └─────────────────────────────────────┘
                        ↓
        ┌─────────────────────────────────────┐
        │ C  ニーズ判定員によるケアサービス判定 │
        └─────────────────────────────────────┘
              ↓                        ↓
  D1  ケアサービス判定の結果    D2  ケアサービス判定の結果
      (ケアサービスの提供)           (ケアサービスの申請却下)
              ↓                        ↓
  E1  申請者による              E2  申請者による
      ケアサービス判定結果の受諾     ケアサービス判定結果への
                                     異議申し立て
              ↓                        ↓
  F1  サービス開始              F2  コミューン社会サービス委
                                     員会への申し立て
              ↓                        ↓
                                G2  レーン(地方行政)裁判所への
                                     異議申し立て
              ↓
  H1  サービス利用者に対する
      定期的な追跡調査
```

(出典) 筆者作成。

の方法はコミューンごとに異なっていると考えられる。本章では、いくつかのコミューンのニーズ判定のプロセスを取り上げ、そうした事例分析を通じて、スウェーデンの高齢者ケアのニーズ判定の光と影の一端を明らかにする。

　なお、ニーズ判定は在宅の要介護高齢者だけでなく、入院している高齢者が退院する際にも行われる。まず、ニーズ判定員が病院を訪問して

ヒアリングを行う。退院した高齢者は、その後、ナーシングホームに短期入居する。その期間に、必要な場合には理学療法士（PT）、作業療法士（OT）が同席のもとにニーズ判定が行われ、あわせてリハビリテーションが実施される。そして、ニーズ判定に基づいて適切にサービスが提供されるが、サービス実施以後3、4週間後に、サービスを利用している高齢者に対して電話による追跡調査が行われる。これは、提供されているサービス内容について確認するための調査である。

その後は、1年単位での電話による追跡調査が実施されるが、その間においても高齢者本人、家族、ホームヘルパーなどからADL（Activities of Daily Living＝日常生活動作能力、スウェーデン語ではAktiviteter i det Dagliga Livet）の変化や見当識障害などを含めて状況の変化が報告されれば、随時、あらたにニーズ判定が行われる。

▶2　ヘリューダコミューンの場合

スウェーデンにおける高齢者ケアサービスは、①在宅高齢者のためのサービスと、②「介護の付いた特別住宅（Särskilda Boendeformer: SÄBO）[★3]」におけるサービスに大別される。ヘリューダ（Härryda）コミューンの場合、まず、①については以下のような流れとなる[(2)]。

在宅高齢者が介護サービスを希望する場合、本人または家族が当該コミューンに申請を行う。書面での申請が基本であるが、緊急の場合には電話でも受け付けが可能である。

この申請を受け、ニーズ判定員が申請者の自宅を訪問し、当該高齢者のADLをチェックする。具体的には、咀嚼（そしゃく）、嚥下（えんげ）、屋内移動、排泄、衣服着脱、化粧・髭剃りなど個人の衛生、会話、屋外移動、食事準備、買い物、掃除、洗濯の12項目を調べる。この訪問調査を経て、ニーズ判

★3　「Särskilda Boendeformer」を、奥村芳孝氏は「介護付き住居」（13ページ）と呼んでいるが、本書では先行研究にならい「介護の付いた特別住宅」と呼ぶことにする。

定員がアセスメントを行うことになる。そして、判定後にケアプランが作成され、1枚はサービスを提供する地区のホームヘルパー長に渡され、同じ書類が本人と家族に渡される。

次に、②については以下のような流れとなる(3)。

在宅高齢者が介護の付いた特別住宅への入居を希望する場合、本人または家族が当該コミューンに申請を行う。書面での申請が基本であるが、緊急の場合には電話でも可能である。

介護の付いた特別住宅に入居することができる高齢者は、在宅でホームヘルプサービスなどを利用する高齢者に比べてADLが極めて低い場合か重度の認知症の場合である。どのコミューンも、介護ニーズのある高齢者をできる限り在宅のままでケアする方針であるものの、在宅での介護が困難になった場合には介護の付いた特別住宅への入居という判定を行う。

介護の付いた特別住宅での年間コストは、1人当たり35万SEKから40万SEKと言われている。一方、在宅でホームヘルパーを週40時間利用する場合の年間コストが35万SEKと言われているが、週40時間以上ホームヘルプサービスを利用する場合は極めて少ないことから、在宅ケアのコストのほうが低いことは明らかである(4)。

この場合も、在宅でのサービスを希望する場合と同様、高齢者本人あるいは家族の申請を受け、ニーズ判定員が訪問調査を行う。ADLの測定にはカッツ（Katz）スケールが、認知症のレベル測定には「ミニメンタル・ステート検査（Mini-Mental State Examination）」が使われる。★4 介護の付いた特別住宅への入居希望に際して審査されるのは以下の五つである(5)。

❶介護の付いた特別住宅への入居を本当に本人が希望しているかどうかの確認（本人が在宅を希望しているのに、家族が介護の付いた特別住宅に入ることを希望する場合があるので）。

❷高齢者がケアを希望していることの確認。

❸高齢者の人的資源（家族、友人）の確認。
❹介護の付いた特別住宅に入居することで、相応な生活レベルを獲得することができることの確認。
❺高齢者の状況、状態に関する情報を本人、家族、友人から確認すること。

▶3　レールムコミューンの場合

　レールム（Lerum）コミューンでは、アンナ・アンダーソン（Anna Andersson）という架空のモデルを設定したうえで、ニーズ判定の過程を説明している[6]。

（1）アンナ・アンダーソンさんのニーズ判定

　アンナは82歳の女性で、2部屋の家屋に一人で住んでいる。4年前に夫を亡くし寡婦となっている。エリザベスとマリアという娘がおり、2人とも近くに住んでいる。彼女はこれまで食品工場で働き、年金生活をしている。彼女はクロスワードとケーキづくりが趣味であるが、視力が低下してきていたためこれもあまりできない。また彼女は、赤十字団体の熱心なメンバーであったが今は活動できなくなっている。

　糖尿病を患っているアンナは、毎日3回のインシュリン注射をホームヘルパーの援助のもとに打っている。また、2年前に脳卒中の発作を起こし、そのために右手と右足にも部分的に麻痺がある。彼女は脳卒中の発作以後、嚥下障害があって誤嚥（ごえん）するようになってしまった。彼女は物を詰まらせて窒息するのではないかと怯え、一人で食事をすることが不安になっている。

　彼女は歩行器の助けを借り、屋内を移動することができる。しかし、

★4　フォレスタイン（Folstein,M.F）らが1975年に発表した認知症診断用の尺度。見当識、記憶力、言語能力などを調べる11の質問（30点満点）から構成される。

屋外は転倒の危険があるために一人では出ようとしない。1年前に彼女は股関節を痛めたものの、現在は問題ない状態である。彼女は心臓細動（けいれん）があり、毎日、そのための薬が必要である。また、背中にも痛みがあるらしい。

彼女の話によれば、2人の娘は毎週、銀行振り込みや買い物をしてくれるが、毎日援助をしてくれる時間はないということである。アンナは、自宅で生活し続けることを望んでいる。ニーズ判定の目標は、彼女が自宅での生活をより快適に続けられるようにすることである。

（2）認定された援助と広がり

アンナ・アンダーソンさんに対するニーズ判定結果は、以下の通りである。

朝の援助は、毎日8時から8時45分。個人の衛生、衣服着脱、朝食準備、その他の細々とした用事。昼の援助は、毎日13時から13時30分。昼食の準備をし、彼女が食べている間見守りをする。午後の援助は、毎日16時から16時30分。夕食の準備をし、彼女が食べている間見守りをする。夕方の援助は、毎日20時から20時35分。夜食の準備をし、彼女が食べている間見守りをする。また、衛生と着替えの援助をする。シャワーは1週間に1回30分の援助、室内の掃除は3週間に1回、120分の援助となっている。

▶4　リンショーピングコミューンの場合

リンショーピング（Linköping）コミューンで用いられているADLのスケールおよびニーズ判定結果の記録を以下に示す。

（1）ADLの測定スケール

リンショーピングでは、以下の表2－1に示すような「サナス

表2−1　SUNNASインデックス

	グレイド0 まったくできない	グレイド1 手助けが必要	グレイド2 少しの手助け必要	グレイド3 自分でできる
(1) 食事				
(2) 排尿のコントロール（尿意の自覚）				
(3) 屋内での移動				
(4) トイレへの移動				
(5) 場所の移動				
(6) 衣服の着脱				
(7) 毎日の衛生維持（清拭、歯磨き、ひげ剃り、整髪等）				
(8) 料理				
(9) シャワー				
(10) 家事全般				
(11) 屋外での移動				
(12) コミュニケーション（電話、意志の伝達等）				

（資料出所）Linköping kommun　（出典）筆者作成。
（注）このインデックスには能力の次元だけでなく、自発的な意志の次元も含む。特にグレイド1に関しては、動機付けを行う必要があるケースおよび能力はあるが自発的意志がないケースを含む。

（SUNNAS）インデックス」がADLの測定に用いられている。このADLアセスメントシートには、個人番号[5]、名前、コンタクトパーソン[6]（在宅ケアの場合はホームヘルパー、介護の付いた特別住宅の場合は准看護

★5　スウェーデンの国民一人ひとりに割り当てられる10桁の番号。パショーンヌーメル（personnummer）と呼ばれる。最初の6桁は生年月日を意味する。550826なら、1955年8月26日生まれを意味する。次の3桁はランスティング（県）のコード番号。最後の1桁は、偶数は女性、奇数は男性を意味する。竹崎孜（1999）『スウェーデンはなぜ生活大国になれたのか』あけび書房、66ページ参照。

表2－2－1　ニーズ判定結果シート　　　　（1枚目）

名前：　　　　　　　　　　　個人番号：
住所：　　　　　　　　　　　電話番号：
郵便番号：
決定：社会サービス法第6条（援助を受ける権利）に基づき、N・Nさんは、社会サービスの内容として、ホームヘルプサービス、パーソナルケア、モーニングヘルプ、イブニングヘルプ、シャワー、緊急アラームを受けることとする。　　　　　　　　　　　　　この決定は9月30日まで有効である。
目標：ホームヘルプサービスの援助を通じて、N・Nさんが自宅で配偶者と一緒に住み続けることができるようにすること。

サービス内容		時間	日	日／週／月	合計
101	モーニングヘルプ				
102	イブニングヘルプ				
108	シャワー				
141	緊急アラーム				

サービスの内容
・毎日のモーニングヘルプとして、着衣、トイレ、洗顔、衛生、朝食の準備
・毎日のイブニングヘルプとして、着替え、歯磨き、トイレ
・シャワー（必要な時に）
・緊急アラーム

(注)　リンショーピングコミューンでは、上記の四つのサービス以外に以下のサービスを設けている。深夜ヘルプ（=103）、直接の安否の確認（=104）、トイレ誘導（=105）、食事介助（=106）、おやつ・コーヒー（=107）、屋内の移動（=109）、機能回復訓練（=121）、社会的交流（=122）、電話による安否の確認（=142）、家族介護者の雇用（=144）、家事援助サービス（=301）なお、括弧内の数字はサービスの整理番号である。ニーズ判定結果シートの枠組およびサービスの分類はコミューンにより異なる。

師）、作業療法士（OT）、理学療法士（PT）に関する情報を記入する。判定員は、実際のケアがアセスメントのニーズにマッチしているか、2～3週間後に追跡調査することになっている。

（2）高齢者のケアニーズとケアアセスメント

表2－2－1は、リンショーピングで実際に使用されているニーズ判定結果のシートである。リンショーピングに住んでいる高齢者がケアを必要とするようになったときに、本人あるいは配偶者、または子どもが

コミューンの福祉事務所にサービスの申請をする。その後、ニーズ判定員（同コミューンでは20名）が申請者宅を訪問し、どのようなサービスが必要かを判定する。

　この例にあるＮ・Ｎさんの場合には、結果シート１枚目２段目の決定欄に、「社会サービス法第６条（援助を受ける権利）に基づき、Ｎ・Ｎさんは、社会サービスの内容として、ホームヘルプ、パーソナルケア、モーニングヘルプ、イブニングヘルプ、シャワー、緊急アラームを受けることとする」というように明記される。あわせて、Ｎ・Ｎさんは在宅ケアを希望しているので、援助・サービスの目標としては、「ホームヘルプサービスの援助を通じて、Ｎ・Ｎさんが自宅で配偶者と一緒に住み続けることができるようにすること」と明記される。目標の下の欄では、アセスメントの決定に対応するサービスメニューが列記され、さらにその下の欄で、各サービスの内容について若干の補足説明がなされる。

　表２-２-２は、このニーズ判定結果シートの２枚目である。高齢者本人、ニーズ判定員、サービス提供者と３者のサイン、日付、名前が記される。スウェーデンの高齢者ケアは「措置」で運営されているが、こうしたサービスを受ける当事者の承諾を前提としている点は高く評価できる。

★6　大阪外国語大学デンマーク語・スウェーデン語研究室編（2001）『スウェーデン・デンマーク福祉用語小辞典』には、コンタクトパーソンが以下のように説明されている。「保護者や介護職員でない第三者であり、主に知的障害者が地域生活を営み、生活の質を向上させるために必要な援助者を指す。知的障害者の方々の相談相手となり、生活援助、代弁を行なう」(41ページ)。小辞典では、知的障害者のコンタクトパーソンについてのみ説明されているが、高齢者ケアに関してもコンタクトパーソン（コンタクトマンと呼ばれることもある）の制度が存在する。介護の付いた特別住宅の場合、入居者一人ひとりが希望する介護スタッフを選択することができる。介護スタッフは、それぞれ数名の入居者のコンタクトパーソンを引き受けている。コンタクトパーソンの役割は、入居者の希望や要望あるいは施設の対応に対する不満を施設長に伝えたり、家族への連絡などを行うことである。また、洗濯物などの身の周りのものに関する管理も行う。介護の付いた特別住宅によっては、入居者の名前のリストにコンタクトパーソンの名前を掲示しているところもある。

表2－2－2　ニーズ判定結果シート　　　　　（2枚目）

名前：	個人番号：
	電話番号：
その他： 家族の名前、連絡先 　これは、個人のケアプランのもとになる資料である。ケアプランは、高齢者本人とサービス提供者が相談して決めることになる。	
高齢者本人のサイン 日付と名前 サービス開始時の日付 サービス提供者のサイン 日付と名前	ニーズ判定員のサイン 日付と名前

（資料出所）Linköping kommun　（出典）筆者作成。

　次に、このニーズ判定の結果に従い、申請者の住む当該地域を管轄するサービスハウスの施設長が具体的なホームヘルプサービスの供給量を決める。サービスハウスにホームヘルパーの詰所があるからだ。ニーズ判定に基づいて適切なサービスが提供されるが、サービス実施以後、3・4週間後にサービスを利用している高齢者に対して電話による確認が行われる。つまり、提供されているサービス内容について確認するための調査である。

　その後は1年単位での電話による追跡調査が実施されるが、その間においても、高齢者本人、家族、ホームヘルパーらからADLの変化や見当識障害など含めて状況の変化が報告されれば、随時再度ニーズ判定が行われる。

▶5　ベクショーコミューンの場合

　ベクショー（Växjö）コミューンには、障害者サービス専門のニーズ判定員、高齢者サービス専門のニーズ判定員があわせて13名いる。高齢者ケアに関しては、コミューン内が4地区に分割されており、各地区に

表2-3　ベクショーコミューンの Katz ADL 判定シート

		依存せず	やや依存	依存	世話・注意が必要	積極的介助が必要	各ステップに関するコメント
判定者					申請者		
判定日							
S1	食べ物を口に入れる						
S2	排泄コントロール						
S3	就寝・起床・その他の移動						
S4	トイレ介助						
S5	衣服着脱						
S6	入浴						
S7	調理						
S8	公共交通機関の利用						
S9	食料の買い物						
S10	掃除						
	追加事項						
	・日常衛生（歯磨き、髭剃り等）						
	・投薬						
	・一人でいられるか	はい　　いいえ					
	・必要な時にアラームボタンを押せるか	はい　　いいえ					
	その他の情報/補足						

(出典) 岡沢憲芙・多田葉子 (1998)『エイジング・ソサエティ』早稲田大学出版部、153ページを一部修正。
(注) 表中左側の各 ADL 項目の S はステップの略である。

平均2名のニーズ判定員がいる。各地区のニーズ判定員は、高齢者自身やその家族、医師、地区看護師などからサービスの申請があった場合、ケアニーズを調査し、必要な場合にはどのような種類のケアが必要かというケア計画を作成する。そして、ニーズ判定を行う。

　ニーズ判定員によるニーズ判定の基準には様々な要素が加味される。高齢者自身の心身機能の判定だけでなく、健康状態、今後の予測、家族

との関係、友人などとの社会的コンタクト、本人の意向、補助器具の必要性、経済的状況などの多様な要素が考慮される。

ベクショーコミューンでは、高齢者の心身機能の判定のために、**表2－3**が示すように、カッツADLスケールが用いられている[7]。

▶6　ティエルプコミューンの場合

ティエルプ（Tierp）コミューンにおいて、ニーズ判定に用いられる枠組みを以下に示す。このコミューンでは、個々の前提、外的前提、その他の三つの前提に分けて当該高齢者のADLを判定している。その結果、「障害と資源——「思考整理」への添付資料」というタイトルで、以下に**表2－4－1、表2－4－2、表2－4－3**として示すような決定事項通知資料が作成される。本資料には、氏名、日時、個人番号、判定員の名前が記入される。

また、「日常生活を行う上で必要とすること—『思考整理』への添付資料」というタイトルで、以下に**表2－5－1、表2－5－2、表2－5－3**として示すような決定事項の通知資料も作成される。同資料にも、氏名、日時、個人番号、ニーズ判定員の名前が記入される。

以下に、①介護の付いた特別住宅への入居を承認されたAさんのケースの通知書（**表2－6**）と、②介護の付いた特別住宅への入居を却下されたFさんのケースの通知書（**表2－7**）について内容を示す。

表2-4-1　個々の前提に関する記述

1．個々の前提	障害は皆無、または殆どなし	部分的障害	多大な障害	すでに検討済みの技術補助器具とその他の措置
視覚				
聴覚				
話す、読む、書く能力・言葉の理解度				
体を動かす能力／バランス				
体調／体力				
排泄物の管理				
睡眠				
食欲				
記憶能力				
（時間と場所を）判断する能力				
自発性、行動力				
その他				

（資料出所）Tierp kommun 内部資料。
（出典）著者作成。
（注）以下表2-7まで、資料出所、出典は同じ。

表2-4-2　外的前提に関する記述

2．外的前提	障害は皆無、または殆どなし	部分的障害	多大な障害	すでに検討済みの技術補助器具とその他の措置
自　　宅				
スタンダード、広さ、入りやすさ				
身近な環境				
身近にサーヴィス、交通手段、娯楽等があるかどうか				

表2−4−3　その他の前提に関する記述

3．その他の前提
身近な関係
家族、親類、友人、近隣者との連絡
その他の連絡
協会、組合、役所、その他との連絡
趣味
生活様式、習慣

表2−5−1　言葉と移動に関する整理

言葉と移動	問題なく出来る	困難ではあるが、自分で出来る	いくらかの介助が必要	介助なしには出来ない	改善希望	同意した措置	責任者
1．言語的コミュニケーション＝話す、書く、言語的理解度							
・注意を引く							
・電話を使う							
・会話をする							
・新聞、印刷物、本を読む							
・自分宛の郵便をあけて読む							
・ラジオを聴き、テレビを見る							
・手書き、コンピューターを使って書く							
2．自宅内での移動							
・ベッドで寝る位置を変える							
・起き上がる							
・ベッドから椅子への移動							
・部屋間の移動							
・階間の移動							
3．自宅外での移動							
・階間の移動							
・家への出入り							
・散歩をする							
・公共、あるいは私交通手段による移動							

第2章 スウェーデンにおけるニーズ判定　39

表2－5－2　家事と住宅に関する整理

言葉と移動	問題なく出来る	困難ではあるが、自分で出来る	いくらかの介助が必要	介助なしには出来ない	改善希望	同意した措置	責任者
4．買い物、用事							
・買い物、用事の計画を立てる							
・スーパー、銀行等の往復							
・買う物をかごに入れ、支払いをする							
・買ったものを自宅に持ち帰り、所定の場所にしまう							
5．掃除							
・毎日の簡単な掃除：ベッドメーキング、整頓、テーブル拭き、ほこり拭き							
・毎週行う掃除：掃除機かけ、床拭き							
・トイレ／洗面所の掃除							
・冷凍庫、冷蔵庫、オーブン、引き出し、物入れの掃除							
6．洗濯と洋服管理							
・洗濯物を洗濯場まで／から移動							
・洗濯物を分け、洗濯機にかけ、干す／乾燥機にかける							
・洗濯物をたたむ、アイロンをかける							
・簡単な繕い、たとえば、ボタン縫い付け等							
7．料理							
・冷たい飲み物／食事の用意							
・飲み物／料理の温め							
・温かい料理を作る							
・料理以外の手伝い							
8．食べる、飲む							
・食物を細かくする							
・お皿／コップ／カップから食べ物を口に運ぶ							
・噛む、飲み込む							
9．着衣と脱衣							
・洋服と靴の取り出し							
・必要に応じて着／脱衣							

10. 個人衛生							
・顔と手を洗う							
・風呂／シャワー、洗髪							
・タオルで体を乾かす							
11. その他の身体管理							
・櫛入れ、歯を磨く							
・髭剃り、お化粧							
・手と足の管理							
12. トイレ関係							
・便器への／からの移動							
・拭く							
・場合によっては、オムツの始末							

表２−５−３　リハビリ、経済、有意義、安心感に関する整理

リハビリ、経済、有意義、安心感	問題なく出来る	困難ではあるが、自分で出来る	いくらかの介助が必要	介助なしには出来ない	改善希望	同意した措置	責任者
13. 処置、リハビリ、介助器具							
・指導に従って訓練と投薬を行う							
・介助器具を使いこなす							
14. 家計の管理							
・収入内で家計をまかなう							
・必要な支払いを行う							
・自分の権利を保持する							
15. 有意義な生活　・例えば、団体に属したり、何かを行う							
16. 安心感　・例えば、社会的、経済的、存在的							
17. その他							

表2−6　介護の付いた特別住宅への入居を承認されたケース

| 申請日
2005-04-26 | 開始日
2005-04-27 | 案件
特別住宅への入所申請 | | ニーズ判定員
E.E |
|---|---|---|---|---|
| 氏名（申請者） | | | | 個人番号 |
| 氏名（共同申請者） | | | | 個人番号 |
| 住所 | | 階段数5 | エレベーター（有／無） | 電話番号 |
| 鍵のある場所 | | 自宅電話番号 | | 職場電話番号 |
| 家族／コンタクトパーソン（氏名） | | 自宅電話番号 | | 職場電話番号 |
| 家族／コンタクトパーソン（住所） | | | | |
| 子供のいる家族へのホームサービスの場合 ─ 子供たちの誕生年 | | | | |

申請

特別住宅への申請書　2005年4月26日
申請書は、申請者同席のもとで申請者の娘によって署名されている。申請者本人は、娘が署名することを承認している。

判定

社会サービス法第4章第1条 による。適用開始：2005年4月26日 から
介護の必要が変化した場合には再審査を行う。この判定をもとに、ユニットが承認された援助内容を実施する。
判定をユニットに送付：2005年4月26日 業務注文という形で住居調整員に送付。
2005年4月27日決定。
Aさんは2000年5月よりホームヘルプサービスを受けている。Karlholm の高齢者住宅に住んでいた。同じユニット内で2DKから1DKに移っている。同地に娘が一人。
2005年春、心臓障害のため、3回病院での看護を受けている。過去に2回特別住宅の入所を申請をしているが、却下されている。
最後の高齢者住宅での判定の際には、広範なホームサービスによる介護が承認されている。
2005年4月8日 Gävle 病院での看護のあとには、病院からも多大なケアが必要と報告され、短期滞在が承認されている。Tierp にある Danielsgården のユニット Slussen に滞在中、個人養護の能力測定が行われ、Aさんが多大な介護を必要としていることが明らかとなった。広範囲かつ1日全体にわたる介護を必要としている。Aさんは、Karlsholm の自宅においても、安心した生活が送れなかった。物忘れがひどいことをよく口にし、時間と場所の判断もできなかった。Aさんは、広範囲かつ24時間体制の個人ケアを必要とし、下記の援助が必要と判定される。
── 介護の付いた特別住宅への入所。
── 作業計画に基づく介護の付いた特別住宅での介護。作業計画は、当事者と一緒に
　　作成され、法的書類として適用しうる。
ホームヘルプサービス使用料は、右記のレベルによる：食事、消費物、ケア、特別住宅の家賃。
当事者は、本人に関するすべての記録を読む権利のあることが説明される。

承認する

社会サービス法第4章第1条により、Aさんに特別住宅への入居という形での援助を承認する。

決定事項の適用：05-04-27 より

| 提案者 | 決定者
ニーズ判定員、高齢者ケア課　E.E |
|---|---|

表2−7　介護の付いた特別住宅への入居を却下されたケース

決定事項通知

申請日 2004-10-07	開始日 2004-10-15	案件 特別住宅への入居申請	ニーズ判定員 E.E
氏名（申請者）			個人番号
氏名（共同申請者）			個人番号
住所	階段数	エレベーター（有／無）	電話番号
鍵のある場所		自宅電話番号	職場電話番号
家族／コンタクトパーソン（氏名）		自宅電話番号	職場電話番号
家族／コンタクトパーソン（住所）			
子供のいる家族へのホームヘルプサービスの場合—子供たちの誕生年			

申請

F氏自身によって署名された介護の付いた特別住宅への入居申請書。2004年10月7日。
2004年10月11日に、介護とケア、援助ユニットに受理されている。

判定

社会サービス法第4章第1条による。適用開始：2004年11月18日から。
介助の必要が変化した場合には再審査を行う。
この判定をもとに、ユニットが承認された援助を実施する。
判定をユニットに送付：2004年11月18日
調査によると、F氏は2004年7月から9月まで病院での看護を受けている。彼は、吐き気、体重減少、めまい、嘔吐等、状況悪化のため調査を受けた。この後、リハビリや看護のため、Tierps病院第二棟およびコミューンの短期滞在住宅Danielsgårdenのユニット Slussen に入っている。
F氏の状態は、介護とリハビリ期間中に良くなってきている。ADL判定によれば、わずかな介護により、衛生、着衣、ベッドから立ち上がり、歩行補助器を使っての移動をこなすことができる。本人自身、訓練をする動機があると述べている。食欲も戻り食事は自分でとっている。夜間のトイレのために良く眠れないという問題は、失禁症補助器具によって解決し、それ以後は、よく眠れるようになった。

介護の付いた特別住宅を申請した理由としては、自宅が利用しにくい、特に、トイレと風呂が利用しにくいことをあげている。自宅訪問の際に、F氏が、介護があればトイレに入れることが確認されている。Apo-dosからの医薬品の配分と介護は、コミューンの在宅看護によって、必要を満たすことができる。F氏は、時間と場所の判断ができると判定され、必要な場合に短期滞在住宅の職員を呼ぶことができる。これは、自宅でも安心アラームを使うことによって必要が満たされる。
さらに、F氏が必要とする個人的養護の介護は、コミューンのホームサービスによって自宅で行うことができると判定される。特別住宅での短期滞在も、F氏が申請をすれば承認される可能性がある。短期滞在の目的は定期的に妻の負

担軽減をすることにあり、F氏もそのつもりがあると調査で述べている。妻は、夫が自宅で生活する場合、体力が持つかどうか不安を示している。短期滞在／負担軽減は、援助決定なしに予約することができる。F氏が必要とする介護は、社会サービス法による自宅でのホームヘルプサービスの措置によって必要が満たされないほど広範なものではないと判定される。

以上のことから介護の付いた特別住宅への入居申請を却下する。
当事者は、本人に関するすべての記録を読む権利のあることが説明される。

却下する

F氏の介護の付いた特別住宅への入居申請を却下する。却下理由は、判定および調査文書に記載される。

決定事項の適用：04-10-25 より

提案者	決定者
ニーズ判定員、高齢者ケア課　E・E	ニーズ判定員、高齢者ケア課　E・E

レーン（地方行政）裁判所への異議申し立て方法

異議申し立てを行う場合には、異議の理由を社会サービス委員会に送付する必要がある。申請者は、決定が変更されるべきであると判断する理由、また変更されるべき具体的な決定内容を書くこと。さらに、案件に意味があるとみなされるもので、今までに送付していなかったものがあれば、それも送付すること。社会サービス委員会が異議申し立てを取り上げ再審査を行うためには、決定通知書が申請者に送られて以後3週間以内に異議申し立てが受理される必要がある。
異議申し立てがこの期間内に受理され、かつ、社会サービス委員会が申請者の希望通りに決定を変更しなかった場合には、レーン（地方行政）裁判所に送付される。どの決定に対して異議申し立てを行うのかを書くこと。書式に署名をし、氏名、個人番号、住所と電話番号を記入すること。代理人を使用する場合には、代理人が署名をすることができる。その場合には、委任状を合わせて送付すること。住所は、Tierps kommun Vård och omsorgsnämnden Grevegatan 19815 80 Tierp
異議申し立てに関してさらに情報が必要な場合には、社会サービス委員会に連絡すること。
電話番号：0293-18000

▶ 7　まとめと今後の課題

　以上、五つのコミューンについて、高齢者がホームヘルプサービスを申請した場合と介護の付いた特別住宅への入居を申請した場合について、ニーズ判定員による「ニーズ判定」の方法について明らかにしてきた。ティエルプコミューンについては、承認されたケースと却下されたケースの両ケースについて実際のニーズ判定結果を記した書類を示した。

　加えて、日本の要介護認定とは異なり、判定に関する標準化された統一基準がないことも明らかにすることができた。これは、高齢者のADLレベルが同じであったとしても、ニーズ判定員の判定により当該高齢者へのケアサービスの種類や量が大きく異なるということも可能性として存在しうることを示唆するものである。

　標準化された基準が存在しないことは、運用面でやや不安定要因を残していると考えられる。今後、80歳以上の要介護高齢者が増加する中で、コミューンの財政的理由からニーズ判定員によるニーズ判定が抑制的になって厳しくなることも予想される。なお、ニーズ判定結果とともに、申請した高齢者に異議申し立てをする権利があること、および異議申し立てをする場合の具体的に必要な事項が文書で説明されることを明らかにした。これは、ティエルプコミューンの事例で示した通りである。しかし、個々の申請を行った高齢者にはニーズ判定結果が妥当であるかどうかが分からないために、実際に異議申し立てをすることは難しいのではないだろうか。

　日本と異なり、判定に関する標準化された基準は存在しないものの、ニーズ判定の根本理念は明確に存在する。社会サービス法（Socialtjänstlagen：SoL）に示された「相応な生活レベル（skälig levnadsnivå）」がその根本理念である。コミューンからの援助により、人々は、相応な生活レベルを維持する権利をもつことが同法の第4章第1条に明記されている[8]。

各コミューンでは、その相応な生活レベル、すなわち適切とされる生活水準を有する程度のケアサービスを提供する場合、コミューン議会議員で構成される社会サービス委員会（Socialnämnd）が作成したガイドラインが用いられている[★7]。ニーズ判定員は、そのガイドラインを適用しているのである。今後、各コミューンに社会サービス委員会が作成したどのようなガイドラインが存在するのか確かめることが必要不可欠である。

──────（引用文献註）──────

(1) 西下彰俊（2005b）「日本における要介護認定の現状と問題点」、高齢者住宅財団編『いい住まい　いいシニアライフ』Vol. 68、1〜8ページ。
(2) ヘリューダ（Härryda）コミューン職員の安達雪枝氏からの情報による。
(3) 永瀬典子（2000）「スウェーデンにおける介護保障制度」、『季刊労働法』193号、52〜59ページ。
(4) 同上書。
(5) 同上書。
(6) 架空のモデルに基づくニーズ判定の過程は、当該コミューンのニーズ判定員から提供された資料に基づく。
(7) 岡沢憲芙・多田葉子（1998）『エイジング・ソサエティ』早稲田大学出版部、153ページ。
(8) Socialtjänstlagen（2001：453）4 Kap.1§
　　http://www.notisum.se/rnp/SLS/LAG/20010453.HTM
　　なお、「Skälig」は「合理的な」と訳すこともできる。

──────────

★7　エステルシュンドコミューン職員の石濱・ヒョーグストローム・実佳氏からの情報による。氏によれば、当該高齢者自身は不要だと言っているのにもかかわらず、その子どもたちが希望するサービスを利用できるように強引に主張する場合がある。エステルシュンドコミューンでは、社会サービス法の理念、社会サービス委員会によるガイドラインに準拠してニーズ判定員が判定を行っているとのこと。子どもの希望ではなく高齢者本人がサービスを希望している場合にケアサービスが提供されることを理解していない子どもが多いとのことである。ガイドラインの具体的な内容も、親のニーズ判定をめぐる子どもの動きも興味深い論点である。

第3章

日本における要介護認定の現状と問題点

▶1 はじめに

　これまでの日本の介護保険に関する議論は、要介護認定の過程そのものではなく、認定後の望ましいケアプランのあり方、ケアマネジメントのあるべき姿に焦点が当てられ、数多くの研究がなされてきた。議論のこうした偏りは、要介護度の認定には、問題がまったくないかあるとしても瑣末な問題にすぎないという根拠のない楽観性に基づいていたように思われる。あるいは、コンピュータによる判定、統計処理に関するプロセスは一般の我々には理解不能の事柄であるとして思考停止をしてきたように思われる。手元にある介護保険関係の文献のどれを見ても、この点に関する議論はまったく展開されていないし、コンピュータによる第1次判定のあり方に関する議論はまったく見られない。マークシート方式の基本調査の質問項目と選択肢にもうすこし注意を払うべきではなかったか。

　筆者自身、介護認定ソフトのアルゴリズム（演算手続きを指示する規則）を理解できる立場にない。しかし、筆者を含め、申請者への訪問調査から得られたデータをコンピュータに入力するまでのプロセスの部分にもう少し強い関心をもつべきではなかったか。また、マークシート式の基本調査の各質問項目と選択肢にもう少し注意を払うべきではなかったか。この点に関する怠惰を自己反省し、本章では、日本の介護保険の

システムにとって最も重要な、しかしながらこれまでほとんど議論されることがなかった「要介護認定」に焦点を当て、その現状と問題点を明らかにする。

ところで、日本では「改正介護保険法」が成立し、2005年10月からいわゆるホテルコストが特別養護老人ホーム入居者に課されることになった。2006年4月からは、筋力リハビリ、栄養改善指導、口腔ケア、予防訪問介護などの予防給付が始まり、要介護認定の区分も変更され、各市区町村に地域包括支援センターおよび地域包括支援センター運営協議会が設置されるなど、かなりドラスティックに制度が変更されている。

要介護認定の区分の変更については、「要支援」が「要支援1」に、「要介護1」が「要支援2」と「要介護1」に区分され、このうち「要支援1」と「要支援2」が予防給付の対象となっている。現在、こうした介護保険システムの大変動をめぐっては様々な角度から研究が行われているところである。

▶2　認定調査票の各質問項目の妥当性および問題点

日本の介護保険では、サービス利用の申請を行った高齢者に対し、保険者である市区町村（あるいは広域連合）が調査員を派遣し、2006年度からは82項目（それ以前は79項目）から構成されるマークシート式の認定調査を実施している。このマークシート調査と、調査員による特記事項欄および主治医の意見書に基づいて第1次判定が行われる。そして、申請者の要介護度の判定は判定ソフト（改訂版）により行われる。

2002年度まで使われていた第1次判定ソフトは、1995年に施設入所高齢者だけを対象に実施された1分間タイムスタディの調査データに基づき作成されたが、ADLの比較的高い動ける認知症高齢者の要介護度を低く判定してしまうという致命的な欠点を有していた。そこで、2002年に、施設タイムスタディ調査（対象者数4,532名）と在宅タイムスタディ

調査（対象者数1,126名）が実施され、それらのデータに基づき2003年に改訂版の第１次判定ソフトが作成された。現在は、その改訂版第１次判定ソフトが用いられている。

マークシート調査票に関しては、介護保険がスタートした2000年４月（正確には、介護保険の申請が始まった1999年10月）から2003年３月までは85項目から構成される旧認定調査項目が用いられた。しかし、この旧認定調査項目は、介護保険のスタート当初から、人権侵害に当るような不適切な調査項目が含まれていることが指摘されていた。具体的には、第７群の問題行動の「テ．周囲が迷惑している性的行動が①ない、②ときどきある、③ある」という質問項目である。

その後、2002年度に旧認定調査項目の見直しが行われ、2003年度からは改正された新しいマークシート調査票が用いられた。2003年度改正の認定調査項目については、要介護認定調査検討会の議論に基づいて新たに６項目が追加され、既存項目から12項目が削除された結果79項目となっている。2006年度から用いられているマークシート調査票は、2003年度改正の認定調査項目に予防給付判定関連項目として３項目が追加されて合計82項目となっている。

ここでは、2003年度から用いられてきた認定調査票79項目について、各項目の妥当性を検討する。改正された認定調査票（以下、2003年度調査票と略す）は、七つの群（67項目）と特別な医療（12項目）の合計79項目から構成される。七つの群すべての調査項目と各選択肢を示したのが表３－１である。以下、群ごとに、各項目の中身、項目の変動、各項目の妥当性および問題について具体的に検証する。

第１群の「麻痺拘縮」は、「１－１．麻痺等の有無について[★1]」と「１－２．関節の動く範囲の制限の有無について」から構成される。

第２群の「移動」は、「２－１．寝返りについて」、「２－２．起き上がりについて」、「２－３．座位保持について」、「２－４．両足での立位保持について」、「２－５．歩行について」、「２－６．移乗について」、「２

－7．移動について」の7項目から構成される。旧認定調査項目にあった「両足がつかない座位について」という項目は廃止され、新たに2－7の「移動」が付け加えられた。この移動は、車椅子を使わない被保険者の移動と車椅子を日常的に使う被保険者の移動を含めての質問である。

そもそも、日常的に車椅子を利用する高齢者の介護ニーズと車椅子を必要としない高齢者の介護ニーズは異なるものであって、同列に論じるべきものではない。5の「歩行」で、車椅子を日常的に使用するかどうかを確認すべきである。また、7の「移動」は、屋内移動と屋外移動の二つの水準が想定されるが調査員必携のマニュアルにはまったく説明がない。ADLの低い申請者については屋内移動が、ADLの高い申請者については屋外移動がそれぞれ常識的には想定されるが、範囲が明記されていない。個々の調査項目が一義的に理解できない状態が最もまずいのであり、またこの問題に加えて、改正されたとはいえ後述するように未解決の不備も少なからず含まれていることが2003年度の調査票に関する構造的な問題であると言える。

さらに、2－6、2－7については、「見守り等」という選択肢が設けられている。当該日常生活動作を介護認定申請者が行う場合に、介護者による見守り等が行われているかどうかを確認するための選択肢であり、結局、介護者の同居の有無を質問することになってしまっている。

第3群の「複雑動作」は、「3－1．立ち上がりについて」、「3－2．片足での立位保持について」、「3－3．洗身について」の3項目から構成される。2の「片足での立位保持」は、旧認定調査項目から設けられており、2003年度調査票にも引き続き含められている項目である。ADLが低い高齢者を対象とする基本調査であることからすれば、片足での立位

★1　認定調査員テキストによれば、麻痺などには、「加齢による筋力の低下」が含まれる（厚生労働省老健局老人保健課（2004）『認定調査員テキスト』Vol. 2、12ページ）。であるならば、筋力の低下の程度を示す重度、中度、軽度という選択肢が設けられて然るべきである。

表3-1　認定調査票（基本調査）

1-1	麻痺等の有無について（複数回答可）	
	①ない　②左上肢　③右上肢　④左下肢　⑤右下肢　⑥その他	
1-2	関節の動く範囲の制限の有無について（複数回答可）	
	①ない　②肩関節　③肘関節　④股関節　⑤膝関節　⑥足関節　⑦その他	
2-1	寝返りについて	①できる　②つかまればできる　③できない
2-2	起き上がりについて	①できる　②つかまればできる　③できない
2-3	座位保持について	
	①できる　②自分で支えればできる　③支えがあればできる④できない	
2-4	両足での立位保持について	①できる　②支えがあればできる　③できない
2-5	歩行について	①できる　②つかまればできる　③できない
2-6	移乗について	①自立　②見守り等　③一部介助　④全介助
2-7	移動について	①自立　②見守り等　③一部介助　④全介助
3-1	立ち上がりについて	①できる　②つかまればできる　③できない
3-2	片足での立位保持について	①できる　②支えがあればできる　③できない
3-3	洗身について	①自立　②一部介助　③全介助　④行っていない
4-1	じょくそう（床ずれ）等の有無について	
	ア.じょくそう　　　　　　　　　　　　　　　　　①ない　②ある	
	イ.じょくそう以外で処置や手入れが必要な皮膚疾患　①ない　②ある	
4-2	えん下について	①できる　②見守り等　③できない
4-3	食事摂取について	①自立　②見守り等　③一部介助　④全介助
4-4	飲水について	①自立　②見守り等　③一部介助　④全介助
4-5	排尿について	①自立　②見守り等　③一部介助　④全介助
4-6	排便について	①自立　②見守り等　③一部介助　④全介助
5-1	清潔について	
	ア.口腔清潔(はみがき等)	①自立　②一部介助　③全介助
	イ.洗顔	①自立　②一部介助　③全介助
	ウ.整髪	①自立　②一部介助　③全介助
	エ.つめ切り	①自立　②一部介助　③全介助
5-2	衣服着脱について	
	ア.上衣の着脱	①自立　②見守り等　③一部介助　④全介助
	イ.ズボン、パンツ等の着脱	①自立　②見守り等　③一部介助　④全介助
5-3	薬の内服について	①自立　②一部介助　③全介助
5-4	金銭の管理について	①自立　②一部介助　③全介助
5-5	電話の利用について	①自立　②一部介助　③全介助
5-6	日常の意思決定について	
	①できる　②特別な場合を除きできる　③日常的に困難　④できない	
6-1	視力について	
	①普通（日常生活に支障がない）　②約1m離れた視力確認表の図が見える	
	③目の前においた視力確認表の図が見える　④ほとんど見えない	
	⑤見えているのか判断不能	
6-2	聴力について	
	①普通　②普通の声がやっと聞き取れる　③かなり大きい声なら何とか聞き取れる　④ほとんど聞こえない　⑤聞こえているか判断不能	

6-3 意思の伝達について
　　　　①他者に伝達できる　②ときどきできる　③ほとんどできない　④できない
6-4 介護者の指示への反応について
　　　　　　　　　　　　　①通じる　②ときどき通じる　③通じない
6-5 記憶・理解について
　　ア．毎日の日課を理解することが　　　　　　　　　①できる　②できない
　　イ．生年月日や年齢を答えることが　　　　　　　　①できる　②できない
　　ウ．面接調査の直前に何をしていたか思いだすことが　①できる　②できない
　　エ．自分の名前を答えることが　　　　　　　　　　①できる　②できない
　　オ．今の季節を理解することが　　　　　　　　　　①できる　②できない
　　カ．自分がいる場所を答えることが　　　　　　　　①できる　②できない
7　問題行動について
　　ア．物を盗られたなどと被害的になることが　①ない　②ときどきある　③ある
　　イ．作話をし周囲に言いふらすことが　　　　①ない　②ときどきある　③ある
　　ウ．実際にないものが見えたり、聞こえることが
　　　　　　　　　　　　　　　　　　　　　　①ない　②ときどきある　③ある
　　エ．泣いたり笑ったりして感情が不安定になることが
　　　　　　　　　　　　　　　　　　　　　　①ない　②ときどきある　③ある
　　オ．夜間不眠あるいは昼夜の逆転が　　　　　①ない　②ときどきある　③ある
　　カ．暴言や暴行が　　　　　　　　　　　　　①ない　②ときどきある　③ある
　　キ．しつこく同じ話をしたり、不快な音をたてることが
　　　　　　　　　　　　　　　　　　　　　　①ない　②ときどきある　③ある
　　ク．大声をだすことが　　　　　　　　　　　①ない　②ときどきある　③ある
　　ケ．助言や介護に抵抗することが　　　　　　①ない　②ときどきある　③ある
　　コ．目的もなく動き回ることが　　　　　　　①ない　②ときどきある　③ある
　　サ．「家に帰る」等と言い落ち着きがないことが
　　　　　　　　　　　　　　　　　　　　　　①ない　②ときどきある　③ある
　　シ．外出すると病院、施設、家などに戻れなくなることが
　　　　　　　　　　　　　　　　　　　　　　①ない　②ときどきある　③ある
　　ス．１人で外に出たがり目が離せないことが
　　　　　　　　　　　　　　　　　　　　　　①ない　②ときどきある　③ある
　　セ．いろいろな物を集めたり無断で持ってくることが
　　　　　　　　　　　　　　　　　　　　　　①ない　②ときどきある　③ある
　　ソ．火の始末や火元の管理ができないことが
　　　　　　　　　　　　　　　　　　　　　　①ない　②ときどきある　③ある
　　タ．物や衣類を壊したり、破いたりすることが
　　　　　　　　　　　　　　　　　　　　　　①ない　②ときどきある　③ある
　　チ．不潔な行為（排泄物を弄ぶ）を行うことが
　　　　　　　　　　　　　　　　　　　　　　①ない　②ときどきある　③ある
　　ツ．食べられないものを口に入れることが
　　　　　　　　　　　　　　　　　　　　　　①ない　②ときどきある　③ある
　　テ．ひどい物忘れが　　　　　　　　　　　　①ない　②ときどきある　③ある

（注）下線を引いた各項目について、本文中でその問題点を指摘している。

保持はすこぶる危険な項目であり削除すべき項目である。

　申請者である高齢者が、2－6の「移乗」や2－7の「移動」の際、立った姿勢のまま一方の足を上げることは当然あり得ると考えられるが、独立した項目として問う必要があるかどうかははなはだ疑問である。例えば、一方の足に麻痺があったり（1－1で④または⑤が該当する場合）、膝関節や足関節に拘縮がある場合（1－2で⑤または⑥が該当する場合）、申請者が片足での立位保持を実際に行うこと自体が危険な行為である。

　第4群の「特別介護」は、「4－1．じょくそう★2（床ずれ）等の有無について」、「4－2．えん下★3について」、「4－3．食事摂取について」、「4－4．飲水について」、「4－5．排尿について」、「4－6．排便について」の6項目から構成される。4－1は、さらに「ア．じょくそう」と「イ．じょくそう」以外で、処置や手入れが必要な皮膚疾患の2項目から成り立つ。旧認定調査項目では、片手胸元持ち上げ、尿意、便意、排尿後の後始末、排便後の後始末の5項目が含まれていたがこれは削除された。排尿も排便も、感覚の部分と後始末という行動の部分が2003年度調査票では一つにまとめられたと解釈できる。さらに、4－2から4－6については「見守り等」という選択肢が設けられており、この選択肢が設けられていることの問題については前述した通りである。

　第5群の「身の回り」は、「5－1．清潔について」、「5－2．衣服着脱について」、「5－3．薬の内服について」、「5－4．金銭の管理について」、「5－5．電話の利用について」、「5－6．日常の意思決定について」の6項目から構成される。5－1は、さらに「ア．口腔清潔（はみがき等）」、「イ．洗顔」、「ウ．整髪」、「エ．爪切り」の4項目から、5－2は、「ア．上衣の着脱」、「イ．ズボン等の着脱」の2項目から構成され、全部で10項目ある。旧認定調査項目では、ボタンのかけはずし、靴下の着脱、居室の掃除の3項目が入っていたが、2003年度の調査票では削除された。そして、旧認定調査項目で第5群にあった「ひどい物忘

れ」は第7群に移された。

　5-1のウの「整髪」は、2003年度の調査票でもそのまま残されたが、この項目は不適切であり、現在検討が始まっている調査項目見直しでは削除されなければならない。とりわけ、男性の申請者の中には毛髪のない場合が少なくないわけで、こうした人々にとってこの認定調査項目の内容は「非該当」となる。厚生労働省老健局の認定調査員テキストには、「頭髪がない場合には、頭を拭くなど整髪に類似する行為について判断する[1]」とある。また、厚生労働省老健局老人保健課発行の問答集には「頭髪がない場合、どのように判断するのか」という問いが示され、整髪に類似する行為について判断するという答えが記されている[2]。

　そもそも、非該当者が生じるような質問項目は設けるべきではないし、残すべきでない。認定調査員テキストには、5-1．エのつめ切りについて、「四肢の全指を切断している等のため、切るつめがない場合は、能力を総合的に勘案して判断する」と補足の説明がなされている。同じく、問答集には切る爪がない場合の問いと答えが示されている[3]。これも、非該当者が生じるような質問項目であって残すべきでない。整髪や爪切りに密接に関連する身の周りの行動については、洗顔、上衣の着脱、ズボン等の着脱の3項目がすでに含まれているので、整髪や爪切りの項目を削除しても何ら問題は生じないであろう。

　加えて、「5-4．金銭の管理」および「5-5．電話の利用」の2項目は、いわゆる手段的ADL（Instrumental Activities of Daily Living: IADL）を測定する項目であって、要介護度を測定する調査項目としては妥当ではない。高齢者の自立能力あるいは心身の能力の水準の高さを測定する場合には金銭管理能力も電話利用能力も必要不可欠な指標であ

★2　介護保険の認定調査票では平仮名が使われているが、漢字は「褥瘡」である。なお、主治医の意見書では漢字が使われている。
★3　介護保険の認定調査票では平仮名が使われているが、漢字は「嚥下」である。なお、主治医の意見書では漢字が使われている。

るが、介護をどの程度必要とするかを認定するための調査項目としては妥当ではないということだ。

　さらに言えば、申請者が単身世帯（一人暮らし世帯）の場合は、金銭管理も電話の利用も日常生活上せざるを得ない。介護者などの同居者がいれば、金銭管理も電話の利用も生活上必要とされない行為である。つまり、申請者がどのような家族構成にあるかにより、両項目に関する介助の必要度が異なってしまうのであり、その意味において不適切だと考えられる。また、「5－2．ア」と「5－2．イ」については、2番目に「見守り等」という選択肢が設けられているが、その問題点については第2群について述べたところで指摘した。

　ところで、認定調査票には基本調査の前に概況調査の欄が設けられている。その概況調査の第4の項目には、「調査対象者の主訴、家族状況、居住環境（外出が困難になるなど日常生活に支障となるような環境の有無）、日常的に使用する機器・器械の有無等について特記すべき事項を記入すること」とある。介護保険は、申請する高齢者自身に対する介護の手間を82項目（2006年度以降）を通じて把握することを目的としているが、結局、家族に関する状況を調査員が特記事項として記述するようになっている。また、ケアプラン作成時に斟酌するようにとマニュアルには明記されている。しかし、特記事項に関しては、後述するように個人差に基づく不公平という構造的な問題をはらんでいる。

　調査員の記述する能力という個人差に基づく不公平の問題以外にも、概況調査の第4の項目に記入された家族状況が、コンピュータによる第1次判定による認定結果とどのように関連付けて介護認定審査会で検討されるのかは不明である。第4の項目を認定調査員が正確に記述したとしても、特記事項の情報が「放置」されている可能性を否定できない。したがって、もしも家族状況に関する特記を通じて同居家族の介護力あるいは介護の家族資源のレベルを測定するのが狙いであるならば、基本調査の項目として含めるべきである。

第6群の「意思疎通」は、「6－1．視力について」、「6－2．聴力について」、「6－3．意思の伝達について」、「6－4．介護者の指示への反応について」、「6－5．記憶・理解について」の5項目から構成される。第6群は、第1群同様、旧認定調査項目から2003年度の調査票項目への変更の中でまったく変わらなかった群である。しかし、この第6群を構成する10の項目を個々に吟味してみるといくつかの問題が内包されていることが分かる。

　まず、6－1の「視力」は、人間が自立した生活を続ける上で最も重要な能力の一つである。2003年度の調査票では、全体を構成する79項目のうちの単なる1項目であるに過ぎず、この状況は視覚障害をもつ申請者にとって極めて不利である。加えて、6－5の「ア」から「カ」の6項目は、一般の高齢者の意思疎通の状態というよりも認知症高齢者の症状の広がりと程度を測定する項目であり、この第6群の項目として妥当であるとは言えない。さらに、この6項目が認知症の症状を問う項目であることは紛れもないが、そうである以上、選択肢は現行の「1．できる」、「2．できない」だけでは十分ではない。脳血管性認知症であれ、アルツハイマー型認知症であれ、ピック病であれ、認知症の症状が激しく変化することは一般にもよく知られているところである。ゆえに、「ときどきできる」という選択肢が必要不可欠である。

　この選択肢が、何故置くことができなかったのか理解に苦しむ。何故ならば、次の第7群の「問題行動」では、問題にしている「ときどき」という頻度を示す選択肢が正しく設けられているからである。

　以上のことから、現行の認定調査票は、矛盾だらけの構造をしていることが明らかだ。この新認定調査票によって得られる回答データがベースとなり、非該当（自立）、要支援1、要支援2、要介護1～要介護5という八つの結果のいずれかが申請者にもたらされることを想起するならば、認定調査票で問われる質問項目の妥当性と選択肢の置き方が決定的に重要であることは明らかである。

第7群の「問題行動」は、「ア」から「テ」の19項目から構成される。**表3－1**から分かるように、旧認定調査票では、先に述べたように高齢者の人権を蹂躙する項目が含まれていたが、新認定調査票では削除され、代わりに第5群に置かれていた「ひどい物忘れ」が移された。

　ところで、訪問調査に際し、調査員が調査項目の選択肢の中から該当する選択肢を選ぶにあたり、当該調査員の主観に大きく左右されるという問題をはらんでいることについては、中井清美の『介護保険』が「6－2．聴力」を例に挙げてすでに指摘している[4]。

　さらに、調査員の主観に大きく依存せざるを得ないのはこれまで述べてきた各群（第1群から第7群）の特記事項欄に対する記述である。本来、特記事項欄は、日常生活の困難さの度合いを判定するうえで重要と考えられることや、基本調査のチェック方式では表現しきれないことについて要点をしぼって記載する欄である[5]。選択肢を一つだけ選ぶ際に調査員が迷うようなケースについては、具体的な事情・状況を群ごとに設けられた特記事項欄に記述することになるが、1時間弱の訪問調査を実施した後に、具体的な事情や状況を整理して記述することは決して容易ではない。1日に多くの訪問調査を行わなければならない場合にはなおさらである。

　現行制度では調査員が一人で訪問調査を行うことになっているので、調査員が特記事項欄に記すべき内容を聞き取りつつもその内容を記述しない、あるいは省略して記述するという、いわゆるモラルハザード（moral hazard）が発生する可能性をすべて否定することはできない。こうした手抜きを防止するためには複数の調査員で訪問調査を行うのが理想ではあるが、現実問題として無理である。次善の策としては、正しく認定調査が実施されたかどうかをチェックするための再調査を抜き打ちで行うようにすべきであろう。

　厚生労働省は、この多くの問題をはらんだマークシート式の基本調査の項目を全面的に見直すことを前提に現在検討に入っている。試作され

た調査票は100項目を超えるとされ、具体的には、家族や地域での日常活動として、洗濯、炊事、掃除などがどの程度できるか、日中の過ごし方として一人で外出できるか季節や状況にあった服を選択できるか、知的な機能や精神的な状態として、損得の判断や安全の判断ができるかどうかなどが新しく付け加えられるようである。早ければ、2009年度から新しい要介護認定制度をスタートさせる計画だ[6]。しかし、ここで筆者が指摘してきた質問項目および選択肢に関する問題点についてはまったく検討されていない。

▶3 中間評価項目得点に関する構造的問題

表3-2は、第1群から第7群までの各項目について、選択肢ごとの中間評価項目得点を示したものである。62項目それぞれについて、ADLの高い状態（要介護の必要性がない自立した状態）にはウェイト付けされた点数が与えられ、逆に、ADLの低い状態（要介護の必要性が高い状態）にはゼロ点が与えられている。選択肢の表現を使うならば、麻痺・拘縮がない、問題行動がない、移動や意思疎通ができる、特別介護や身の回りが自立している申請者ほど高い点数が与えられ、逆に、麻痺・拘縮があり、問題行動があり、移動や意思疎通ができず、特別介護や身の回りが自立していない申請者ほど低い点数が与えられる。介護認定審査会委員テキストには、「認定調査項目の各群について、それぞれ最高100点、最低0点となるように選択肢ごとに中間評価項目得点の点数が割り当てられる」と説明されているが[7]、第3群の複雑動作については3項目を合計しても99.9点にしかならない。他の群はいずれも、合計100点になるように中間評価項目得点が設けられているのにもかかわらず、この群だけが100点に満たない。「0.1点の不安」を抱くのは筆者だけであろうか。この中間評価項目得点は、すでに2003年4月から実際に用いられている。

表3-2　各項目の中間評価項目得点

群	項目	配点										
1 麻痺拘縮	麻痺	ない	16.0	いずれか一肢のみ	13.3	両下肢のみ	2.5	左上下肢あるいは右上下肢のみ	3.5	その他の四肢の麻痺	0.0
	拘縮（肩関節）	ない	15.8	ある	0.0						
	拘縮（肘関節）	ない	21.9	ある	0.0						
	拘縮（股関節）	ない	16.3	ある	0.0						
	拘縮（膝関節）	ない	10.5	ある	0.0						
	拘縮（足関節）	ない	19.5	ある	0.0						
2 移動	寝返り	できる	14.5	つかまれば可	3.8	できない	0.0				
	起き上がり	できる	14.2	つかまれば可	2.2	できない	0.0				
	座位保持	できる	16.0	自分で支えれば可	10.0	支えが必要	2.6	できない	0.0		
	両足での立位	できる	14.3	支えが必要	3.1	できない	0.0				
	歩行	できる	12.3	つかまれば可	1.8	できない	0.0				
	移乗	自立	14.8	見守り等	6.5	一部介助	2.0	全介助	0.0		
	移動	自立	13.9	見守り等	4.7	一部介助	1.4	全介助	0.0		
3 複雑動作	立ち上がり	できる	39.4	つかまれば可	9.1	できない	0.0				
	片足での立位	できる	31.7	支えが必要	6.0	できない	0.0				
	洗身	自立	28.8	一部介助	28.9	全介助	5.9	行っていない	0.0		
4 特別介護	じょくそう	ない	11.8	ある	0.0						
	皮膚疾患	ない	1.9	ある	0.0						
	えん下	できる	21.1	見守り等	7.5	できない	0.0				
	食事摂取	自立	18.8	見守り等	9.0	一部介助	5.3	全介助	0.0		
	飲水	自立	19.4	見守り等	9.7	一部介助	5.4	全介助	0.0		
	排尿	自立	13.6	見守り等	4.2	一部介助	2.5	全介助	0.0		
	排便	自立	13.4	見守り等	4.1	一部介助	2.6	全介助	0.0		
5 身の回り	口腔清潔	自立	11.0	一部介助	6.4	全介助	0.0				
	洗顔	自立	11.1	一部介助	6.3	全介助	0.0				
	整髪	自立	10.3	一部介助	6.2	全介助	0.0				
	つめ切り	自立	7.2	一部介助	1.4	全介助	0.0				
	上衣の着脱	自立	10.9	見守り等	5.7	一部介助	4.4	全介助	0.0		
	ズボン等の着脱	自立	10.5	見守り等	5.1	一部介助	4.2	全介助	0.0		
	薬の内服	自立	11.4	一部介助	4.7	全介助	0.0				
	金銭の管理	自立	8.3	一部介助	2.3	全介助	0.0				
	電話の利用	自立	8.5	一部介助	3.3	全介助	0.0				
	日常の意思決定	できる	10.8	特別な場合を除いてできる	6.4	日常的に困難	2.9	できない	0.0		
6 意思疎通	視力	普通	13.7	1m先が見える	1.6	目の前が見える	2.3	ほとんど見えず	0.6	判断不能	0.0
	聴力	普通	15.1	やっと聞こえる	3.4	大声が聞こえる	1.4	ほとんど聞こえず	0.1	判断不能	0.0
	意思の伝達	できる	13.3	ときどきできる	7.7	ほとんど不可	3.5	できない	0.0		
	指示への反応	通じる	12.7	ときどき通じる	4.6	通じない	0.0				

6	意思疎通	毎日の日課を理解	できる	5.9	できない	0.0		
		生年月日をいう	できる	7.7	できない	0.0		
		短期記憶	できる	6.0	できない	0.0		
		自分の名前をいう	できる	11.1	できない	0.0		
		今の季節を理解	できる	6.8	できない	0.0		
		場所の理解	できる	7.7	できない	0.0		
7	問題行動	被害的	ない	5.2	ときどきある	2.5	ある	0.0
		作話	ない	6.0	ときどきある	3.3	ある	0.0
		幻視幻聴	ない	4.9	ときどきある	2.5	ある	0.0
		感情が不安定	ない	4.0	ときどきある	1.8	ある	0.0
		昼夜逆転	ない	3.4	ときどきある	1.8	ある	0.0
		暴言暴行	ない	5.5	ときどきある	3.2	ある	0.0
		同じ話をする	ない	3.9	ときどきある	1.7	ある	0.0
		大声をだす	ない	5.2	ときどきある	3.1	ある	0.0
		介護に抵抗	ない	4.6	ときどきある	2.7	ある	0.0
		常時の徘徊	ない	6.2	ときどきある	4.2	ある	0.0
		落ち着きない	ない	6.1	ときどきある	3.9	ある	0.0
		外出して戻れない	ない	6.1	ときどきある	4.3	ある	0.0
		一人で出たがる	ない	7.0	ときどきある	4.3	ある	0.0
		収集癖	ない	6.3	ときどきある	4.7	ある	0.0
		火の不始末	ない	3.2	ときどきある	0.5	ある	0.0
		物や衣類を壊す	ない	7.9	ときどきある	5.9	ある	0.0
		不潔行為	ない	5.2	ときどきある	3.6	ある	0.0
		異食行動	ない	6.5	ときどきある	5.4	ある	0.0
		ひどい物忘れ	ない	2.8	ときどきある	0.4	ある	0.0

(出典）厚生労働省老健局老人保健課（2003b)『介護認定審査会委員テキスト』38ページ。

　ヒューマンエラーはどこにでも発生しうる。第３群の中間評価項目得点の間違いをすぐさま訂正し、要介護認定等基準時間の推計方法（樹形モデル）の該当部分の数値を変え、第１次判定ソフトの改訂版のプログラムを微調整すればよかったのではないか。「0.1点のミス」を放置しておく姿勢こそ、問われなければならない。
　さて、表３－１について前述したように、第６群「意思疎通」の中で、「６－５記憶・理解について」の「ア」から「カ」の６項目に関しては、「ときどきできる」という選択肢が設けられていないという構造的問題を指摘した。
　表３－２が示すように、現行の中間評価項目得点ではこの六つの項目

について「できる」と回答した場合には、それぞれ順に、5.9、7.7、6.0、11.1、6.8、7.7の得点が与えられている。「ときどきできる」という選択肢があれば、各項目それぞれに半分前後の得点が与えられるわけであるから、ほとんどすべての樹形モデルに影響が及び、その結果、最終的に算出される要介護認定等基準時間にも大きな影響が見られることになる。この点についても、先の0.1点のミス同様、できる限り速やかに修正することが肝要である。

さらに、これは介護保険制度がスタートする前から指摘されていたことであるが、樹形モデルに示された分岐点の設定順序の考え方や分岐点から左右に分かれる選択肢の考え方も明快とは言えない。分岐点の設定順序に関しては、分岐点の上位項目ほど介護時間に影響がある項目と言われているが、その一般的な順位設定のロジックが明確ではない。分かれた選択肢についても、例えば一部介助だけの選択肢があるかと思えば、全介助と見守りの二つを同一と見る選択肢もあり、分ける上での基本的なロジックが不明である[8]。問題点の修正や訂正と合わせて、最も重要な樹形モデルに関して保険料を支払っている被保険者に対しロジックの情報開示を行うべきである。

▶4　結論と今後の課題

本章では、要介護度を認定するための訪問調査に関して様々な角度から調査項目の問題点について明らかにしている。具体的には、**表3－1**の下線を引いた13の項目についてそれぞれ問題点を明らかにした。

次に、中間評価項目得点に関する構造的問題を具体的に2点指摘した。一つは、第3群の複雑動作に関しては、3項目の中間評価項目得点の合計が100点に達していないことである。もう一つは、第6群の意思疎通に関して、「毎日の日課を理解」以下「場所の理解」までの六つの項目が「ときどきできる」という選択肢がないために、中間評価項目得点が

はなはだしく偏ってしまうという傾向について指摘した。

　本章で指摘したいくつもの基本的問題点が改善されて初めて理想的なケアマネジメントに我々は近づくことができる。各調査項目と各項目の選択肢が、今後の見直しの作業の中でより望ましい方向で改定されることを願って止まない。その見直し作業の中で、ここで指摘した構造的問題点が一つでも多く検討されることを切望する。

──────────**(引用文献註)**──────────

(1) 厚生労働省老健局老人保健課（2004）『認定調査員テキスト』Vol.2、49ページ。
(2) 厚生労働省老健局老人保健課（2003a）『認定調査票（基本調査）項目問答集』35ページ。
(3) 同上書、35ページ。
(4) 中井清美（2003）『介護保険』岩波書店、80〜81ページ。
(5) 田中潤（1999）「要介護認定を正しく行うために」、介護保険実務研究会編『介護保険準備は万全か』ぎょうせい、132ページ。
(6) 中日新聞、2007年2月10日付朝刊。
(7) 厚生労働省老健局老人保健課（2003b）『介護認定審査会委員テキスト』16ページ。
(8) 田中潤（1999）前掲書、144ページ。

第4章
サービス利用時の自己負担額のコミューン間格差に関する構造的問題

▶1　サービス利用時における自己負担額のコミューン間比較

(1) 在宅サービスの自己負担

　1982年に施行された社会サービス法（Socialtjänstlagen：SoL）の第8章第5条に基づき、各コミューンは在宅サービスについて妥当な利用料を徴収することとなった[1]。さらに1992年のエーデル改革（Ädelreformen）以後は、介護の付いた特別住宅におけるケアサービスも含めて、高齢者がケアサービスを利用する際の自己負担額について各コミューンが独自に決定することになった。すなわち、在宅の要介護高齢者がどのようなケアサービスを受けたときに自己負担を求めるのか、またサービスを利用したときに高齢者が支払う自己負担額をどれくらいに設定するのかなど、自己負担金に関するシステムは各コミューンが独自に構築することになったのである。

　自宅や介護の付いた特別住宅における介護サービスの自己負担額を設定する基準には次の四つのパターンがある。

　❶介護の必要度および年収という2要因を基準
　❷収入を基準
　❸介護の必要度を基準
　❹一定額

第4章　サービス利用時の自己負担額のコミューン間格差に関する構造的問題　63

　たとえば、やや古い1996年のデータであるが、ホームヘルプサービスに関しては、❶が最も多く69％、以下❸の16％、❷の10％、❹の5％と続いている。介護の付いた特別住宅の利用者負担額決定基準に関しては❷が最も多く66％、以下❶の20％、❹の10％、❸の4％と続いている[(2)]。自己負担額の基準が四つ存在することが示すように、当然の結果として、コミューン間には格差が生じることになった[(3)]。どの程度そうした自己負担額設定の仕組みが異なるのかを実証的に調べるため、スウェーデンの全コミューンを対象に各コミューンの自己負担決定基準に関する資料の送付を依頼した。

　ここでは、自己負担課金システムの異なる六つのコミューンを取り上げ、自己負担に関する料金システムの違い、その結果として生じるコミューン間格差について明らかにしていく。

　表4-1は、スウェーデン第5の都市、リンショーピングコミューン（人口約13万人）のホームヘルプサービス利用時の自己負担料金表である。表の左側は、介護サービスを利用する要介護高齢者の年収ランクを示している。以下に示すどのコミューンにも共通であるが、年収には、年金収入を中心とするものの預金にかかる利子も含まれている。

　同コミューンでは、年収を27のランクに分けている。この料金表の特徴としては、掃除、洗濯、買い物などの家事援助サービスについては1時間単位で自己負担が設定されている一方で、介護の中心となる直接ケアサービスに関しては利用時間に応じた区分けがないことが挙げられる。つまり、直接ケアサービスに関しては、月5時間だけ利用しても50時間利用しても自己負担は同じという基準である。

　表4-2-1から**表4-2-3**は、スウェーデン第2の都市、ヨーテボリ（Göteborg）コミューン（人口約46万人）の自己負担料金表である。**表4-2-1**の左側は、介護サービスを利用する要介護高齢者の所得レベルを示しているが、ここは8ランクだけで構成されており、いたってシンプルである。ヨーテボリの特徴としては、**表4-2-3**に見られる

表4-1 リンショーピングコミューンの場合

年収			直接ケアサービス (1か月単位)	家事援助サービス (1時間単位)
250,001	―		1,200	195
240,001	―	250,000	1,125	195
230,001	―	240,000	1,025	195
220,001	―	230,000	975	195
210,001	―	220,000	925	195
200,001	―	210,000	875	195
190,001	―	200,000	825	195
180,001	―	190,000	775	195
170,001	―	180,000	725	195
160,001	―	170,000	675	195
150,001	―	160,000	600	190
<u>140,001</u>	―	<u>150,000</u>	<u>500</u>	<u>170</u>
130,001	―	140,000	450	145
120,001	―	130,000	350	135
110,001	―	120,000	325	100
100,001	―	110,000	300	90
95,001	―	100,000	300	85
<u>90,001</u>	―	<u>95,000</u>	300	<u>80</u>
85,001	―	90,000	300	75
80,001	―	85,000	300	70
75,001	―	80,000	300	65
70,001	―	75,000	300	60
65,001	―	70,000	300	55
60,001	―	65,000	300	50
55,001	―	60,000	270	35
50,001	―	55,000	150	25
0	―	50,000	125	20

(出典) Linköping kommun, 2000, TAXA Hemtjänst- Särskilt boende
(注) 数字の単位はすべてSEK (クローナ)。以下、表4-4まで同じ。

第4章　サービス利用時の自己負担額のコミューン間格差に関する構造的問題　65

リンショーピング駅近くにあるサービスハウス・ブランダーレン
（奥左手の建物1階にレストラン、2階がリハビリテーションスペース、奥右手の建物に38名の入居者が住む）

ブランダーレンのレストランでくつろぐ入居者のみなさん

表4−2−1　ヨーテボリコミューンの総所得による所得レベル分け

所得レベル	単身者		
1		—	56,199
2	56,200	—	68,599
3	68,600	—	92,499
<u>4</u>	<u>92,500</u>	—	<u>133,099</u>
<u>5</u>	<u>133,100</u>	—	<u>151,899</u>
6	151,900	—	167,999
7	168,000	—	191,899
8	191,900	—	

（出典）GÖTEBORGS STAD, 2001, HEMTJÄNSTTAXA
表4−2−2、表4−2−3も同じ。

表4−2−2　介護サービス料金

所得レベル	要介護レベル1 1か月 10時間未満	要介護レベル2 1か月 26時間未満	要介護レベル3 1か月 26時間以上
1	35	69	104
2	69	139	208
3	104	208	312
<u>4</u>	140	279	<u>419</u>
<u>5</u>	185	347	<u>510</u>
6	231	419	606
7	290	502	713
8	348	580	812

（注）介護サービス料金には狭義の介護サービス（身体的・精神的・社会的ニーズ）と家事サービス（洗濯、食事作り、配達、郵便局・銀行への用事）が含まれる。

ように掃除サービスだけが別立てになっており、それ以外の介護サービスと家事サービスは**表4−2−2**のような形にまとめられている。介護料金は三つのレベルに分けられ、年収と介護時間に応じた料金が設定されている。

　表4−3は、ヴィンデルン（Vindeln）コミューン（人口約6,000人）の料金システムを示している。この料金表のタイプが最も標準的であり、単身者もカップルも20の年収ランクが設定され、利用時間も四つのレベ

第4章 サービス利用時の自己負担額のコミューン間格差に関する構造的問題　67

表4−2−3　掃除サービス料金

所得レベル	2週間に1度	3週間に1度	4週間に1度
1	173	115	87
2	261	173	130
3	319	212	159
<u>4</u>	<u>376</u>	251	188
<u>5</u>	<u>435</u>	290	217
6	493	328	246
7	551	367	275
8	602	401	301

表4−3　ヴィンデルンコミューンの場合

単身者 年収	カップル 年収	レベル1 1−9時間	レベル2 10-19時間	レベル3 20-29時間	レベル4 30時間以上
0-53,000	0-80,000	158	210	263	315
58,000	85,000	174	231	289	347
63,000	90,000	189	252	315	378
68,000	95,000	210	273	342	410
(中略)	(中略)	(中略)	(中略)	(中略)	(中略)
88,000	115,000	357	441	520	630
93,000	120,000	410	499	578	704
<u>98,000</u>	125,000	462	552	630	<u>756</u>
103,000	130,000	504	604	683	830
108,000	135,000	546	657	735	903
(中略)	(中略)	(中略)	(中略)	(中略)	(中略)
138,000	165,000	630	972	1,077	1,260
143,000	170,000	630	1,024	1,129	1,313
<u>148,000</u>	175,000	630	1,024	1,182	<u>1,365</u>

（注）カップルの料金表は、パートナーもホームヘルプサービスを受けている場合の一人当たりの料金を意味する。以下の表4−4においても同様。

表4-4 フェリエランダコミューンの場合

月収			単身者	カップル
0	—	2,900	8.0	4.0
2,901	—	3,100	16.5	10.5
3,101	—	3,300	18.0	11.5
(中略)			(中略)	(中略)
4,901	—	5,100	33.0	20.5
5,101	—	5,300	35.0	22.5
5,301	—	5,500	36.5	23.5
(中略)			(中略)	(中略)
6,701	—	6,900	48.5	31.0
6,901	—	7,100	50.0	32.0
7,101	—	7,300	51.5	33.0
7,301	—	7,500	53.0	34.5
7,501	—	7,700	54.5	35.5
7,701	—	7,900	56.0	36.5
7,901	—	8,100	57.5	37.5
8,101	—	8,300	59.0	38.5
8,301	—	8,500	61.0	39.0
8,501	—	8,700	63.5	40.5
8,701	—	8,900	63.5	41.5
8,901	—	9,100	66.5	43.0
9,101	—	9,300	68.0	44.0
9,301	—	9,500	69.5	45.5
9,501	—	9,700	71.0	46.5

ル別に料金が設定されている。

　表4-4は、フェリエランダ（Färgelanda）コミューン（人口約7,000人）の料金システムを示している。この料金表は、36に分けられた月収ランクごとにホームヘルプサービスの1時間あたりの単価が示されている。表には示されていないが、まず基本料金として50SEKが必要となる。

表4-5　ユースナシュベリコミューンの場合

		自己負担割合	自己負担額上限
レベル1	1か月に2回	7.0%	750 SEK
レベル2	1週間に1回	9.0%	1,500 SEK
レベル3	1日1回	11.0%	2,000 SEK
レベル4	1日2回	13.0%	2,500 SEK
レベル5	1日3回以上、必要なだけ	15.0%	3,000 SEK

表4-6　ヘリエダーレンコミューンの場合

	レベル1	レベル2	レベル3	レベル4
1か月の利用時間	9時間以下	10時間以上19時間以下	20時間以上29時間以下	30時間以上
自己負担額	221 SEK	386 SEK	499 SEK	607 SEK

月額50時間までのケアサービスについては料金表の通りであるが、51時間から99時間までの利用分については表4-4に示された単価の50％になる。100時間を超えた場合は、超えた分についての費用負担は発生しない。

　表4-5は、ユースナシュベリ（Ljusnarsberg）コミューン（人口約6,000人）の料金システムを示している。ホームヘルプサービス利用の具体的な時間は設定されず、頻度だけのきわめてアバウトな設定であるが、五つのレベルに分けられている。このコミューンの場合、レベルごとに月収に対する自己負担割合が％で決められ、さらに毎月の負担額の上限が同じくレベルごとに設定されている。

　表4-6は、ヘリエダーレン（Härjedalen）コミューン（人口約1万2,000人）の料金システムを示している。このコミューンの場合、ホームヘルプサービスを利用する高齢者の収入にはまったく関係なく、利用時間に応じて四つのレベルを設定し、レベルごとに一律の自己負担額を設定している。

　さて、ここで二つのモデルを設定し、以上の六つのコミューンの自己負担額を比較してみよう。一つは、年収95,000SEKのモナ・サリーさ

ん（女性・仮名）が、自宅で1か月40時間のホームヘルプサービスを利用し、さらに2週間に1回1時間掃除サービスを頼んだ場合、もう一つは、年収15万SEKのカール・ボルト氏（男性・仮名）が同様の条件でサービスを受けたと仮定する。これまで紹介した六つのコミューンの料金表で年収のランク分けをしている場合には、前者のモナ・サリーさんの場合を実線で、後者のカール・ボルト氏の場合を二重実線で先の各表の表中に示した。さらに、それぞれの自己負担額を一覧できる形で示したのが**表4－7**である。

　まず、モナ・サリーさんの場合だが、リンショーピングに住んでいたときの自己負担額は月額460SEKであるのに対し、同じサービスを受けてもフェリエランダに住んでいたときには約5.3倍の2,415SEKを毎月支払わなければならない。一方、カール・ボルト氏の場合には、ヘリエダーレンに住んでいるときの自己負担額は月額607SEKであるのに対し、同じサービスを受けても同じくフェリエランダに住んでいるときには約5倍の3,045SEKを毎月支払わなければならない。こちらも、かなりの格差が見られることになる。この**表4－7**の六つのコミューンの比較から分かる通り、フェリエランダコミューンの自己負担の高さは特筆に価する。

　このように、六つのコミューンで比較しただけでも約5倍の格差が確認できた。これらのコミューンのうちリンショーピングとヨーテボリは大都市であるが、その他のヴィンデルン、フェリエランダ、ユースナシュベリ、ヘリエダーレンは人口1万人前後の小さなコミューンである。人口規模の異なるコミューン間での格差ではなく、人口の少ないコミューン間で顕著な格差の見られることが、スウェーデンの高齢者ケアの構造的な問題の大きな一つの特徴と言えよう。

　代表的なスウェーデン研究者たちは、特定のコミューンの自己負担額のシステムを事例として紹介した上でスウェーデンではほとんど自己負担額に差がないと断定しているが、そのような見方にこそ問題がある。

表4-7　1か月あたりの自己負担額のコミューン間比較

コミューン名	モナ・サリーさん 年収 95,000 SEK (1,520,000 円) 月収 7,917 SEK (126,672 円)	カール・ボルト氏 年収 150,000 SEK (2,400,000 円) 月収 12,500 SEK (200,000 円)
リンショーピング (Linköping)	<u>460 SEK</u> (7,360 円)	840 SEK (13,440 円)
ヨーテボリ (Göteborg)	795 SEK (12,720 円)	945 SEK (15,120 円)
ヴィンデルン (Vindeln)	756 SEK (12,096 円)	1,365 SEK (21,840 円)
フェリエランダ (Färgelanda)	2,415 SEK (38,640 円)	3,045 SEK (48,720 円)
ユースナシュベリ (Ljusnarsberg)	1,188 SEK (19,008 円)	1875 SEK (30,000 円)
ヘリエダーレン (Härjedalen)	607 SEK (9,712 円)	607 SEK (9,712 円)

(注)　1 SEK（クローナ）= 16 円で換算。それぞれのケースで、最も低額な場合に下線を引き最も高額な場合に二重下線を引いている。

　紹介されるコミューンも、ストックホルムやヨーテボリや両大都市の近郊に限定されてきた。エーデル改革後、高齢者ケアの責任をコミューンが担うことになった以上、自己負担額のかけ方の方法に個別性・多様性が見られ、その結果としてコミューン間格差が発生すると考えるほうが極めて自然であろう。

　実は、社会庁自身、すでに1996年の段階でホームヘルプサービスの自己負担額に差が生じていることを批判している。例えば、ストックホルムでの研究によれば、月収16,000SEKの収入（年金および預金利子）のある高齢者が9時間のホームヘルプサービスを受けた場合、1か月あたり1,800SEKという自己負担が高いコミューンから450SEKの安いコ

ミューンまで4倍の格差が存在することを指摘していたのだ[4]。

さて、以上の六つのコミューンの自己負担額料金表は比較的シンプルなので、相互の比較も容易であった。以上の例のほか、表4－8に示すエステルシュンド（östersund）コミューン（人口約6万人）のような自己負担額決定方法も比較的多い。この方式の場合、自己負担額決定のルールだけでは在宅サービスを利用する高齢者本人やその家族に分かりにくいので、必ず例を示したうえで説明が行われる。この方式の場合、上記の六つのコミューンと比較することがもはや不可能になっている。

このエステルシュンドコミューンにおいても、先と同様、月に40時間ホームヘルプサービスを利用し、月2回の頻度で1回1時間掃除サービスを受けた場合を考える。まず、税引き後の収入として6,000SEKを起点に家賃を引き、住宅補助金を加え、各コミューンごとに決められている「リザーブド・アマウント（reserved amount：förbehållsbelopp）」としての3,508SEKを引き、最終的に692SEKという自己負担のベースを求める（表4－8の中の収入、家賃、住宅補助の数字はいずれも説明のための一つの例である）。リザーブド・アマウントとは、介護サービスを利用した高齢者が、食費、衣服費、新聞・テレビ代、歯治療費などのために最終的に自分の手元に残すことのできる金額を意味する。ここでの仮定の40時間はレベル4に相当するので、自己負担のベース692SEKの70％を計算して484SEKという額を得る。この額はレベル4の自己負担上限額の4,000SEKを下回っているので、この例では全額支払うことになる。なお、コミューンによっては、各レベルに対する自己負担上限額が設定されないこともある。

（2）「介護の付いた特別住宅」入居者の自己負担

介護の付いた特別住宅に入居している高齢者は、個室の部屋代、ケア費用、食費を自己負担することになっており、部屋代は住宅供給公社等に支払い、ケア費用、食費を当該コミューンに支払う。部屋代は面積に

表4-8 エステルシュンドコミューンにおけるホームヘルプサービスの自己負担額

		（例）在宅高齢者が月に45時間サービスを利用	
	税引き後の収入	6,000 SEK	
	− 家賃	− 3,000 SEK	
	＋ 住宅補助金	＋12,000 SEK	
	− リザーブド・アマウント	− 3,508 SEK（単身の場合）	
	自己負担のベース（room）	692 SEK	
レベル	ホームヘルプサービス利用時間（月あたり）	割合	自己負担上限額
1	2時間以下	55%	150 SEK
2	2時間超9時間以下	60%	400 SEK
3	9時間超25時間以下	65%	2,000 SEK
4	25時間超65時間以下	70%	4,000 SEK
5	65時間超119時間以下	75%	4,000 SEK
6	119時間超	80%	4,000 SEK

より異なり、広いほど高くなる。運営主体が民間事業者であれ、コミューンであれ、入居者がコミューンに支払う自己負担額に変わりはない。ここでは、ナーシングホームやグループホームに入居している高齢者が一体どれくらいの額を自己負担しているのかについて、いくつかのコミューンを取り上げて説明したい。

取り上げるコミューンの第1は、ティーダホルム（Tidaholm）コミューンである。同コミューンのナーシングホーム、グループホームの部屋代は、2003年時点で面積や建物の種類によって3,300SEK、3,700SEK、4,000SEK、4,500SEKの四つに分けられている。この支払いに対し、国からの住宅補助金を得るために、入居者は入居時に社会保険庁に対して手続きを行う。食費は、同じく2003年時点で1か月2,292SEKである。ケア費用については、税引き後の収入（年金および預金利子）に応じて計算される。

2002年1月1日に改正された社会サービス法により、2002年に関しては、7月1日より1か月の自己負担上限額は全国一律1,516SEK と決められていた[5]。なお、この金額は毎年改定され、2003年は1,544SEK、2004年は1,572SEK が毎月の自己負担上限額となっている。この額を積算する根拠となるのは、毎年1月1日に改定される物価基礎額（basic price rate: prisbasbelopp）である。2004年は39,300SEK であり、社会サービス法の第8章第5条により（引用文献註(1)参照）、この額を0.48倍し12か月で割った額が1,572SEK である。この計算方法により、2005年は1,576SEK、2006年は1,588SEK、2007年は1,612SEK となる。

　第2のコミューンは、ラホルム（Laholm）コミューンである。このコミューンの介護の付いた特別住宅におけるケア費用は、入居高齢者の年収に応じて計算されている。当然、1,572SEK が自己負担額の上限となる。食費は、2004年時点で1か月2,400SEK である。

　第3のコミューンは、カールスタード（Karlstad）コミューンである。このコミューンの介護の付いた特別住宅におけるケア費用は、入居高齢者の年収に応じて計算され、自己負担額の上限が1,572SEK であるのは他のコミューンと同じである。2002年7月1日以降は同じく上限が1,516SEK であるが、2002年7月以前のケア費用の上限は2,420SEK だったので、著しく上限が低くなっている。

▶2　自己負担額のコミューン間格差に対する政府の反応

　エーデル改革以降、ケアサービスの自己負担額に見られるコミューン間格差が発生するであろうことは容易に予測できたことである。政府内では、自己負担に関するナショナルガイドラインを策定する動きがここ数年間見られた。しかしながら、スウェーデンでは地方分権の長い歴史があることから、こうした中央集権的なナショナルガイドライン制定に対して反対するコミューンも多く、特に自己負担額を高めに設定してい

るコミューンの抵抗が大きいだろうと考えられていた。というのも、サービスを利用する高齢者から支払われる自己負担額を、比率は低いとしてもコミューンの収入として一定程度予算に見込んでいるからである。このようなコミューンでは、ナショナルガイドラインに従うことで大幅な減収となるわけであるから、地方交付金など何らかの形での補填を強く求めることになる。一方、政府はというと、経済的な不況からようやく脱しつつあるなかで、そのような補填を数多くのコミューンに対してできないという苦しい台所事情があった。

　コミューンの全国組織である「スウェーデンコミューン連合会（Svenska Kommun förbundet）★1が政府のナショナルガイドライン策定の動きに対して強く反対して最後には政府の譲歩を引き出したと思われるが、政府は先に述べたように、2002年について高齢者が1か月に支払う自己負担額の上限を1,516SEKとした(6)。さらに、リザーブド・アマウントの下限を4,087 SEKに設定した(7)。このリザーブド・アマウントに関しても、著しいコミューン間格差が見られた。

　この政府の決定は、在宅でケアサービスを頻繁に利用する要介護高齢者にとっては二重の意味で朗報である。つまり、これまではホームヘルプサービス、デイサービス、訪問看護サービスなどで毎月数千SEKを支払っていた高齢者も、先に述べたように、2002年の場合、毎月1,516SEKだけ支払えばよいことになったのである。また、在宅の単身高齢者のリザーブド・アマウントが、コミューンによって異なるがこれまで1,500SEKから3,000SEKと低額であったものが、2002年に関しては最低保障額が4,087SEKと高額になったことである。

　この政府の決定は、逆にコミューンの側からすれば二重の意味で財政を逼迫(ひっぱく)させる要因となる。つまり、在宅のケアサービスを頻繁に利用す

★1　以前は、「スウェーデンコミューン連合会」と「全国ランスティング連合会（Landstings Förbundet）」は別組織であったが、2005年に合併して、現在は「コミューン・ランスティング連合会（Sveriges Kommuner och Landsting）」となっている。

る高齢者から高額の料金を徴収することができなくなり、またそうした高齢者の手元にこれまで以上に手厚くリザーブド・アマウントを残すことになったので、二重の意味でコミューンには試練である。

　ここでまとめておくと、高齢者の自己負担の上限額と手元に残すことのできるリザーブド・アマウントの額は、政府が毎年改定する物価基礎額を基準にして毎年決定されるということである。2006年の物価基礎額は39,700SEKなので、高齢者の自己負担上限額は1,588SEK、リザーブド・アマウントは4,281SEKとなる。同様に、2007年の物価基礎額は40,300SEKとすでに確定しているので、高齢者の自己負担上限額は1,612SEKとなり、リザーブド・アマウントのほうは4,346SEKとなる[8]。

　社会サービス法のこの改正により、政府は各コミューンに補助金を出すこととなった。具体的には、各コミューンに対して、人口一人あたり2002年は87SEK、2003年は101SEK、2004年は120SEKの補助金を出している。しかし、高齢者人口やケアサービスを利用している高齢者数に比例した補助金ではなく、補助金の使途が限定されていないので、この補助金によって高齢者ケアの質が担保されるかどうかは不明である。

　本章の第1節「サービス利用時における自己負担のコミューン間比較」で行った分析は、2002年の社会サービス法改正前における料金システムに関するコミューン間比較であった。直ちに取り組むべき課題は、2002年の改正以後、コミューン間格差がどのように変化したかを明らかにすることである。この点については、紙幅の関係で別稿を期することにしたい。

──────（引用文献註）──────

(1)　Socialtjänstlagen（2001: 453）8 kap. 5§
　　　http://www.notisum.se/rnp/SLS/LAG/20010453.HTM
　　　社会サービス法　第8章　自己負担額
　　　　第5条　在宅高齢者が在宅サービス、デイサービス、ショートステイサービスなどを利用した場合の毎月の自己負担の総額は、物価基礎額

の12分の1の0.48倍を超えてはならない。介護の付いた特別住宅に入居している高齢者に関するケア代金に関する毎月の自己負担の総額は、物価基礎額の12分の1の0.5倍を超えてはならない。

(2) Socialstyrelsen（1997）Social and caring in Sweden 1996, p.81
(3) 西下彰俊（2002c）『スウェーデンにおける高齢者福祉サービスのコミューン間格差に関する実証的研究』（研究代表者　西下彰俊、平成12年～平成13年度科学研究費補助金（基盤研究（C）(2))　研究成果報告書、67～72ページを参照。
(4) Arthur Gould（2001）Developments in Swedish Social Policy, Palgrave, p. 86（原典は、Dagens Nyheter, 5/10/96）
(5) 井上誠一（2003）『高福祉・高負担国家　スウェーデンの分析』中央法規、174ページ。
(6) Socialstyrelsen（2002）Socialtjänstlagen, p.27
(7) Socialstyrelsen（2002）ibid, p. 28
(8) Socialtjänstlagen（2001: 453）8 kap. 5§. 7§
http://www.notisum.se/rnp/SLS/LAG/20010453.HTM
社会サービス法　第8章　自己負担額
　第7条　各コミューンは、リザーブド・アマウントの額を設定することができる。各コミューンは、単身高齢者の場合、リザーブド・アマウントを物価基礎額の12分の1の1.294倍以上に設定しなければならない。各コミューンは、パートナーのいる高齢者の場合、リザーブド・アマウントを物価基礎額の12分の1の1.084倍以上に設定しなければならない。

第5章

介護の付いた特別住宅の運営に関する入札制度と官民間競争原理

▶1　はじめに

　本章では、スウェーデンにおける「介護の付いた特別住宅（Särskilda Boendeformer：SÄBO）の運営主体選定プロセスおよび運営委託をめぐる官民間の競争原理がもたらす光と影について現状を紹介し、あわせて問題点を指摘することにしたい。

　スウェーデンの高齢者ケア施設では建築物の所有主体と運営主体は異なっており、運営についてのみ「入札（offert）」に基づき委託先が決定される場合がある。入札制度を取り入れ、官民間競争を進めるのか否かは各コミューンが独自に決定できる事項であり、後述するように現状では入札をせず、したがって競争原理も働かせず、当該コミューンが永続的に施設の運営を行うことのほうが圧倒的に多い。施設自体は、コミューンの住宅供給公社あるいは民間の住宅会社が建設する。介護の付いた特別住宅に入居している高齢者は、個室の部屋代、ケア費用、食費を自己負担することになるが、そのうち部屋代は住宅供給公社あるいは住宅会社に支払い、ケア費用、食費を当該コミューンに支払う。

　入札制度を取り入れているコミューンは、社会サービス委員会が選定した委託先に契約に基づいた年間運営費を支払う。委託先は、民間事業者の場合もあれば当該コミューンのケア部門の場合もある。

▶2　高齢者ケア施設運営と入札

（1）財源と運営の４分類

　奥村芳孝の『新スウェーデンの高齢者福祉最前線』によれば、財源と運営に関する高齢者ケアの公私分担のあり方は以下の四つのパターンに分けられる。

- ❶財源が公的でかつ公的部門により運営されているパターン
- ❷財源が私的で公的部門により運営されているパターン
- ❸財源が公的で私的部門により運営されているパターン
- ❹財源が私的で運営も私的であるパターン[1]

　スウェーデンにおいて、ナーシングホームやグループホームなどの高齢者ケア施設の運営主体やホームヘルプサービスの在宅ケアの運営主体を入札制度で決定するようになったのは1980年代からであり、1990年ごろに普及したと言われている。とりわけ、1991年秋から1994年秋までの「穏健党（Moderaterna）」を中心とする保守・中道連立政権（カール・ビルト［Carl Bildt］首相）の時代には、選択の自由、競争原理の導入といった観点から「選択の自由革命」が進められ、半ばブーム的に「民間委託（Privatisering）」が増大したと言われている[2]。

　その後、スウェーデンの政権を長期間支えてきた「社会民主労働党（Sveriges socialdemokratiska arbetareparti：SAP）」が政権に復帰してからも入札制度は維持され、徐々にではあるが民間委託が増えてきている。なお、奥村によれば、この民間委託先には、全国展開をしている株式会社、地元の株式会社、財団法人、教会、職員協同組合の５種類が存在する[3]。

　奥村の分類で言えば、1990年代前半以降2000年代前半の現在までは第３のパターン、すなわち財源が公的で私的部門によって運営されているパターンが一定程度の割合で存続しているということである。先行研究

によれば、入札間隔すなわち運営委託期間は2年ないし3年が多いとされているが[4]、後述するように、筆者の調査によれば委託の間隔は2年から6年まで広がっており、コミューンによる相違が確認できる。委託期間終了後に、財源も運営もコミューンが担う第1のパターンを採用するか、この第3のパターンを採用するかを当該コミューンのコミューン議会議員数名で構成される社会サービス委員会が決定するという流れになる。

（2）入札の具体的プロセス

　この入札にはコミューン自身も参加し、複数の民間事業者とケアの質と量、運営費用の多寡で競争する。具体的には、以下の手順を踏んでいる。井上誠一の『高福祉・高負担国家　スウェーデンの分析』によれば[5]、入札を行う場合、まず新聞などに広告を掲載する。1回の入札につき、当該コミューンおよび5～10社程度の民間事業者からの応募がある。次に、委託先決定のための社会サービス委員会の会議が召集され、行政区（またはコミューン）福祉課課長が社会サービス委員会を構成する委員に対し、入札に参加した各事業者（行政区・コミューンおよび民間事業者）に関する説明を行う。ここで、公平な入札制度を維持するために、福祉課長がどこかの事業者を推薦することはありえない。

　社会サービス委員会は、①ケアの質、②ケアの提供に要するコスト、③これまでに当該事業者が他で行ってきた事業運営に対する評価の3点から見て、総合的に最も適当と判断できる事業者を選定する[6]。

　こうして2年から6年の間隔で運営主体が決定されていくが、社会サービス委員会はコミューン議会議員だけによって構成され、コミューン職員は意思決定には参加できない。コミューン職員は、あくまで入札に応募した事業者に関する説明をするだけの役割にとどまっている。

　これまでの先行研究では以上のように言われてきたが、筆者のインタビュー調査によれば、決定権はないものの大きな影響力を高齢者ケア課

課長が行使するコミューンもあれば、社会サービス委員会の選定業務を代行してコミューン自体が行っているところもある。

このスウェーデンの高齢者ケアは「措置」に基づいて実行されており、サービスを提供する対象者および提供されるサービスの種類、範囲、量を決定すること、すなわちニーズ判定はコミューン職員のニーズ判定員が行う。ニーズ判定を、民間事業者に委託することはありえない。すでに述べたように、高齢者ケア施設そのものの建設はコミューンのみが責任主体である。民間事業者は、委託を受けた数年間、ケアサービスを入居高齢者に提供する組織として限定された役割を遂行するのみである。その意味から、スウェーデンのこうした状況は民営化ではなく民間委託と言ったほうが正しい。

(3) 民間委託の現状

現在、スウェーデンのすべてのコミューンで、こうした競争原理に基づく入札制度が採用されているわけではない。表5-1に示すように、実は限られたコミューンにおいてのみ行われ、限定的な割合で民間組織への委託が行われているにすぎない。筆者の調査によれば、回答の得られた71コミューンのうち全体の3分の1強にあたる24コミューンが民間事業者への運営委託を行っている。

民間組織への委託の割合が最も高いのは、ソッレントゥーナ（Sollentuna）コミューンの50％であり、以下、トローサ（Trosa）コミューン、リンショーピングコミューン、ヴェリンゲコミューンの40％、ティーブロ（Tibro）コミューンの33％、ラホルムコミューンの30％と続いている。これら24のコミューンにおける民間組織への委託割合の平均は21.6％であり、回答の得られた71コミューンにおける民間委託割合の平均は7.3％となっている。

民間委託を実施しているコミューンでの平均委託期間、すなわち入札の間隔の平均は、筆者の調査でみる限りでは、表5-1の最右欄が示す

表5－1　コミューン別　民間事業者の割合と入札間隔

ランスティング名	コミューン名	民間セクターの割合（％）	入札間隔
ストックホルム (Stockholms)	リーディングエ（Lindigö）	22	5年
	サーレム（Salem）	29	5年
	ソッレントゥーナ（Sollentuna）	50	3年
	セーデルテリエ（Södertälje）	12.5	3年
	テューレスエー（Tyresö）	0	－
	ウップランズヴェスビュー（Upplands - Väsby）	13	2年
ウプサラ (Uppsala)	ホーボ（Håbo）	0	－
	ウプサラ（Uppsala）	0	－
	エストハンマル（Östhammar）	0	－
セーデルマンランド (Södermanlands)	エスキルストゥーナ（Eskilstuna）	0	－
	トローサ（Trosa）	40	不明
エステルヨートランド (Östergötlands)	フィンスポング（Finspång）	0	－
	シンダ（Kinda）	0	－
	リンショーピング（Linköping）	40	5年
	ミョルビュー（Mjölby）	11	4年
	ムータラ（Motala）	0	－
	セーデルショーピング（Söderköping）	0	－
	ユードレ（Ydre）	0	－
ヨンショーピング (Jönköpings)	グノショー（Gnosjö）	0	－
クロノベリ (Kronobergs)	エルムフルト（Älmhult）	0	－
カルマル (Kalmar)	カルマル（Kalmar）	12	4年
	メルビューロンガ（Mörbylånga）	0	－
	ニューブロ（Nybro）	0	－
	ヴィンメルビー（Vimmerby）	0	－
ブレーキンゲ (Blekinge)	カールスハムン（Karlshamn）	0	－
	カールスクローナ（Karlskrona）	0	－
	セルヴェスボリ（Sölvesborg）	0	－
スコーネ (Skåne)	ボースタード（Båstad）	0	－
	ヘルシンボリ（Helsingborg）	0	－
	マルメ（Malmö）	19	3年
	ヴェッリンゲ（Vellinge）	40	5年
	エンゲルホルム（Ängelholm）	20	6年
	クリファンスタード（Kristianstad）	21	2年
	シェーブリンゲ（Kävlinge）	0	－

第 5 章　介護の付いた特別住宅の運営に関する入札制度と官民間競争原理　83

ハッランド (Hallands)	ファルケンベリ (Falkenberg)	10	不明
	ハルムスタード (Halmstad)	0	−
	ラーホルム (Laholm)	30	5年
	ヴァルベリ (Varberg)	8	3年
ヴェストラヨータランド (Västra Götalands)	アーレ (Ale)	18	3年
	フェリエランダ (Färgelanda)	0	−
	ヨーテボリ (Göteborg)	10	3年
	ヘリューダ (Härryda)	0	−
	リドショーピング (Lidköping)	0	−
	マルク (Mark)	0	−
	メルンダール (Mölndal)	14	5年
	パッティレ (Partille)	13	3年
	スカーラ (Skara)	0	−
	ステーンウングスンド (Stenungsund)	0	−
	ティーブロ (Tibro)	33	3年
	ティーダホルム (Tidaholm)	0	−
	トラネモ (Tranemo)	0	−
	トロルヘッタン (Trollhättan)	0	−
	ウルリセハムン (Ulricehamn)	18	3年
	ヴァーラ (Vara)	0	−
ヴェルムランド (Värmlands)	エーダ (Eda)	0	−
	フィリップスタード (Filipstad)	0	−
	カールスタード (Karlstad)	11	3年
	シール (Kil)	0	−
ヴェストマンランド (Västmanlands)	ハルスタハンマル (Hallstahammar)	0	−
	ヘービュー (Heby)	0	−
ダーラナ (Dalarnas)	レークサンド (Leksand)	0	−
	マールン (Malung)	0	−
	レットヴィーク (Rättvik)	0	−
	エルブダーレン (Älvdalen)	0	−
イェヴレボーリ (Gävleborgs)	ボルネス (Bollnäs)	0	−
	オッケルボー (Ockelbo)	0	−
ヴェステルノルランド (Västernorrlands)	ヘネサンド (Härnösand)	0	−
	スンスヴァル (Sundsvall)	0	−
イエムトランド (Jämtlands)	エステルシュンド (Östersund)	25	4年
ヴェステルボッテン (Västerbottens)	リュクセレ (Lycksele)	0	−
ノルボッテン (Norrbottens)	ピーテオ (Piteå)	0	−
		平均(A) 7.3%	平均(A) 1.1年
		平均(B) 21.6%	平均(B) 3.7年

(出典) 筆者が 2003 年、2004 年に実施した調査に基づく。

ように3.7年である。2年というコミューンもあるが、あまり運営主体が目まぐるしく変わるのは、介護の付いた特別住宅に入居する高齢者やそこで働く介護職員にとって望ましいことではない。例えば、リンショーピングでは、過去2年間隔で入札していたものを利用者家族からのクレームに基づいて1999年に5年間に延ばしている。

選択の自由革命とはいえ、高齢者ケアの基本は、多くのコミューンがそうしているようにコミューン自身によるサービス提供ということである。民間事業者は、コミューン側の油断や慢心を防ぐセクターとして位置づけられているようだ。

さて、**表5-2**は、ホームヘルプサービス、ショートステイサービス、介護の付いた特別住宅という高齢者ケアの代表的なサービスについて、運営主体別の利用者割合を社会庁がスウェーデン全体を対象に調べた結果である。先の**表5-1**は、介護の付いた特別住宅に焦点を絞り、各コミューンについて民間事業者に委託された施設数がどれくらいの割合で存在するかを調査した結果であった。**表5-1**が施設数に関する情報であるのに対し、**表5-2**は利用者数、入居者数に関する情報となっている点で異なっていることに注意が必要である。

表5-2について、まずホームヘルプサービスを見ると、民間事業者がサービスを提供している高齢者の割合は、2000年が7.1％、2002年が8.5％、2004年が9.0％と微増傾向にあるが10％を切っている。一方、介護の付いた特別住宅では、委託を受けて民間事業者が運営しているナーシングホームやグループホームに入居している高齢者の割合が2000年で10.9％、2002年で12.6％、2004年で13.3％と微増する傾向にあり、ホームヘルプサービスに比べると民間委託化が進んでいると言える。ショートステイサービスに関しては、2000年が10.7％、2002年が10.0％、2004年が7.8％と微減傾向にある。

別の資料によれば、1999年時点で、介護の付いた特別住宅の約10％が民間事業者により運営されている[7]。なお、介護の付いた特別住宅の入

第5章　介護の付いた特別住宅の運営に関する入札制度と官民間競争原理　85

表5-2　高齢者ケアサービスの運営主体別利用者数および割合

（上段：％、下段：人数）

	コミューン運営			民間事業者運営			合計		
	2000	2002	2004	2000	2002	2004	2000	2002	2004
ホームヘルプサービス	92.9	91.5	91.0	7.1	8.5	9.0	100.0	100.0	100.0
	112,400	114,500	120,400	8,600	10,700	11,900	121,000	125,200	132,300
ショートステイサービス	89.3	90.0	92.2	10.7	10.0	7.8	100.0	100.0	100.0
	7,500	8,100	8,300	900	900	700	8,400	9,000	9,000
介護の付いた特別住宅	89.1	87.4	86.7	10.9	12.6	13.3	100.0	100.0	100.0
	105,000	100,600	90,600	12,900	14,500	13,900	117,900	115,100	104,500
合計	90.9	90.0	89.2	9.3	10.5	10.8	100.0	100.0	100.0
	224,900	223,200	219,300	22,900	26,100	26,500	247,300	249,300	245,800

（資料出所）Socialstyrelsen (2002) Äldre-vård och omsorg år 2001
Socialstyrelsen (2003) Äldre-vård och omsorg år 2002
Socialstyrelsen (2005) Äldre-vård och omsorg år 2004
（出典）Svenska Kommunförbundet (2003) Aktuellt om äldreomsorgen 2002 p. 26
Svenska Kommunförbundet (2004) Aktuellt om äldreomsorgen 2003 p. 31
Sveriges Kommuner och Landsting (2006) Care of the Elderly in Sweden Today 2005 p. 45 より筆者作成。

居者数は、2004年現在、合計104,800名（65歳以上人口の6.7％）、年齢階層別では、65〜79歳層が21,500名（当該人口の2.0％）、80〜84歳層が24,900名（当該人口の9.4％）、85歳以上層が58,400名（当該人口の27.0％）となっている[8]。2002年当時、介護の付いた特別住宅の入居者数は合計115,500名（65歳以上人口の7.5％）存在し、年齢階層別では、65〜79歳層が24,600名（当該人口の2.3％）、80〜84歳層が27,200名（当該人口の10.5％）、85歳以上層が63,700名（当該人口の30.4％）となっていたので[9]、2年間で10,700名も減少していることになる。表5－2のデータと若干数字が異なっている点については現在問い合わせているところである。

　介護の付いた特別住宅における民間委託化が最も進んでいるものの、現在スウェーデン全体では10％前半台に留まっている。民間委託は徐々に広がってはいるが、急激な変化ではない。ただし、ストックホルム県のような大都市では、民間委託がかなり高い水準で進行している。日本経済新聞社編集委員の浅川澄一氏が、ストックホルム県の主要都市を対象に高齢者ケア施設の民営化率を調べた結果によれば、2003年10月時点で最も民営化率が高かったのがソルナコミューンの73％で、以下、スンドビューベリーコミューンの60％、ダンデリードコミューンの58％、テービィコミューンの54％、ストックホルムコミューンの47％と続いている。民営化率の全国平均は13.4％で、ストックホルム県全体の平均が41.1％である[10]。

　浅川氏の調査は民間委託された介護の付いた特別住宅に入居している高齢者の実数を調べており、民間委託された施設の数を調査した筆者の研究方法とは異なっているが、参考になるデータである。しかし、すでに述べたように、浅川氏が記事タイトルで用いた民営化という表現は適切ではない。

▶ 3　介護スタッフの身分移動

　先に述べたように、回答の得られた71コミューンにおける民間委託割合の平均は7.3％であった。入札による事業者の変化は、コミューンから民間組織への変化と逆の民間組織からコミューンへの変化の２通りがありうる。それぞれの変化について、介護スタッフはどのように職業上の地位を変化させることになるのであろうか。

（１）コミューンから民間組織への変化

　スウェーデンの高齢者ケアの現場は、コミューン自体が運営する場合が大多数であるという現状からすれば、２通りのうち、コミューンから民間組織への変化が多いと推測できる。コミューンがサービスハウス、ナーシングホーム、グループホームなど介護の付いた特別住宅を運営している段階では、当然、その介護スタッフはコミューン職員である。特定の介護の付いた特別住宅で委託期間が終了し、入札の結果、社会サービス委員会がある民間企業を選定したとしよう。その場合、その時点まで特定の介護の付いた特別住宅で働いていた介護スタッフはどうなるのであろうか。

　先に挙げた井上誠一の『高福祉・高負担国家　スウェーデンの分析』によれば、コミューンが運営していた施設が民間事業者に切り替わる場合には、通常、それまで勤務していたコミューンの職員がそのまま当該施設に残り、６か月程度の間コミューンを休職して当該事業者の下で働くこととされ、当該期間（考慮期間）経過後、本人が希望すればコミューンを退職して当該事業者に正式に雇用されることになり、それを希望しない場合にはコミューンのほかの職場に移動するという扱いになる[11]。

（２）民間組織からコミューンへの変化

　コミューンから民間組織への変化だけでなく、民間組織からコミュー

ンへの変化という運営主体の変化がありうる。ただし、これまでの先行研究ではこの点について言及されてはいない。おそらく、この場合、当該の介護の付いた特別住宅の介護スタッフはコミューン職員として雇用されるのではなく、当該の民間組織が運営する別の介護の付いた特別住宅に職場を移すことになると考えられる[12]。

▶ 4　入札制度に対する評価と課題

　1990年代前半以降、入札制に基づく民間委託化が徐々に進行してはいるものの、大都市部を除いて急増する気配はない。何故だろうか。

　日本では、介護保険の導入により民間事業者が急激に参入してきており、競争原理もある程度プラスに機能しているように感じられる。民間事業者の中には、利潤を追求する余り不適切な運営を行って事業者指定を取り消されるところも少なくないが、大多数は概ね適切な利潤を得ながら介護保険システムの一翼を担っていると言えよう。

　しかし、スウェーデンでは、日本で生じたような民間事業者の急激な成長といった事態は発生していない。すでに述べたように、入札制度があるために、民間事業者は高齢者ケアに直接関わる部分を中心として価格の競争をしなければならない。価格の競争をするために大幅な利潤を追求することができない。つまり、民間事業者が急成長するような基盤が構造的に存在しないわけである。また、民間事業者が参入するインセンティヴも強くはない。民間事業者が無理をすれば、かつて1997年にソルナ（Solna）コミューンのポールヘムスゴーデンで発生したような高齢者虐待事件（第6章参照）を引き起こす可能性が高くなるからだ。一方、日本の介護保険では、各サービスの価格が全国的に統一されているので事業者間の価格の競争はなく（ケアの質の競争は当然存在するが）、民間事業者が一定程度成長できるシステムとなっている。

　さて、先に述べたように、コミューンの社会サービス委員会の入札に

ポールヘムスゴーデン全景

応じた当該コミューンおよび10社前後の民間事業者の中から運営主体が一つに絞られ、運営が委託されることになるが、大きな問題は、果たしてコミューン議会議員から構成される組織である社会サービス委員会が適正かつ公平な審査を行えるかどうかである。すでに、井上誠一が指摘しているように、「社会サービス委員会の委員が必ずしも、高齢者福祉の専門家とは限らないので、委託先の選定に際して必ずしも適切な審査が行われているとは限らない」[13]。

　まったく同感である。社会サービス委員会では、前述したように、ケアの質、ケアの提供に要するコスト、これまでに当該事業者が行ってきた事業運営に関する評価の三つの観点から総合的に判断することになっているが[14]、社会サービス委員会が専門性に欠けるならば、おそらくはケアの質に対する審査が適切に行われず、したがって総合的な判断は不

可能になり、結果的にはケアの提供に要する運営費用の多寡で判断することになろう。

　井上誠一は、社会サービス委員会の委員の能力アップを図ることが極めて重要であるとしているが[15]、任期4年の委員（コミューン議会議員）に専門性を高めることを期待することは不可能ではないだろうか。高齢者ケアを専門とする学識経験者5名程度、利用者家族代表、高齢者団体代表（全国年金生活者連合［Pensionärernas Riksorganisation：PRO］やスウェーデン年金受給者連合［Sveriges Pensionärsförbund：SPF］など）、住民代表などから10名程度で構成される「運営委託審査委員会」のような組織を社会サービス委員会とは別に設ける必要があろう。高齢者ケアに関する学識経験者5名程度を軸にケアの質に対する総合的審査を行い、そうした判断に誤りがないかを利用者家族代表、高齢者団体代表、住民代表などが確認するという方法である。

　また、委員会において、適切な委託期間を検討することも重要である。これまでは、2年から3年の委託期間が少なくない。筆者の調査でも、**表5－1**から分かるように、22コミューン中の半数が2年または3年の委託期間となっている。こうした短期間での委託先の変更が入居者に及ぼす影響についても配慮する必要がある。スウェーデンの高齢者ケアの大原則の一つである「時間的継続性」という観点から、委託期間の短さの問題性について再検討しなければならない。

　ところで、「ケアの質」をどのようにアセスメントするのが最善であるかについて、コンセンサスが存在しているわけではない。この点は、スウェーデンだけでなく日本も同様である。両国とも、「ケアの質」の測定に関する方法論の確立が急がれる。ケアの質の測定という場合、入居者に対する日常生活のケアの質を軸としながらも、ケアスタッフの労働環境の質や配偶者や子どもなどの家族から見たケアの質など考慮すべき観点は多い。総合的な観点からケアの質を追求することが必要不可欠な課題である。

▶5　結論と今後の課題

　本章で明らかにできたことは、スウェーデンにおける民間委託の現状である。その結果、先行研究で言われているほどには民間委託化が進行していないことを実証的調査で明らかにした。民間委託を行っているコミューンはコミューン数ベースで調査対象の3分の1強程度であること、スウェーデンコミューン連合会の調査では、高齢者実数ベースで10％強であることが明らかになった。また、委託先の変更に伴う介護スタッフの身分移動の様子も紹介した。

　本研究にかかわる課題としては、以下の2点がある。まず第1に、入札に応募する際の申請書類にどのような情報が書かれているのかを明らかにすることが今後の大きな課題である。第2は、委託先が変更になった場合の介護スタッフの身分移動が実際にどのように行われているのかを明らかにすることである。特に、コミューンから民間事業者に委託先が変わった場合に、コミューン職員である介護スタッフがどのように対応するのかを介護の付いた特別住宅を事例的に分析することにより明らかにしたい。

──────（引用文献註）──────

(1) 奥村芳孝（2000）『新スウェーデンの高齢者福祉最前線』筒井書房、256〜257ページ。
(2) 奥村芳孝（2000）同上書、257ページ。井上誠一（2003）『高福祉・高負担国家　スウェーデンの分析』中央法規出版、159ページ。
(3) 奥村芳孝（1999）「グループホームの運営状況」『SILVERWELL BUSINESS』（1999年1月）51ページ。
(4) 奥村芳孝（1999）同上書、51ページ。井上誠一（2003）前掲書、160ページ。
(5) 井上誠一氏が、ストックホルム市ヴェリングビイ行政区高齢者・障害者福祉部門の管理職であった馬場寛氏から聞き取った内容。
(6) 井上誠一（2003）前掲書、161ページ。
(7) Socialstyrelsen（2000）Good housing for older people and people with

disabilities p. 34
(8) Sveriges Kommuner och Landsting（2005）Care of the Elderly in Sweden Today 2005, p. 16
(9) Svenska Kommunförbundet（2003）Swedish Elderly care 2003, p. 8
(10) 浅川澄一（2004）「スウェーデン民営化に動く―高齢者ケア」(上)『日本経済新聞』10月7日付、夕刊。浅川澄一（2004）「スウェーデン民営化に動く―高齢者ケア」(下)『日本経済新聞』10月8日付、夕刊。
(11) 井上誠一（2003）前掲書、163ページ。
(12) 西下彰俊（2003）「スウェーデンの高齢者ケアシステムの構造的問題に関する実証的分析（その1）」高齢者住宅財団編『いい住まい　いいシニアライフ』Vol. 56、12〜20ページ。
(13) 井上誠一（2003）前掲書、162ページ。
(14) 井上誠一（2003）同上書、161ページ。
(15) 井上誠一（2003）同上書、162ページ。

第6章

高齢者虐待防止法としての
サーラ法の成立とその後の展開

▶1　はじめに

　北欧福祉国家の一つであるスウェーデンにおいて、「高齢者虐待（elderly abuse：övergrepp mot äldre）」が発生しないと断言することができるのだろうか。答は、残念ながら「ノー」である。スウェーデンのような福祉国家においても、高齢者に対する虐待事件が1997年に介護の付いた特別住宅で発生している。

　そもそも高齢者虐待は何故起きるのだろうか。高齢者虐待の発生原因が解明できれば、虐待の予防や虐待への対処も可能になるはずだ。現状ではスウェーデンでも日本でも高齢者虐待の研究は徐々に進みつつあるが、残念ながら、高齢者虐待の発生メカニズムが解明されたとは言いがたいし、また高齢者虐待の予防ができているとも断言できない。

　ただ一つ、高齢者虐待の発生メカニズムに関わる重要な考え方として、ここで福沢諭吉の「抑圧移譲論」[★1]を紹介しておきたい。福沢は次のように言う。

　　「例えばここに甲乙丙丁の十名ありて、その乙なる者、甲に対して卑屈の様を為し、忍ぶべからざるの恥辱あるに似たれども、丙に対すれば意気揚々として大いに矜(ほこ)るべきの愉快あり。故に前の恥辱は後の愉快によりて償い、以てその不満足を平均し、丙は丁に償いを取り、丁は戊(ぼ)に代を求め、段々限りあることなく、あたかも西隣に

貸したる金を東隣へ催促するが如し」[1]

　やや悲観的な人間観であるが、福沢によれば、地位の異なる人間社会では、地位の高い者から地位の低い者へ「抑圧」という得体の知れないストレスの塊が委譲される。その場合、ただ抑圧が移るということに留まらず、抑圧という名の虐待が行われる。虐待の被害者となった地位の低い者は、自分が受けた抑圧を今度は加害者となってさらに地位の低い者へ虐待の形をとりながら移譲していく。

　スウェーデンの介護の付いた特別住宅の職位で表現するならば、介護の付いた特別住宅の施設長が「甲」、看護師が「乙」、准看護師が「丙」、介護士が「丁」、入居高齢者が「戊」といったところか。准看護師や介護士という優位に立つ者が上から受けた抑圧を、他者によるケアを必要とするという意味で立場上劣位にある入居高齢者に移譲する。つまり、虐待するという構図である。

　この議論が複雑で難しいのは、地位の上下関係がある人間関係で必ず虐待が発生するわけではないという点だ。その一方で、スウェーデンや日本で発生している高齢者虐待事件の原因や構造的背景を探っていくと、福沢が論じたような抑圧の移譲が背景にあって虐待が行われていると解釈できる例が少なくない。

▶2　ポールヘムスゴーデンにおける高齢者虐待事件

　スウェーデンでは、1990年ごろから大都市部を中心に民間委託が徐々に進んできた。競争原理を導入することにより高齢者ケアの質を向上させるのが当初の狙いであり、入札には当該コミューンを含めて民間会社などが数社応募するのが一般的である。委託先を審査によって決定する社会サービス委員会は、高齢者ケアの質を十分に精査する能力をもち合わせていないために、実際には委託期間に必要とされる運営費予算が最

も少ない所を委託先として決定していると考えられる[2]。

　従来、民間事業者がコミューンの委託を受けて高齢者ケア施設を運営する場合には当該「レーン庁（Länsstyrelsen）」[★2]の許可が必要であったが、民間委託が増加したことを受けて法律が改正され1997年7月以降、許可制が廃止された[3]。

　このような状況の中、1997年10月13日、スウェーデン全土を震撼させる高齢者虐待事件がストックホルム郊外（ソルナコミューン）の介護の付いた特別住宅「ポールヘムスゴーデン（Polhemsgården）」において発生した。

　ポールヘムスゴーデンは、デンマークに本社のある民間会社「ISS ケア」がオープンさせたばかりであった。施設長予定者が過労で退職するという想定外のことも生じた。ISS ケアは少ない予算でポールヘムスゴーデンを運営していたために、必要な数のケアスタッフやリフトが配置されていなかった。9月のオープン時に多くの入居予定者を一度に入居させてしまうという不手際も重なり、具体的には①おむつ交換をしないために褥瘡ができ、それを放置している、②3週間も入浴（シャワー）させない、③多くの認知症高齢者が放置されている、などの虐待が発生した[4]。同グループホームユニットに勤務する23歳の准看護師（介護保健士）のサーラ・ヴェグナート（Sarah Wägnert）[★3]さんが、この悲惨な状況をマスコミのニュース番組「ラポート」の取材に応える形で訴えた[5]。

　彼女の勇敢な告発がきっかけとなり、1999年には、彼女の名前を冠に

★1　政治学者の丸山真男が「抑圧移譲論」と名付けた。

★2　原則として、ランスティングの圏域ごとに設けられている国の出先機関。レーン庁の委員は、ランスティングから任命された14人の代表者で構成され、任期は3年となっている。また、国から任命されたレーン長官（länshovding）が議長を務め、任期は6年である。レーン執行委員会は国に直属し、その地域では国を代表する。大阪外国語大学デンマーク語・スウェーデン語研究室（2001）『スウェーデン・デンマーク福祉用語小辞典』早稲田大学出版部、50ページ参照。

★3　現在は、エスキルストゥーナ（Eskilstuna）コミューンのメーラー病院救急病棟勤務。

した法律「サーラ法（Lex Sarah）」が施行された。このサーラ法は、介護の付いた特別住宅や障害者のグループホームなどの介護スタッフが職場で虐待の事実を発見したときには（虐待が疑われるときには）、直ちに施設長に報告しなければならないという趣旨の条項で、社会サービス法第14章の第2条として加えられた。

具体的には以下の通りである。

「高齢者介護または機能が十分でない人々の介護に携わるすべての人たちは、これらの人々が質の高い介護を受け、安心できる環境のもとで生活できるように保障しなければならない。個人への介護において深刻な不当行為に気づいたり、確信をもった人は、直ちに社会サービス委員会に通告しなければならない。不当行為が直ちに是正されない場合は、同委員会は監督官庁にその事態を通告しなければならない」[6]

この条項の対象となるのは、コミューンの介護職員だけではなく民間事業者の介護スタッフも含まれる。

同法は、介護スタッフ同士が相互に観察し、虐待を組織として防いでいこうというのが狙いである。安いコストで質の高いケアを期待されるのは何も民間会社だけではない。コミューンが運営する場合も同様である。事実、ウプサラ（Uppsala）コミューンでは、1997年10月末、コミューン自体が運営するグループホーム「フローデゴーデン（frodegården）」においてポールヘムスゴーデンと同様の理由から人件費がカットされ、その結果、虐待が発生している[7]。

▶3　サーラ法に基づく通報システムの具体的プロセス

図6－1は、サーラ法に基づく通報システムの具体的プロセスをヘリューダコミューンを例にとって図示したものである。介護の付いた特

第6章　高齢者虐待防止法としてのサーラ法の成立とその後の展開　97

図6-1　サーラ法に基づく通報の流れ

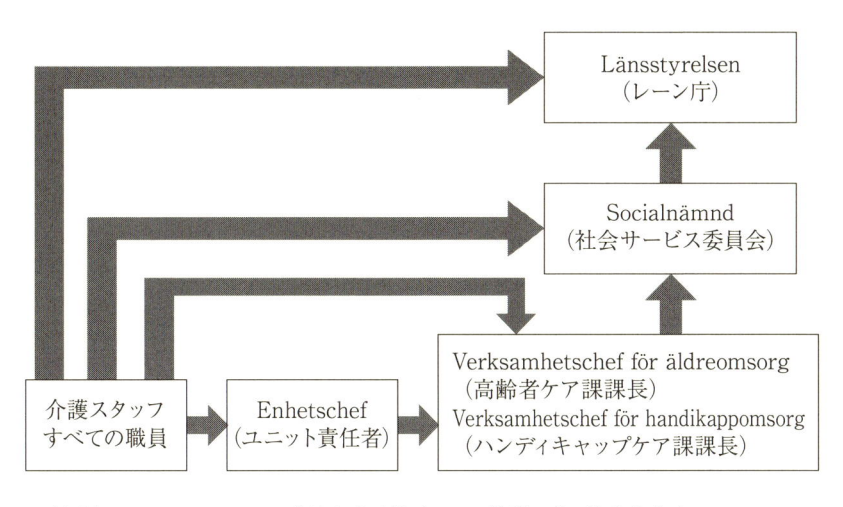

```
                    ┌──────────────────┐
                    │  Länsstyrelsen   │
                    │   (レーン庁)      │
                    └──────────────────┘
                              ↑
                    ┌──────────────────┐
                    │   Socialnämnd    │
                    │ (社会サービス委員会) │
                    └──────────────────┘
                              ↑
                    ┌──────────────────────────────────┐
                    │ Verksamhetschef för äldreomsorg  │
                    │    （高齢者ケア課課長）             │
┌────────┐  ┌──────────┐ │ Verksamhetschef för handikappomsorg │
│介護スタッフ│→│Enhetschef│→│  （ハンディキャップケア課課長）       │
│すべての職員│  │(ユニット責任者)│ └──────────────────────────────────┘
└────────┘  └──────────┘
```

（出典）ヘリューダコミューン職員安達雪枝氏からの情報に基づき筆者作成。

別住宅で、介護スタッフを含めすべての職員が何か不適切な状況を直接目撃するか、あるいは疑念を抱いた場合には直ちに直属の「ユニット責任者（Enhetschef）」に通報しなければならない。通報を受けた責任者は、当該のケースが正式な通報として上部にさらに通報をするのか、あるいは正式な通報とせず速やかに善処するかを判断する。

ユニット責任者が正式な通報をすべきであると判断した場合には、コミューンの「高齢者ケア課課長（Verksamhetschef för äldreomsong）」もしくは「ハンディキャップケア課課長（Verksamhetschef för handikappomsorg）」に通報する。なお、課長クラスの名称はコミューンにより異なるし、高齢者ケアとハンディキャップケアが統合されているコミューンもある。図6-1の右下のボックス内の表記は、あくまでもヘリューダコミューンに限定される。通報を受けたコミューンは、通報を受けると同時に調査を始め、ケースを記録して然るべき処置を検討する。コミューンは社会サービス委員会に毎年通報に関する報告を行う。コ

ミューンは深刻な通報に関して直ちに社会サービス委員会に報告し、さらに同委員会に対してレーン庁への通報を促す。

介護の付いた特別住宅で、介護スタッフを含めすべての職員が何か不適切な状況を直接目撃するかあるいは疑念を抱いた場合は、直属のユニット責任者への通報というステップを省き、コミューンの高齢者ケア課課長（またはハンディキャップケア課課長）、社会サービス委員会、レーン庁のいずれかに直接通報することも可能である。ステップを省くのは、身体的な虐待や経済的な虐待を直接目撃するなど深刻なケースで、対応について緊急を要する場合が多いと考えられる。なお、ヘリューダコミューンの場合は機構改革によって社会サービス委員会が「コミューン執行委員会（Kommunstyrelsen）」に含まれるが、ほかの一般的なコミューンでは社会サービス委員会に通報することになる。

サーラ法（条項）は枠組みを示しているだけであり、通報があった場合の具体的な運用方法はコミューンにより異なるものと考えられる[8]。

例えば、ティエルプコミューンでは以下のような手順である。

❶状況を説明する電話や状況を記述した手紙を受け取る。
❷介護の質確保グループが調査を開始するために集められる。
❸介護スタッフや施設のマネジャー(department manager)、必要に応じて他の人々がインタビューを受ける。
❹医療記録やその他の日誌を読む。
❺介護の質確保グループがレポートを書き、当該レポートをレーン庁に送るかどうかを審議する委員会に送る。
❻勧告と指導的規制が施設のマネジャーや介護スタッフに加えられる。

サーラ法誕生のきっかけとなったサーラ・ヴェグナートさん

トラネモ(Tranemo)コミューンの場合には以下のような手続きである。
❶ユニットのマネジャーにコンタクトを取る。
❷当該のマネジャーは虐待が疑われるケースについて調査をするように、コミューンのヘルスケア管理部門に伝える。
❸ヘルスケア管理部門は調査を行う。
❹当該ケースに関するレポートをランスティングの管理部門、社会福祉省に送るべきかどうかを判断する。

また、シール（Kil）コミューンの場合には、以下のような手順となっている。
❶介護スタッフは、同僚が物理的・心理的・経済的に問題となる振る舞いを入居者に行っているのを目撃した場合には、その介護スタッフはナーシングホームの施設長に報告する。
❷施設長は直ちにその状況に対応し、その事実を直ちに地域責任看護師（Medicinskt Ansvarig Sjuksköterska：MAS）[4]に伝える。地域責任看護師はその問題となる行動が虐待であるかどうか、その

★4 MASは、1992年のエーデル改革により、各コミューンに最低一名置くことが義務づけられた。あるコミューンのMASへのインタビュー調査によれば、MASの医療や介護に関する責任は概ね以下の10項目にわたっている。①介護の付いた特別住宅に居住する高齢者や知的障害者に対する健康・医療ケアの責任、②高齢者や障害者が医者を必要とする場合に医者に連絡する責任、③個々人が必要な健康・医療ケアを受けているかどうか、その場合、患者にとって質の高いケアかどうか、そのケアが利用できるものかどうかの責任、④人がひどい怪我や病気にさらされているときに、マリア法に従って適切に報告されているかどうかを確認する責任、⑤患者のために代弁する責任、⑥十分な能力のあるスタッフがそれぞれの仕事についているかどうかの責任、⑦健康・医療ケアに従事するスタッフを教育する責任、⑧健康・医療ケアに従事するスタッフを援助する責任、⑨看護師や他のスタッフの仕事をフォローアップする責任、⑩あらゆる種類の虐待もしくはそれに類似する行為については、それを発見したスタッフがMASに報告することになっている。MASは、その報告が健康・医療ケアの責任に関わるものかどうかを調査する責任をもつ。調査の結果、社会サービス法（サーラ法）に関係する場合には社会福祉事務所の調査官にその報告を送付する責任をもつ。

程度はどれほどかについて調査する。地域責任看護師は、その虐待の疑われるケースをコミューンの社会サービス委員会に報告する。同委員会は、当該ケースをどう扱うかを決定する。

❸在宅サービスにおいて、家族が何かおかしいこと（配偶者や親の身体や手足にあざがあるなど）に気がついたときにホームヘルパーの主任に抗議する。主任は調査を行い、何が間違っていたのか、どのように変えていくのかについて家族に説明する。

▶ 4　高齢者虐待に関する調査の結果

表6－1は、筆者が2003年から2004年にかけて、スウェーデンの全コミューンを対象に虐待が疑われるケースとして報告されたケース数を調査した結果である。サーラ法が施行された1999年から調査時点の2003年にかけて、毎年どれだけのケースがあったかについての回答を求めた。回答の得られた82コミューンについて見ると、1999年は全体で32ケース、2000年は116ケース、2001年は135ケース、2002年は179ケースと4年間増加していたが、2003年は112ケースと減少に転じている。また、ケース数だけ回答があり、年次が明確でないコミューンについては合計欄にケース数のみを示した（このような場合は、年次の欄が空白で合計欄だけにデータが示されている）。こうした場合を含めると、1999年から2003年までの合計は661ケースも存在する。

スウェーデンでは1990年ごろから、介護の付いた特別住宅やホームヘルプサービスの運営を入札により決定する方法が広がった。この方法を採用する場合には、当該コミューンの社会サービス委員会の審査の結果、民間企業などが運営を任されることも多い（審査の結果、コミューン自身が運営することも当然ありうる）。他方、入札制を採用せず、社会福祉部門が常に運営するコミューンも数多く存在する。どちらの方法をとるかは、各コミューンの決定事項である。

表6-1の右欄は、運営主体の決定方法を示したものである。コミューン自体が運営する場合が82コミューンのうち50コミューンあり、サーラ法に基づいて報告されたケース数が380ケースあった。1コミューンあたり7.6ケースの発生率である。他方、入札制の場合が82コミューンのうち29コミューンあり、サーラ法に抵触するケース数が282ケースあった。1コミューンあたり9.7ケースの発生率である。平均値からすれば入札制の場合のほうがコミューンの運営に比べてやや多いが、いずれにせよ、どちらの場合にも高齢者虐待の疑われる事件が数多く発生している。

民間委託をめぐる課題としては、すでに「民間委託の導入は簡単に、また統制可能な形で、生産性や経済効率を高めることができる方法であると言える。しかし、反面において、それは福祉国家におけるサービスの生産に利潤追求の原則を必然的に持ち込むことを意味する。（中略）高齢者福祉の分野に関していえば、民間委託の導入による否定的な影響の中でとりわけ重要なのは、福祉関係労働者の労働条件の悪化と民主的統制の弱体化であろう。」[9]と指摘されている。

これまでの先行研究では、委託された民間組織だけに問題が生ずるかのように論じられてきたが、しかしここで再度強調しておきたい。民間委託という結果が問題をはらんでいるのではなく、入札制によりコミューンと民間組織を競争させるという「方法」こそが問題なのである。表6-1で明らかにしたように、民間組織だけでなく、コミューンにおいてもサーラ法に係わる報告がなされていることを我々は十分に認識しなければならない。スウェーデンにおいて高齢者虐待が初めて発覚したソルナコミューンのグループホーム「ポールヘムスゴーデン」は民間会社であったが、2週間後に続いて発生したグループホーム「フローデゴーデン」はウプサラコミューン自身が運営していたことを常に想起しなければならない。

さらに付け加えるならば、前述したように、コミューンと民間事業者

表6-1 コミューン別 虐待が疑われるケースとして報告された数

ランスティング名	コミューン名	1999	2000	2001	2002	2003	合計	運営主体決定方法 コミューン	入札制
ストックホルム (Stockholms)	1-7 リーディングエ (Lindigö)	0	0	0	0	0	0		●
	1-12 サーレム (Salem)	0	0	0	0	0	0		●
	1-14 ソレンチューナ (Sollentuna)	0	0	0	0	0	0		●
	1-18 セーデルテリエ (Södertälje)	0	0	0	0	13	13		●
	1-22 ウップランズ ヴェスビュー (Upplands-Väsby)	1	0	0	0	0	1		●
ウプサラ (Uppsala)	3-2 ホーボ (Håbo)	0	0	0	0	0	0	○	
	3-3 ティエルプ (Tierps)	0	0	1	3	1	5	○	
	3-6 エストハンマル (Östhammar)	0	0	0	0	0	0	○	
セーデルマンランド (Södermanlands)	4-1 エスキルストゥーナ (Eskilstuna)	2	4	6	17	4	33	○	
	4-8 トローサ (Trosa)						11		●
エステルヨットランド (Östergötlands)	5-2 フィンスポング (Finspång)	0	6	5	7	6	24	○	
	5-3 シンダ (Kinda)	0	0	0	0	0	0		
	5-4 リンショーピング (Linköping)						数件		●
	5-5 ミョルビュー (Mjölby)	0	0	0	0	0	0		●
	5-6 モータラ (Motala)	1	0	0	0	0	0	○	
	5-8 セーデルショーピング (Söderköping)						3	○	
	5-11 ユードレ (Ydre)	0	0	0	1	1	2	○	
ヨンショーピング (Jönköpings)	6-2 エークショー (Eksjö)	0	2	0	0		2		●
	6-4 グノショー (Gnosjö)	0	0	0	0	0	0		
	6-6 ヨンショーピング (Jönköping)	0	1	2	6	0	9		●
	6-12 ヴェートランダ (Vetlanda)	2	0	0	0	0	2	○	
クロノベリ (Kronobergs)	7-1 アルヴェスタ (Alvesta)	0	0	1	2	1	4		●
	7-8 エルムフルト (Älmhult)						4	○	
カルマル (Kalmar)	8-5 カルマル (Kalmar)	4	10	9	3	0	26		●
	8-7 メルビューロンガ (Mörbylånga)	0	0	0	0	0	0	○	
	8-8 ニューブロ (Nybro)						5	○	
	8-11 ヴィンメルビュー (Vimmerby)	0	0	5	9	3	17	○	
ブレーキンゲ (Blekinge)	10-1 カールスハムン (Karlshamn)						1	○	
	10-2 カールスクローナ (Karlskrona)	0	0	1	4	16	21	○	
	10-5 セルヴェスボリ (Sölvesborg)	0	0	0	0	0	0	○	

第6章 高齢者虐待防止法としてのサーラ法の成立とその後の展開　103

スコーネ (Skåne)	12-4 ボースタード (Båstad)						3	○	
	12-5 エスロー (Eslöv)	0	0	1	1	0	2	○	
	12-6 ヘルシンボー (Helsingborg)	2	14	8	4	5	33	○	
	12-10 ヘーエー (Höör)	0	2	0	0	4	6		●
	12-14 マルメ (Malmö)	0	0	0	0	0	0		●
	12-16 ペーシュトルプ (Perstrop)	0	0	0	0	0	0		●
	12-25 ヴェッリンゲ (Vellinge)	0	0	0	0	0	0		●
	12-28 エンゲルホルム (Ängelholm)	0	10	5	1	0	16		●
	12-31 クリファンスタード (Kristianstad)						15		●
	12-32 シェーブリンゲ (Kävlinge)						2	○	
ハッランド (Hallands)	13-1 ファルケンベリ (Falkenberg)	0	0	3	0	0	3		●
	13-5 ラホルム (Laholm)	1	3	0	2	1	7		●
	13-6 ヴァルベリ (Varberg)	0	0	0	0	3	3		●
ヴェストラヨータランド (Västra Götalands)	14-1 アーレ (Ale)	0	0	0	1	2	3	○	
	14-9 フェリエランダ (Färgelanda)	0	1	2	5	1	9	○	
	14-12 ヨーテボリ (Göteborg)	0	20	30	40	0	90		●
	14-16 ヘリューダ (Härryda)	0	0	1	0	0	1	○	
	14-20 リドショーピング (Lidköping)						9	○	
	14-24 マルク (Mark)	2	6	4	4	3	19	○	
	14-27 メルンダール (Mölndal)						4		●
	14-29 パッティレ (Partille)					数件			●
	14-30 スカーラ (Skara)	2	2	2	0	0	6	○	
	14-33 ステーンウングスンド (Stenungsund)	0	1	13	22	17	53	○	
	14-37 ティーブロ (Tibro)	0	0	0	0	0	0		●
	14-38 ティーダホルム (Tidaholm)	0	0	0	1	0	1	○	
	14-40 トラネモ (Tranemo)	0	0	0	0	0	0		●
	14-41 トロルヘッタン (Trollhättan)	2	5	6	0	0	13	○	
	14-43 ウッデバーラ (Uddevalla)	0	1	13	22	17	53	○	
	14-44 ウルリセハムン (Ulricehamn)	2	3	1	0	0	6		●
	14-45 バーラ (Vara)						2	○	
ヴェルムランド (Värmlands)	17-2 エーダ (Eda)						1	○	
	17-3 フィリップスタード (Filipstad)	0	0	0	0	0	0	○	
	17-8 カールスタード (Karlstad)	7	22	7	10	7	53		●
	17-9 シール (Kil)	0	0	0	2	2	4	○	

104

県	コミューン								
オーレブロ (Örebro)	18-5 カールスクーガ (Karlskoga)	0	0	1	0	0	1	○	
ヴェストマンランド (Västmanlands)	19-3 ハルスタハンマル (Hallstahammar)	0	0	0	0	0	0	○	
	19-4 ヘービュー (Heby)	0	0	0	0	0	0	○	
	19-10 スラハンマー (Surahammar)	0	0	1	0	1	2	○	
ダーラナ (Dalarnas)	20-2 ボーレンゲ (Borlänge)		2	2	0	3	7	○	
	20-6 レークサンド (Leksand)	0	0	0	0	0	0	○	
	20-8 マールン (Malung)	0	0	0	0	0	0	○	
	20-15 エルブダーレン (Älvdalen)						1		
イェブレボーリ (Gävleborgs)	21-1 ボルネス (Bollnäs)						3	○	
	21-7 オッケルボー (Ockelbo)	0	0	0	0	0	0	○	
ヴェステルノルランド (Västernorrlands)	22-1 ヘネサンド (Härnösand)						25	○	
	22-4 スンスヴァル (Sundsvall)	4	0	2	3	0	9	○	
イエムトランド (Jämtlands)	23-8 エステルシュンド (Östersund)	0	1	3	9	0	13		●
ヴェステルボッテン (Västerbottens)	24-3 リュクセレ (Lycksele)	0	0	0	0	0	0	○	
ノルボッテン (Norrbottens)	25-11 ピーテオ (Piteå)	0	0	0	0	1	1	○	
合　　計		32	116	135	179	112	661	380/50 =7.6	282/29 =9.7

（注）合計欄だけにケース数が記載されているコミューンは、各年のケース数に関する回答がなかった場合である。
（出典）筆者が2003-2004年に実施した調査に基づく。

を競争させるという方法を用いた結果、入札参加者はできる限り総コストを抑えた委託運営計画書を提出するようになり、当該コミューンに提出された運営計画書を審査する社会サービス委員会自身も介護の質より介護に必要なコストだけに着目し、運営委託先を決定するという構造的悪循環に陥っていることが問題なのである。

　ところで、社会庁は、2002年に発生したサーラ法に基づく通報に関してコミューンごとのデータを公表した。その統計を紹介したコミューン職員労働組合の機関誌（Kommunalarbetaren）の記事[10]によれば、2001年は893ケース、2002年は627ケースの通報があった。2002年については、通報の90％が高齢者ケアまたは障害者ケアに関わる介護スタッフからの

ものので、残りが高齢者・障害者本人または近親者からであった。

　通報の内容としては、盗難が25％、不当な扱いが25％、見守りの不備が25％、身体的虐待が15％、精神的虐待が10％という分布であった。ほとんどすべての通報に対して対応がなされ、約40％が通報された介護スタッフに対する教育的措置、約35％が勤務スケジュール、業務手順、医療行為の委任に関する変更措置であった。当該スタッフの配置換えもしくは解雇が約5％であった。

　コミューンごとの通報率（高齢者ケアおよび障害者ケアの対象者1000名あたりの通報数）に関しては、エーデスヘーグ（Ödeshög）コミューンが最も高く92.44（通報数は22）、以下オクセレシュンド（Oxelösund）の35.46（通報数は10）、ボクスホルム（Boxholm）の33.71（通報数は6）と続いている。しかし、この数字が高いからと言って、これら三つのコミューンにおけるケアサービスの質が悪いと断定することはできない。サーラ法は社会サービス法の一部である。社会サービス法全体の性格は枠組み法であり、その一部を占めるサーラ法も枠組み法でしかない。細かな規定はなく、レーン単位、場合によってはコミューン単位でガイドラインをもつに留まる。例えば、介護の付いた特別住宅内で盗難が発生したとする。警察に通報するように規定するコミューンもあれば、警察に通報すると同時にサーラ法に基づく通報を規定しているコミューンもあるわけだ。

　サーラ法に関しては、「10日間という期間内に問題解決できるならば、通報を監督官庁にしなくてよい」という規定が存在することから、ケース数が増えることを嫌うコミューンでは問題解決ができていなくても解決できたことと見なし、通報をしない可能性もある。このように考えると、この通報数はコミューンやケア現場の「開放性」を示す指標であるとも考えられる。

▶5　二つのレーンにおける高齢者虐待のデータ

　表6－2は、イエムトランド（Jämtland）レーン（Län）が、当該の各コミューンの虐待が疑われるケース報告数を2001年から2003年についてまとめたものである。2001年については、各コミューンのデータは不明である。年を追って増えてきているが、コミューンによって大きく異なりその格差が大きい。クロコム（Krokom）コミューンは2003年に22ケースと多発しており、2年間の総数としても著しく大きい。他方、ラーグンダ（Ragunda）コミューンはゼロであった。

　表6－3は、ノルボッテン（Norrbotten）レーンが、当該の各コミューンの虐待が疑われるケースの報告数を2000年から2003年についてまとめたものである。2000年から2003年までの4年間の合計を見ると、コミューンによる格差が確認できる。すなわち、イェリヴァーレ（Gällivare）コミューンで4年間に21ケースと多発しているのに対して、アリィエプローグ（Arjeplog）コミューンでは皆無であった。

▶6　高齢者虐待の具体的内容

　以上、サーラ法に関わる高齢者虐待の量的データについて分析してきたが、ここでは高齢者ケアの現場で実際にどのような虐待が発生したのかについて具体的なケースを見ておきたい。

　ラホルムコミューンでは、調査した過去5年間で、7ケース発生している。7ケースのうち5ケースの内容が明らかになっており、その内訳は、①入居者に投与する薬を間違える、②入居者への投薬を忘れる、③入居者のお金を奪う、④ケアプラン通りの介護をしない、⑤入居者に対して不適切な行動をする、というものである。ハルストハンマル（Hallstahammar）コミューンでは過去5年間で数ケース発生しているが、ラホルムコミューンと同じく、①入居者に投与する薬を間違える、

表6-2　イエムトランドレーン内の別サーラ法に関わるケース数

		2002	2003	合計
23-4	Krokom	0	22	22
23-8	Östersund	7	4	11
23-2	Bräcke	2	1	3
23-6	Strömsund	4	0	4
23-1	Berg	4	3	7
23-7	Åre	0	2	2
23-3	Härjedalen	2	0	2
23-5	Ragunda	0	0	0
	合　計	19	32	51

（出典）Länstyrelsen Jämtlands Län (2004) LEX SARAH I JÄMTLANDS LÄN En sammanställning av kommunernas anmälningar under 2003 p. 3

表6-3　ノルボッテンレーン内のコミューン別サーラ法に関わるケース数

		2000	2001	2002	2003	合計
25-1	Arjeplog	0	0	0	0	0
25-2	Arvidsjaur	1	1	0	2	4
25-3	Boden	3	3	4	2	12
25-4	Gällivare	5	10	5	1	21
25-5	Haparanda	4	5	0	1	10
25-6	Jokkmokk	1	0	0	0	1
25-7	Kalix	3	0	1	2	6
25-8	Kiruna	0	1	3	2	6
25-9	Luleå	0	1	2	9	12
25-10	Pajala	0	1	0	0	1
25-11	Piteå	0	0	0	1	1
25-12	Älvsbyn	0	1	0	0	1
25-13	Överkalix	0	2	1	1	4
25-14	Övertorneå	0	0	1	0	1
	合計	17	25	17	21	80

（出典）Länstyrelsen I Norrbottens Län（2004）Anmälan om missförhållanden I omsorgen om älder och funktionshindrade enligt 14 kap. 2 Sol, p. 10

②入居者への投薬を忘れるというものである。ボルネス（Bollnäs）コミューンでは、同じく５年間に３ケース発生しているが、その内訳は、①入居者のお金を盗んだ、②入居者の宝石を盗んだ、③入居者に対して不適切なケアをしたというものである。

　報告されたケースの中には、投薬する薬を間違える、あるいは投薬を忘れるといった医療過誤に関わる内容が含まれている。スウェーデンには、「マリア法（Lex Maria）」という医療に関する過誤について当該コミューンの地域責任看護師（MAS）に報告するシステムが存在する。投薬に関するミスは、サーラ法と言うよりもマリア法に関するものである。

　ところで、スウェーデンにおける高齢者虐待は以下の五つに分類することができる[11]。

❶物理的虐待（殴打、つねる、つかむなど）
❷心理的虐待（脅迫、つきまとい、脅しなど）
❸経済的虐待（着服、金銭の強要、窃盗など）
❹性的虐待
❺怠慢（意図的な投薬ミス、不十分な食事、衛生管理の不備）

　具体的な虐待の内容については得られた情報が乏しいので断定はできないが、この虐待の分類で言えば、経済的虐待や怠慢が多いと思われる。また、物理的虐待は少ないと言えよう。

▶7　結論と今後の課題

　表６−１のデータおよびコミューン職員労働組合の機関誌に掲載されたデータで確認したように、サーラ法が施行された後も毎年著しい数の虐待もしくは不適切な行動が報告されている。このことは、サーラ法が高齢者虐待を防止する完全な意味での抑止力にはなっていないということ

とである。介護スタッフの資格や資質、養成・研修方法、介護スタッフの精神的・身体的健康状態、老いや高齢者に対する一般的な価値観を含めて様々な要因が複雑に絡んでいると思われるので、今後も高齢者に対する虐待防止に関する調査研究を継続することが不可欠である。

　前述したように、スウェーデンに関する高齢者虐待の現状は、筆者の調査によって部分的ではあるがある程度実証的に明らかにすることができた。しかし、デンマーク、ノルウェー、フィンランドなどほかの北欧の福祉国家に関する高齢者虐待の現状は明らかになっていない。これらの国々においても高齢者虐待が皆無というわけではないと考えられるが、現状では日本における先行研究が存在しない。これらスウェーデン以外の福祉国家における高齢者虐待の状況と法的規制を明らかにすることが、今後の研究課題の一つである。

　ここ数年筆者は、デンマーク（コペンハーゲン周辺）においてもコムーネ（市）やプライエボーリ（介護型住宅）で聞き取り調査を実施している。インタビューの中で高齢者虐待に関しても質問するが、デンマークでは高齢者虐待は社会問題になっていないし、法整備の必要性も感じられないということである。もし、高齢者虐待があれば新聞に掲載されるので事件があれば分かるということであった。

　ノルウェーでは、20年以上も前から高齢者虐待の研究がスタートしており[12]、スウェーデンでも1999年にサーラ法が施行され現在に至っている。同じ北欧で、何故デンマークでは高齢者虐待が政策的な課題にならないのか。虐待という概念の捉え方が文化的に異なるとしても、奇異に感じざるを得ない。

　一方、日本では、「高齢者虐待の防止、高齢者の養護者に対する支援等に関する法律」（以下、高齢者虐待防止法と略す）が2006年4月に施行された。五つの章からなるこの法律は、高齢者虐待を、①養護者による高齢者虐待と、②養介護施設従事者等による高齢者虐待の二つに分けた上で、高齢者虐待を、身体的虐待、心理的虐待、性的虐待、介護放棄

−放任、経済的虐待の五つに分類している。

　同法では、養護者と養介護施設従事者等という表現が使われているが、一般的ではないので言葉の意味する内容が分かりにくい。養護者とは、高齢者を現に養護している家族、親族などのことであり、養介護施設従事者等とは、介護老人福祉施設（特別養護老人ホーム）、介護老人保健施設（老人保健施設）、介護療養型医療施設（療養型病床群）、有料老人ホームなどの養介護施設において業務に従事する者、および居宅サービス事業、居宅介護支援事業などの養介護事業において業務に従事する者を指す。

　この法律は、以下の五つが骨子となっている。

　　(a) 家族による虐待を防ぐために、ホームヘルパーや医師らに虐待の通報を義務づけたこと。
　　(b) 介護施設については虐待を発見した職員や施設長に対して、自治体への通報を義務づけたこと。
　　(c) 行政機関（具体的には地域包括支援センター職員）の立ち入り調査を可能にし、拒否した場合に罰則規定を設けたこと（具体的には、正当な理由なく立ち入り調査を拒否した場合には30万円以下の罰金が科せられる）。
　　(d) 被害者を守るために老人ホームへ入居させる措置や加害者による面会を制限すること。
　　(e) 自治体（市町村）は、高齢者虐待の防止、虐待を受けた高齢者の保護、養護者の負担の軽減のため、養護者に対する相談、助言、指導その他必要な措置を講ずること。

　この法律は、スウェーデンのサーラ法を参考にしたと推測され、介護老人福祉施設、介護老人保健施設、介護療養型医療施設など、高齢者ケア施設内で発生する虐待への対処が法律の枠組みに組み込まれている。介護スタッフや施設長に通報を義務づけただけでなく、通報に基づいて

行政が当該施設を立ち入り調査ができるようにした点においてサーラ法より進んでいると言える。今後はこの高齢者虐待防止法がどれほど実効性をもった法律であるか検証していく必要がある。加えて、どのような高齢者虐待防止法がより理想的か、日本の高齢者虐待防止法の今後のあり方について、北欧を含めて様々な国々の高齢者虐待防止法や取り組みと比較しながら今後とも研究すべきであろう。

[付記]
　本章は2005年度東京経済大学個人研究助成費（A05-09）による研究成果の一部である。

──────── (引用文献註) ────────

(1) 福沢諭吉（1875、1988）『文明論之概略』岩波書店、206ページ。
(2) 井上誠一（2003）『高福祉・高負担国家　スウェーデンの分析』中央法規、165～165ページ。
(3) 井上誠一（2003）同上書、160ページ。ただし、エスロブコミューンでは制度廃止後も当該レーン庁の許可を受けている。
(4) 中村智恵子（2003）「スウェーデンにおける高齢者虐待への対応に関する一考察」『The Bulletin of Volunteer Studies』大阪大学大学院人間科学研究科、155～186ページ。
(5) 奥村芳孝（2000）『新スウェーデンの高齢者福祉最前線』筒井書房、124～125ページ。
(6) 斉藤弥生・山井和則（2004）「高齢者・障害者福祉」岡沢憲芙・宮本太郎編『スウェーデンハンドブック（第2版）』早稲田大学出版部、232～248ページ。
(7) 井上誠一（2003）前掲書、174ページ。
(8) 西下彰俊（2004）「高齢者ケア施設の運営に関する入札制度と官民間競争原理」高齢者住宅財団編『いい住まい　いいシニアライフ』Vol. 62、7～12ページ。
(9) 井上誠一（2003）前掲書、174ページ。
(10) http://www.kommunalarbetaren.com 2003/5/16
(11) Länstyrelsen i Norrbottens Län (2004) Anmälan om missförhållanden i

Omsorgen om alder och funktionshindrade enligt 14 kap. 2 Sol, p. 3

(12) パトリシア・ブラウネル／多々良紀夫ほか監訳（2004）『世界の高齢者虐待防止プログラム』明石書店、100〜128ページ。

第7章

スウェーデンにおける住宅改修サービスの現状と課題

▶1　はじめに

　住宅改修サービスは、要介護高齢者や障害者が残存能力を活用しつつ住み慣れた自宅で自立した生活を継続するために必要不可欠な在宅ケアサービスである。

　本章では、これまでほとんど焦点が当てられることのなかったスウェーデンにおける住宅改修サービスに着目する。スウェーデンの住宅改修サービスに関する唯一の先行研究は、上田博之の研究のみである。そのほかの先行研究については、例えば、引用されることの多い仲村優一・一番ヶ瀬康子編集代表（1998）において住宅改修に関して数行記されているのみであった。

　そこで今回は、上田の研究の優れた部分を紹介しつつ批判的検討も加え、各コミューンに対するアンケート調査の結果を示しながら、スウェーデンにおける住宅改修の現状と問題点および今後の課題について明らかにする。

▶2　各コミューンの住宅改修サービスの実績

　スウェーデンにおける要介護高齢者や障害者に対する住宅改修サービスは、「住宅改修に関する法律（Lag om bostadsanpassning）」に基づい

て提供されている。表7－1は、「住宅改修補助金法（Lag om bostadsanpassningsbidrag）」を示したものである（最後の附則は割愛している）。この法律の条文には「機能が十分でない人（funktionshinder）」という言葉が用いられているが、この表現の中には介護を必要とする高齢者も当然含まれる。なお、法律後半の第11条から13条の条文が示すように、住宅改修サービスだけでなく、一定の条件のもとに、住宅の改修を実施した家屋について原状回復させる必要がある場合の補助金についても規定されている。

スウェーデンでは、住宅改修サービスを利用する場合は当該コミューンに申請することが必要であるが、その申請には申請期間、申請件数、予算などに制限はなく、常時すべての申請が受け付けられる。また、同一申請者の改修に回数制限がない[1]。

奥村芳孝の『スウェーデンの高齢者・障害者ケア入門』によれば、2003年度は全国で61,000件の住宅改修補助が認められ、年間総費用は8億SEKであった。集合住宅の平均補助額は9,200SEKであり、一戸建ての平均補助額は2万SEKであった。また、最も多い改修は段差解消であり、次に多いのは浴室改修であった[2]。

他方、日本の介護保険制度では、「要支援1・2」または「要介護1～5」の認定を受けた高齢者が住宅改修費を上限20万円分まで利用することができ、その場合の自己負担額は10％の2万円である。同一申請者の改修は原則的に20万円分までの利用に制限されるので、スウェーデンの住宅改修に回数制限がないのとまったく対照的である[3]。

上田博之の「福祉先進国における高齢者に対する住宅改修」によれば、スウェーデンにおける改修の平均費用は13,000SEKから15,000SEKであり、基本的に安価な改修を方針としている。実際には、改修後に居住者のADL（日常生活動作能力）の変化や転居や死亡などで不用になったものを回収して再利用することで改修工事費を下げている。したがって、改修工事は撤収可能な方法が優先的に採用される。例えば、出入り

表7－1　住宅改修補助金法

導入規約	
第1条	この法律は、住宅改修に対する補助金を支給することにより、障害者が自宅で自立生活を行うことが可能となるように計らうことを目的とするものである。
第2条	コミューンは、この法律の条項に従い、住宅改修および原状回復に対する補助金を支払う責任を有している。
第3条	住宅庁はコミューンの補助金支給活動を管轄するものとする。

住宅改修補助金	
第4条	住宅改修補助金は、定住を目的とする住宅もしくは賃貸および住宅権住宅を所有している個人に対して支給されるものとする。また、賃貸住宅の場合、賃貸期間の長さから考慮して適切だと判断された場合のみ住宅改修補助金が支給される。
第5条	障害者のケアを自宅で定期的に担当しており、それが長期にわたって続けられると判断される場合においても、その住宅を改修する補助金が支給される。
第6条	住宅改修補助金は、住宅の固定機能もしくは住宅への出入り部分の改修に対して支給されるものとする。障害者のニーズに対応するよう住宅を改修することが必要だと認められた場合にのみ、補助金支給を受けることができるものとする。ただし、住宅改修の必要性以前に、その他の理由により改修を実施することが必要だということが明らかな場合には、補助金は支給されないものとする。
第7条	また、住宅改修補助金は以下の場合においても支給されるものとする。
1	障害者のリハビリ、機能訓練および医療を受けるニーズが、住宅改修以外の方法で満たすことができない場合。
2	障害のため住居外での活動に参加することが不可能な場合、自宅で趣味の活動を行うことを可能とするために住宅改修を行う場合。
3	この法律もしくは旧法に基づいて支給された補助金により設置された器具の修理で、それが一般的な住宅維持のための工事とみなされない場合。
第8条	住居を新築するに際しては、改修が必要となるような住宅形態を選ぶ特別な理由があると認められた場合のみ住宅改修補助金が支給される。
第9条	住居の購入および引越しに際しては、改修が必要となるような住宅を選ぶ特別な理由があると認められた場合に限り、費用のかかる改修工事に対して補助金が支給される。
第10条	2000年法律改正の際（削除）

原状回復補助金	
第11条	住居保有者は、障害者のために設置された以下に挙げたような設備を除去（原状回復）するための補助金を受けることができる。
1	賃貸アパートや貸家の内部およびその周囲に設置された設備

	2	障害者のアパートへの出入り、建物周辺および敷地内での移動を容易とする目的で、複合住宅内の住宅権アパートの周囲に設置された設備
第12条		原状回復補助金は、以下の条件が満たされた場合に支給されるものとする。
	1	この法律および同内容の旧法令（1982年制定の住宅改修補助金法令、1987年制定の公的住宅改修補助金法令）に基づいて支給された補助金で行われた住宅改修工事の原状回復であること
	2	状況の変化により、改修部分がその目的に応じて利用されなくなった場合、もしくはそれが他の住民にとって不利益をもたらす場合
第13条		第11条第1項に規定された原状回復補助金は、建物の所有者が改修工事を施されたアパートを斡旋する権利をコミューンに保障したにもかかわらず、そのアパートが空いた際にコミューンが障害者の借り手を見つけられなかった場合にも支給されるものとする。

補助金の額

第14条	住宅改修補助金および原状回復補助金は、その工事を実施するのにかかる費用として適切とされる金額が支給される。原状回復補助金は、同時期に適切と認められた費用が5000SEK（クローナ）を超える場合のみ支給されるものとする。

補助金に関する件の取り扱い等

第15条		住宅改修補助金および原状回復補助金が支給される前に、決定の根拠となった状況が存在しなくなった場合には、補助金を認可したコミューンはその決定を取り消すことができる。
第16条		住宅改修補助金および原状回復補助金は、補助金の対象となる工事が行われた後に支給されるものとする。
第17条		コミューンは、以下の場合において補助金の全額もしくは一部返還を決定することができる。
	1	補助金の受取人が、不正確な情報およびその他の方法により、不正に補助金支給を受けた場合、もしくは必要以上の金額の補助金を受け取った場合
	2	上記以外の状況で、補助金が誤って支給されたり必要以上の補助金の支給が行われたのに対し、受給者がその誤りに気づくべきであったと判断された場合であっても、コミューンは、特別な理由がある場合に返還義務を免除することができる。

不服申し立て

第18条	この法に基づいてコミューンがくだした決定に不服がある場合は、一般行政裁判所に申し立てをすることができる。中級行政裁判所へ控訴するためには審議許可が必要となる。

附則
1 　この法律は1993年1月に施行される。
2 　以下略

（資料出所）　http://www.notisum.se/rnp/sls/lag/19921574.HTM

口の段差解消のためのスロープも金属でつくられ、コンクリートの打設工事は選択順位が低くなる。また、回収が前提となることから、階段昇降機やホームエレベーターも設置しやすい[3]。

表7-2は、各コミューンを対象に過去2年間の住宅改修サービスの実績について調査し一覧表にした結果である。住宅改修サービスはコミューンの高齢者ケア課・障害者ケア課所管でないためデータ収集が進まなかったが、18コミューンから回答が得られた。この表は、2004年と2005年の住宅改修の総費用（SEK）、利用者総数、1ケースあたりの平均改修費用（SEK）を明らかにしたものである（この中には、高齢者に対する住宅改修サービスだけでなく、障害者に対する住宅改修サービスを含めて回答している場合も若干含まれる）。

18コミューンのうち、住宅改修の総費用、利用者総数、1ケースあたりの平均改修費用のデータが得られた11コミューンについて見ると、2004年の場合、1ケースあたりの平均改修費用は最低がユードレ（Ydre）コミューンの5,000SEK（約75,000円）、最高がエルブダーレン（Älvdalen）コミューンの33,333SEK（約499,995円）と約6.7倍の格差が見られる。2005年については、1ケースあたりの平均改修費用は最低が同じくユードレコミューンの5,000SEK（約75,000円）、最高が同じくエルブダーレンコミューンの36,585SEK（約548,775円）と約7.3倍の格差が見られる。

上田博之は改修の平均費用が13,000SEKから15,000SEKであると断言しているが、ここで確認したように、改修の平均費用には著しいコミューン間格差が見られる。上田のいう範囲に該当するコミューンは、両年とも11コミューンのうちエンゲルホルムだけである。上田自身が説明しているように、住宅改修の申請は申請期間、申請件数、予算（各住宅改修に対する補助金額）などに制限はないのであるから[4]、13,000SEKから15,000SEKという狭い範囲に収まることはないと言える。

また、当該コミューンの65歳以上人口あたりの住宅改修サービス利用率を見ると、2004年の場合、ティーダホルムコミューンの1.3%からアー

表7-2 各コミューンの住宅改修サービスの現状

コミューン	65歳以上人口	2004年			2005年		
		総費用(SEK)	利用者人数（）内%	平均改修費用	総費用(SEK)	利用者人数（）内%	平均改修費用
サーレム(Salem)	1,274	1,500,000			1,500,000	66 (5.2)	22,727
ソレンチューナ(Solentuna)	7,980		344 (4.3)			307 (3.8)	
フィンスポング(Finspång)	4,221	2,827,000	180 (4.3)	15,706	3,024,000	180 (4.3)	16,800
ユードレ(Ydre)	907	150,000	30 (3.3)	5,000	150,000	30 (3.3)	5,000
アルベスタ(Alvesta)	3,689	1,250,000	50 (1.4)	25,000	1,735,000	45 (1.2)	38,556
カルマル(Kalmar)	10,447	5,147,000	449 (4.3)	11,463	4,900,000	487 (4.7)	10,062
ヘルシンボリ(Helsingborg)	21,827	6,000,000	570 (2.6)	10,526	4,600,000	571 (2.6)	8,056
ヴェリンゲ(Vellinge)	4,122				4,000,000		
クリファンスタード(Kristianstad)	13,563		689 (5.1)			519 (3.8)	
アーレ(Ale)	2,188	1,800,000	140 (6.4)	12,857	1,800,000	154 (7.0)	11,688
リドショーピング(Lidköping)	7,085		120 (1.7)			120 (1.7)	
ティーダホルム(Tidaholms)	2,475	265,000	33 (1.3)	8,030	844,000	43 (3.1)	19,627
カールスタード(Karlstad)	13,730		699 (5.1)			707 (5.1)	
クムラ(Kumla)	3,159	1,300,000	145 (4.6)	8,966	1,300,000	135 (4.3)	9,630
モーラ(Mora)	3,852		127 (3.3)			120 (3.1)	
エルブダーレン(Älvdalen)	1,747	900,000	27 (1.5)	33,333	1,500,000	41 (2.3)	36,585
エンゲルホルム(Ängelholm)	7,073	2,379,654	163 (2.3)	14,599	2,348,144	178 (2.5)	13,192
エステルシュンド(Östersund)	10,006	3,500,000	197 (2.0)	17,766		286 (2.9)	

(出典) 筆者作成。
(注) 空欄はデータが得られていないことを示している。各コミューンの65歳以上人口は、西下彰俊（2002c）による。ソレンチューナコミューンとアルベスタコミューンは、以下のデータベースから65歳以上人口を計算した。http://www.scb.se/kommunfaktabladinfo 2004年、2005年の各利用者人数の下段の（　）内の数字は、当該コミューンの65歳以上人口あたりの住宅改修サービス利用率を示す。

レ（Ale）コミューンの6.4％まで利用率が広がっており、約4.9倍の格差が確認できる。また、2005年の場合、アルベスタ（Alvesta）コミューンの1.2％からアーレコミューンの7.0％まで利用率が広がっており、5.8倍の格差が確認できる。

　表7－3は、アーレコミューンにおける2004年、2005年の住宅改修サービスの実績である。最も多いのが、階段昇降機・ホームエレベーターで、2004年31ケース、2005年28ケースとなっている。次に多いのが段差除去であり、2004年22ケース、2005年24ケースとなっている。3番目は、浴室関係の改修でシングルレバーの蛇口への変更などであり、2004年19ケース、2005年23ケースである。4番目に多いのがレンジタイマーの設置で、2004年15ケース、2005年19ケースとなっている。以下、ドア開閉機（2004年8ケース、2005年20ケース）、スロープ設置（2004年14ケース、2005年10ケース）、手すり設置（2004年4ケース、2005年5ケース）と続いている。

　上田の同論文によれば、階段昇降機やホームエレベーターの費用は50万SEK（約750万円）から100万SEK（約1,500万円）もするが[5]、当事者が介護の付いた特別住宅に転居したり死亡したりして当事者宅での必要がなくなれば回収するので、利用者が多くてもコミューンの財政負担は大きくないようだ。

　そのほか、クリファンスタード（Kristianstad）コミューンでは、2005年の場合、最も多いのが段差除去で139ケース、次に手すりの設置で115ケース、3番目に自動開閉扉（ドア開閉機）の38ケースと続いている。第4は浴室改修で28ケース、第5はエレベーターの設置で12ケースとなっている。両コミューン間で、住宅改修場所の順位が大きく異なっていることが分かる（例えば、手すりの設置は、アーレでは少ないもののクリファンスタードでは一般的であり数が多い）。

表7－3　アーレコミューンの具体的な住宅改修内容

	2004年	2005年
階段昇降機・ホームエレベーター	31	28
段差除去	22	24
浴室関係－シングルレバーの蛇口等	19	23
レンジタイマー	15	19
ドア開閉機	8	20
スロープ設置	14	10
手すり設置	4	5
照明改修	4	5
車椅子車庫	3	5
電気装置改修	4	1
台所改修	5	2
その他	11	12
合計	140	154
住宅改修総費用	1,800,000 SEK	1,800,000 SEK

（資料出所）Ale kommun　　（出典）筆者作成。

▶3　ヘリューダコミューンにおける住宅改修補助金の申請方法

　表7－4は、ヘリューダコミューンにおいて、要介護高齢者や障害者が当該コミューンに住宅改修サービスの補助金を申請する場合の申請書である。この申請書に加えて、表7－5に示した住宅改修証明書が必要となる。この書類は障害のために改修工事が必要だということを証明する書類であり、作業療法士、医師そのほかの専門家によって作成される。

　表7－5は、作業療法士が作成した住宅改修証明書である。一般的には、高齢者や障害者が最初に接するのは作業療法士の場合が多い。これら2種類の書類に加えて、入札価格もしくは見積書のコピーと改修内容

第7章　スウェーデンにおける住宅改修サービスの現状と課題　121

表7－4　住宅改修補助金申請書

書類の送付先　日時　記録番号
ヘリューダ　コミューン　土木住宅課
435　80　メルンリュッケ
申請者・担当者

申請者名	住所	郵便番号、市
申請者 電話番号	担当者名	担当者 電話番号

障害者

名前	個人番号	□既婚・事実婚	□独身
障害	移動補助器具 □電動車椅子　□手動車椅子　□歩行車（Rollator）　□杖		

建物およびその所有者

登記地番	アパート番号	築年	改築年度	
所有者	所有者住所	郵便番号、市	
住宅形態 □集合住宅 □一戸建て	□賃貸　□住宅権　□持家	部屋数	トイレ数 □2つ以上
エレベーター 　　　□設置済　□未設置		便利さ・不便さに関するコメント	
登記地番	アパート番号	築年	改築年度
所有者	所有者住所	郵便番号、市	

所有者の承認（申請者が建物の所有者でない場合のみ記入）

賃貸人もしくは住宅権所有者が補助金を受けた住宅改修を行うことを認めます。また、賃貸人もしくは住宅権所有者は、改修以前の状態に戻す必要を有しないことを認めます。（所有者に原状回復補助金が給付される場合もあります）。また住宅改修を理由に、家賃や住宅権料を引き上げるようなことはありません。	
日時	署名

申請の対象となる改修工事（必要な場合、裏面もしくは追加書類を使用すること）

手すりの設置　　　費用　　　2,344 クローナ
2006年3月14日　　承認

以前に受けた補助金および今回の申請に関して

以前に同じ住宅に関して補助金を受けたことがありますか □はい　□いいえ	別の住居に関して補助金を受けたことがありますか □はい　□いいえ	別の住居の所在
今回の申請の対象となる住宅 □通常のアパート □特別住宅（サービスホームなど）	転入予定 □現住居 □新住居	転入日時

申請者の署名

署名
署名者はヘリューダコミューン土木住宅課に住宅改修にかかる費用の支払いを委託します。費用は住宅改修補助金より支払われます。

この申請書に記載されている個人情報が、個人情報取扱法に従って扱われます。署名者は申請内容の審議に際し、記載した個人情報が扱われることを許可します。

表7-5　住宅改修　証明書

個人番号 氏名 住所 郵便番号 電話番号 担当者 電話番号
持ち家で妻と二人暮らし。以前、住宅改修で段差の解消処置を受けたことがある。地下室があり、そこに続く階段を上り下りすることができる。手すりは、上から見て左側にしか設置されていない。 　階段の上り下りの際の安全性を高めるためには、補助手すりの設置が必要不可欠である。地下にはシャワールームがあるが、安全性を高めるためにはそこにも補助手すりを設置する必要性がある。 作業療法士の氏名

の説明書（設計図もしくは仕様書）を当該コミューンに提出することになる。

　表7-5の証明書が示すように、このケースは高齢者夫婦の2人暮らしで持ち家に住んでいる。かつて、住宅改修サービスを利用して段差を解消し、地下室への階段の手すりを片側（上から見て左側）のみを設置した。2回目では、第1に、階段の上り下りの際の安全性を高めるため地下室への階段の手すりを残された側（上から見て右側）にも取り付けること、第2に、地下室にあるシャワールームの安全性を高めるために補助手すりを取り付けることを目的として住宅改修サービスを申請している。

　表7-6は決定書である。**表7-5**の住宅改修工事が必要であることの証明を受けて、ヘリューダコミューンは、**表7-6**に示したように補助金2,344SEK（約35,160円）の支給を「措置」として決定する。決定書には、不服がある場合、通知を受け取ってから3週間以内にレーン

(地方行政）裁判所に訴えること、訴える場合に必要書類を添付すること、そうした書類はコミューンに提出することなどが書かれている。

図7－1は、申請から補助金受領までの流れを示したものである。上田の同論文によれば[6]、申請後に改修するかどうかが検討されるが、基本的にはすべてを改修することを前提として検討される。基礎・土台から工事が必要なもの、築年数を経たものについては却下される（**表7－4**の「建物およびその所有者」の築年の欄参照）。却下の場合には、担当者および申請者の担当作業療法士は公的住居への住み替えを提案する。

▶4　スウェーデンにおける住宅改修サービスの問題点

上田が調査したランスクローナ（Landskrona）コミューンでは、作業療法士による改修が問題であるとして、建築専門職が担当者となり、作業療法士と共同で改修にあたる。作業療法士は申請した高齢者の身体状況やADLをよく把握しているが、建築学に関してはほとんど知識がない。建築上の失敗も多く、特に設計図もなく建築業者を決定するなど別の問題もあると指摘する。

一方で、建築専門家は高齢者の身体状況や生活などの知識が乏しい。そのため、ランスクローナでは建築専門職と作業療法士の共同体制を取り、建築専門職を担当者とすることで問題解決を図っている[7]。

スウェーデンの場合、住宅改修サービスの申請に対して住宅改修部分に対応した補助金額が決定されるが、肝心の住宅改修施行業者については申請者が自分で選定しなければならない。住宅改修業者としてコミューンの建築課に依頼する場合も当然想定されるが、コミューンによっては民間業者の仕事を奪うことになるという理由から一切拒否するところもあり、逆に全面的にコミューンが改修を請け負う場合もある。ここにも、コミューンの考え方の違いが見られる。

スウェーデンでは住宅改修部分に対応した補助金額が決定されるが、

表7−6　決定書

記録番号
2006年3月15日　06019

コミューン　所在地
ヘリューダ　コミューン
土木住宅課
435　80　メルンリュッケ
電話番号　031-7246100　　ＦＡＸ　031-7246287

決定事項	住宅改修補助金		
登記地番			
補助金　金額	2,344　SEK	決定	補助金　支給
不服申し立てについて 決定に対して不服がある場合には、訴えを起こすことができる。その場合、レーン（地方行政）裁判所にどの決定に訴えを起こす意思があるのか文書で提出する。その際に、決定日時および記録番号を記載するかもしくは決定書類のコピーを送付すること。審議に必要と思われる書類があれば、そのコピーも添付すること。決定を不服とする理由およびどのような変更を希望するのか明記すること。書類に署名をした上、名前、個人番号、住所および連絡先の電話番号を明記し、署名をすること。その書類がコミューンに提出された後、コミューンがそれを県行政裁判所に送付する。決定通知を受けてから3週間以内に書類をコミューンに提出しなかった場合には、不服申し立ては無効となる。			

決定文
補助手すりの設置

以上、コミューンの決定に基づくものとする

―――――――――――――
リハビリ担当者名
ヘリューダ　コミューン
社会福祉課
リハビリ担当
435　80　メルンリュッケ
電話　031-7246565　　　　　　　　　　　日付　2006年2月7日

ヘリューダ　コミューン
土木住宅課
435　80　モルンリュッケ

図7-1　スウェーデンにおける住宅改修の流れ

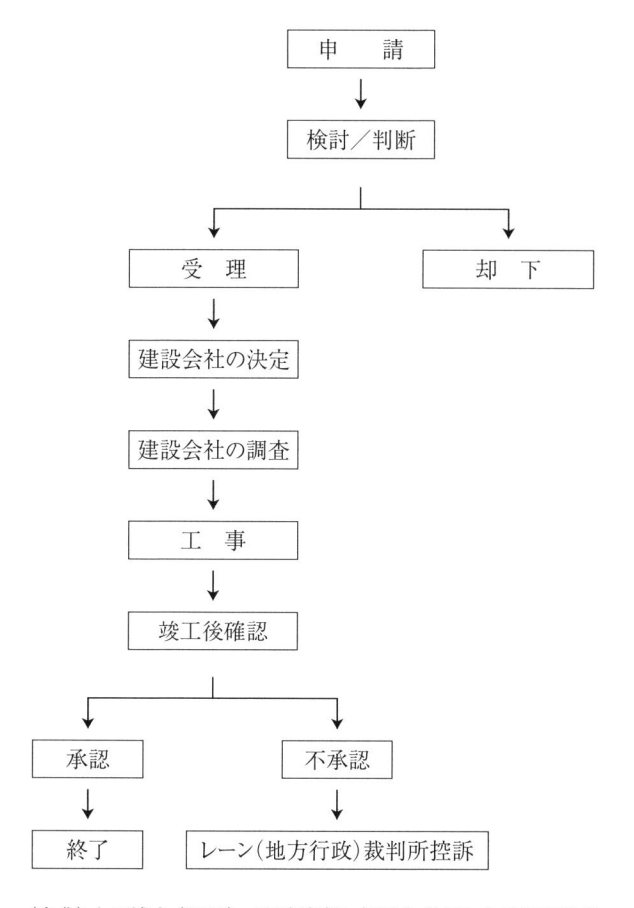

```
          申　請
            ↓
         検討／判断
         ↓      ↓
       受　理   却　下
         ↓
      建設会社の決定
         ↓
      建設会社の調査
         ↓
        工　事
         ↓
       竣工後確認
       ↓      ↓
      承認    不承認
       ↓      ↓
      終了　レーン（地方行政）裁判所控訴
```

（出典）上田博之（2003）＜研究資料＞福祉先進国における高齢者
　　　に対する住宅改修、大阪市立大学生活科学研究誌、Vol.2　p.4。

住宅改修で用いることが想定されている素材はスタンダードなものである。住宅改修後も不用になれば回収し、別の申請者に再利用するのであるからスタンダードな品質で十分ということである。このリサイクルの考え方は、住宅改修に留まらず福祉用具・補助器具の場合も同様である。スウェーデンにおいて、少しでも素材や材質にこだわる申請者の場合に

は（例外的だと思われるが）自己負担をしなければならない。

　日本の介護保険の住宅改修サービスについても、問題点がないわけではない。2006年度から保険者の市区町村に住宅改修の事前申請をすることになったので、これまでのような住宅改修をめぐるトラブルは少なくなる可能性はあるものの、依然として住宅改修施工事業者の資格については規定がない状況である[8]。この住宅改修施工事業者の資格について規定がない状況は、スウェーデンにおいても共通に見られる問題点である。

▶5　結論と今後の課題

　スウェーデンの住宅改修サービスは、極めて望ましい形で要介護高齢者や障害者に提供されている。すなわち、申請回数に制限がなく、また住宅改修補助金の受給回数にも制限がない。加えて、住宅改修が可能な範囲も日本に比べて著しく広い。日本の介護保険の住宅改修サービスでは、階段昇降機やホームエレベーターを設置することはできないのでここに大きな違いが見られる。

　筆者の調査に対して、協力の得られたコミューンのデータは極めて限定的である。しかし、その中からも、平均改修費用（住宅改修総費用を利用者人数で割った平均費用）にはコミューン間格差が7倍前後見られた。具体的には、2004年は約6.7倍、2005年は約7.3倍のコミューン間格差が確認できた。加えて、65歳以上人口あたりの住宅改修サービス利用率を見ても、2004年の5倍弱、2005年の6倍弱とコミューン間格差が確認できる。

　コミューンによって、在宅の高齢者や障害者の改修前の住宅の質にそれほど大きな差があるとは考えにくい。何故、平均改修費用と住宅改修サービス利用率の二つについてコミューン間に格差が生じるのかを、今後継続して調査する必要がある。総費用や平均改修費用に差が生じると

いうことは、取りも直さず、各申請者が得られる補助金額にも差があることを意味している。各コミューンで住宅改修部分で用いる素材や材質のスタンダードについて、その理解の仕方に差があるということも仮説的に考えられる。また、作業療法士や医師が係わる住宅改修証明書の書き方、住宅改修ニーズの表現方法に差が生じている可能性もある。いずれも、今後の課題としなければならない。

──────（引用文献註）──────

(1) 上田博之（2003）「〈研究資料〉福祉先進国における高齢者に対する住宅改修」『大阪市立大学生活科学研究誌』、Vol.2、4ページ。
(2) 奥村芳孝（2005）『スウェーデンの高齢者・障害者ケア入門』筒井書房、43ページ。
(3) 上田博之（2003）前掲書、4ページ。
(4) 同上書、4ページ。
(5) 同上書、4ページ。
(6) 同上書、4ページ。
(7) 同上書、4ページ。
(8) 西下彰俊（2006）「日本の介護保険制度下における住宅改修サービスの現状と課題」高齢者住宅財団『いい住まい　いいシニアライフ』Vol.72、21ページ。

第8章

日本における住宅改修サービスの現状と課題

▶1 はじめに

　住宅改修（あるいは住宅改造）サービスは、介護保険がスタートした2000年度以前から各自治体で実施されてきた。介護保険制度導入以前は要介護の程度や所得により補助が受けられない場合もあったが、介護保険制度が誕生したことにより、要介護認定を経て「要支援1・2」（予防給付）または「要介護1～5」（介護給付）に判定されると、すべての被保険者が一律10％の自己負担でサービスが得られるようになった[1]。
　ここでは、介護保険により普及しつつある、そして在宅生活の継続を可能にする条件の一つである住宅改修サービスに焦点を当て、ケアマネジャーの役割と関連づけながらその現状と課題について検討する。

▶2 住宅改修サービスの内容

　介護保険制度下の住宅改修サービスは、介護保険法の「第4章　保険給付、第3節　介護給付」のもとで「居宅介護住宅改修費の支給」として以下のように規定されていた。

　　第45条　市町村は、居宅要介護被保険者が、手すりの取り付けその他の厚生労働大臣が定める種類の住宅の改修（以下「住宅改修」

という。）を行ったときは、当該居宅要介護被保険者に対し、居宅介護住宅改修費を支給する。
2 　居宅介護住宅改修費は、厚生労働省令で定めるところにより、市町村が必要と認める場合に限り、支給するものとする。
3 　居宅介護住宅改修費の額は、現に当該住宅改修に要した費用の額の百分の九十に相当する額とする。
4 　居宅要介護被保険者が行った一の種類の住宅改修につき支給する居宅介護住宅改修費の額の総額は、居宅介護住宅改修費支給限度基準額を基礎として、厚生労働省令で定めるところにより算定した額の百分の九十に相当する額を超えることができない。
5 　前項の居宅介護住宅改修費支給限度基準額は、住宅改修の種類ごとに、通常要する費用を勘案して厚生労働大臣が定める額とする。
6 　市町村は、前項の規定にかかわらず、条例で定めるところにより、第四項の居宅介護住宅改修費支給限度基準額に代えて、その額を超える額を、当該市町村における居宅介護住宅改修費支給限度基準額とすることができる。
7 　居宅介護住宅改修費を支給することにより第四項に規定する総額が同項に規定する百分の九十に相当する額を超える場合における当該居宅介護住宅改修費の額は、第三項の規定にかかわらず、政令で定めるところにより算定した額とする[(2)]。

　以上が、介護保険法で規定された住宅改修に係る条文である。
　介護保険下の住宅改修として保険給付が得られるサービスの具体的内容は、①手すりの取り付け、②段差の解消、③滑り防止および移動の円滑化等のための床または道路面の材料の変更、④引き戸等への扉の取り替え、⑤洋式便器等への便器の取り替え、⑥その他①～⑤の住宅改修に付帯して必要となる改修の六つである。

財団法人高齢者住宅財団が介護保険施行8か月後に実施したアンケート調査[3]によれば、住宅改修の実績のあった1,054件のうち住宅改造の内容で最も多かったのは（複数回答を許す条件のもとで）、①の手すりの取り付けで、95.5％であった。以下、②の床段差の解消の80.9％、⑤の洋式便器等への便器の取り替えの65.8％、④の引き戸等への扉の取り替えの49.5％、③の床材の変更の44.9％と続いている。

同調査によれば、住宅改修の場所としては便所が最も多く92.8％、以下、浴室の90.3％、洗面・脱衣室の60.9％、廊下の56.3％、玄関の47.7％、階段の45.4％と続いている[4]。

▶ 3　介護保険下の住宅改修の実績

表8－1は、厚生労働省の「介護保険事業状況報告月報（暫定版）」に関し、2005（平成17）年9月を起点に過去1年分遡り、介護保険の各サービスについて要介護度別に保険給付の額の平均値を算出したものである。居宅介護（支援）サービスは、要支援と要介護を合わせて、施設介護サービスとほぼ同額の約2,346億円の保険給付を行っている。居宅介護（支援）サービスの内訳を見ると訪問通所サービスが最も多く68.4％（1,604億9,400万円）、以下、その他の単品サービスの20.5％（481億4,800万円）、短期入所サービスの9.3％（219億1,100万円）と続いている。住宅改修費の場合は、約1.3％（約31億5,900万円）と介護保険全体に占める保険給付の割合は極めて小さい。福祉用具については、貸与の131億6,600万円と購入の9億3,500万円を合わせて141億100万円で約6％となる。

この保険給付を要介護度別に月額平均値を見ると（旧制度時のデータであり要介護度も旧区分である）、住宅改修も福祉用具購入も「要介護1」で最も給付額が大きくなっており、この傾向は訪問介護、通所介護、通所リハビリテーション、特定施設入所者生活介護、居宅介護支援などのサービスでも確認できる。住宅改修サービスに関して給付額で2番目に

第8章 日本における住宅改修サービスの現状と課題

表8-1 保険給付決定状況（2004年10月分～2005年9月分）の平均値

(単位：百万円)

種類		非該当	要支援	要介護1	要介護2	要介護3	要介護4	要介護5	総額
居宅介護（支援）サービス			16,101	67,720	43,605	42,986	35,452	28,783	234,648
	訪問通所介護サービス		11,262	48,838	29,072	28,082	23,014	20,226	160,494
	訪問介護		4,386	16,426	8,819	7,957	7,445	7,827	52,859
	訪問入浴介護		3	111	213	477	1,006	2,272	4,081
	訪問看護		186	1,599	1,336	1,458	1,717	2,939	9,235
	訪問リハビリテーション		11	86	72	80	86	99	434
	通所介護		4,161	18,062	10,842	10,768	7,145	3,494	54,471
	通所リハビリテーション		1,622	9,001	5,560	5,171	3,419	1,474	26,249
	福祉用具貸与		893	3,554	2,231	2,172	2,197	2,120	13,166
	短期入所サービス		80	2,212	3,249	5,206	6,140	5,023	21,911
	短期入所生活介護		64	1,712	2,502	4,094	4,871	3,864	17,107
	短期入所療養介護（老健）		14	453	682	1,009	1,121	910	4,188
	短期入所療養介護（病院等）		2	47	66	103	149	249	615
	その他の単品サービス		4,001	15,129	10,569	9,108	5,949	3,392	48,148
	居宅療養管理指導		56	348	285	296	305	391	1,681
	認知症対応型共同生活介護			4,778	5,663	5,109	2,568	707	18,824
	特定施設入所者生活介護		248	1,920	1,238	1,342	1,382	1,035	7,165
	居宅介護支援		3,697	8,083	3,384	2,361	1,694	1,260	20,479
	福祉用具購入費		110	310	177	170	115	53	935
	住宅改修費		648	1,231	538	420	234	89	3,159
施設介護サービス		4	29	15,888	25,285	44,038	70,902	81,923	238,069
	介護老人福祉施設		4	29	5,707	9,982	18,533	33,187	36,851	104,293
	介護老人保健施設				9,239	13,524	20,277	23,434	15,249	81,722
	介護療養型医療施設				943	1,780	5,228	14,281	29,823	52,054
合計		4	16,130	83,608	68,890	87,024	106,353	110,706	472,716

(注) 数値は、百万円未満を四捨五入しているため、計に一致しない。

多いのが要支援であり、以下要介護2、要介護3、要介護4、要介護5と続いている。福祉用具購入サービスの給付額に関して2番目に多いのが要介護2であり、以下要介護3、要介護4、要支援、要介護5と続いている。

▶4　ケアマネジャーの限界と期待

そもそもケアマネジャーは介護保険制度発足とともに誕生した資格であり、ケアマネジャーになるまで住宅改修の仕事に携わったことのある人はごく一部にすぎない。ケアマネジャーの研修でも住宅改修の情報が得られないことが多いので、結局ケアマネジャーが自己努力により住宅改修サービスに関する理解を深めるしか方法がないのが現状である。

住宅改修の目標が、当該要介護高齢者が住み慣れた自宅で生活を継続させることにあることからすれば、改修前だけでなく改修後に利用者の生活ぶりを確認することはケアマネジャーにとっては当然の責任である[5]。しかし、このモニタリングをケアマネジャーだけに任せることは、この職種の果たすべき職務の広がりを考慮するならば現実問題として困難であろう。

そこで、今後考えるべきは、ケアマネジャーが住宅改修の時期を挟んで、訪問を組み込んだケアプランを作成することである。例えば、理学療法士や作業療法士による訪問リハビリテーションのサービスが提供される日に当該ケアマネジャーが出向き、リハビリテーション専門職とともに住宅改修後の効果を直接確認することが必要となろう。

▶5　住宅改修をめぐる不正受給の可能性とその防止

住宅改修に関しては、事業者指定の制度がないために不正受給が発生する可能性が高いと言わなければならない。介護保険がカバーする住宅

改修の内容は、前述（129ページ）の①から⑥に限定されるが、例えば、要介護高齢者の専用部屋に冷暖房器具を取り付けるといった悪質なケースがないわけではない。

　利用者は、例えば本来10万円の冷暖房器具を介護保険の制度内で処理してもらえれば、１割の自己負担即ち１万円で購入することができる。工務店などの住宅改修業者は、偽りの領収書を作成して利用者に渡せば貸しをつくることになり、介護保険の20万円の枠内での追加の住宅改修をさせてもらえる。さらには、自治体独自の制度としての住宅改造を実施する業者として当該利用者に選んでもらえることになる。

　ケアマネジャーは、利用者の冷暖房器具が欲しいという生活ニーズを満たすことで利用者に喜ばれ、利用者本人の介護ニーズに必ずしも合致しない自社のサービスをケアプランに組み込むというサービスの囲い込みも比較的容易となる。住宅改修サービスの利用者自身は弱みを握られることになるので、囲い込みという問題のあるケアプランに従うことにもなろう。当事者三方がそれぞれ得をするが、不正受給の被害にあって損害を受けるのは保険者の介護保険財政である。

　防止策としては、他の介護保険の諸サービスと同様、指定事業者制度を導入することである。対策はこれに尽きる。2005年にインタヴューしたところ、厚生労働省老健局振興課福祉用具住宅改修指導官は「住宅改修が小規模な改修であることに鑑み、施工事業者指定の必要性を認めていない」と言う。この判断を示す根拠となる文書は公にされておらず、内部資料に示されているのみであるとのことであった。

　例えば、1999年12月に介護認定を受け、2000年４月から2006年３月末まで要介護３の高齢者が毎月10万円のホームヘルプサービスを受けているとしよう。合計720万円の９割にあたる648万円が保険者である市区町村の介護保険の財源から指定事業者に支払われ、高齢者は自己負担分として72万円を介護保険の保険者に支払っている勘定になる。それに対して、要介護高齢者が過去６年間に一度だけ住宅改修を利用した場合、合

計20万円の9割にあたる18万円が保険者である市区町村の介護保険の財源から改修施工業者に支払われ、高齢者は自己負担分として2万円を介護保険の保険者に支払う[★1]。

この例の場合、住宅改修のコストはホームヘルプサービスのコストの36分の1にすぎない。しかし、だからといって制度設計上、不正な執行や要介護高齢者の自立支援に到底プラスにならないような無駄な改修が行われてよいという理由にはならない。

▶6　住宅改修サービスに関する新しい枠組み

これまで、住宅改修費は、居宅要介護者等が住宅改修を行ったときに事後の申請と審査により、保険者である市区町村が償還払い[★2]で当該被保険者に支給してきた。ところが、事前に支給の申請書を提出することがこれまで義務づけられていなかったために、悪質な業者が適当でない住宅改修を行い、その費用が支給されずにトラブルが発生したり、利用者の状態に合った住宅改修が行われなかったりした。

そのため、2006年度の改正により、住宅改修費（居宅介護住宅改修費と介護予防住宅改修費を含む）について、事後の審査だけでなく、予め保険者に申請書を提出しその審査を受ける事前申請制度がスタートした。

それに伴い、市区町村長は、住宅改修費の支給に関して必要を認めるとき、住宅改修を実施する者等に対して、報告・帳簿書類の提出・提示を命令すること、出頭を求めること、職員に関係者に対し質問させること、事業所に立ち入り帳簿書類その他の物件を検査させることができることとなった。

具体的には、以下の第45条第8項・第9項が介護保険法に付け加えられた。

　　8　市町村長は、居宅介護住宅改修費の支給に関して必要があると

認められるときは、当該支給に係る住宅改修を行う者若しくは住宅改修を行った者（以下この項において「住宅改修を行う者等」という。）に対し、報告若しくは帳簿書類の提出若しくは提示を命じ、若しくは出頭を求め、又は当該職員に関係者に対して質問させ、若しくは当該住宅改修を行う者等の当該支給に係る事業所に立ち入り、その帳簿書類その他の物件を検査させることができる。

9　第24条第３項の規定は前項の規定による質問又は検査について、同条第４項の規定は前項の規定による権限について準用する(6)。

2006年度からスタートした事前申請制度における住宅改修費利用の手順をまとめると、以下のようになる。まず第１に、住宅改修費についてケアマネジャーなどに相談する。第２に、住宅改修サービスを希望する被保険者は、支給申請書等を保険者へ提出する。提出書類は、①支給申請書、②住宅改修が必要な理由書、③工事費見積書、④住宅所有者の承諾書（住宅改修を行った住宅の所有者が当該サービスの利用者でない場

★1　同一被保険者の同一の住宅改修について20万円が限度とされているが、要介護度が３段階以上悪化した場合（ADLが悪化した場合）には、住宅改修ニーズが変化したと理解され、再度20万円の範囲で住宅改修をすることができる。2005年度までの要介護区分で言えば、①要支援→要介護３、②要支援→要介護４、③要支援→要介護５、④要介護１→要介護４、⑤要介護１→要介護５、⑥要介護２→要介護５の６パターンであった。2006年度からは要支援１、要支援２の区分が導入されて予防給付がスタートしたが、住宅改修サービスに関しては「要支援２」は「要介護１」と同等と見なされるため、20万円の範囲内で住宅改修サービスを再度利用することができるのは同じく６パターンとなる。

★2　保険者によっては2001年度あたりから償還払い方式だけでなく、「受領委任方式」を併用しているところもある。受領委任方式とは、利用者の全額現金を用意しなければならないという一時負担を軽減するため、利用者が事業者に介護給付費の受領を委任した場合、利用者は事業者に費用の１割分だけ支払い、残りの９割は保険者が事業者に直接支払うという方式のことである。

合のみ）である。第3に、保険者は提出された申請書等について審査する。第4に、工事が施工される。第5に、住宅改修サービス利用者は、工事終了後に領収書等を保険者へ提出する。提出書類は、①住宅改修に要した費用に係わる領収書、②工事費内訳書、③住宅改修の完成後の状態を確認できる書類（便所、浴室、廊下等の箇所ごとの改修前および改修後それぞれの写真が必要であり、原則として撮影日が分かるもの）である。第6に、保険者は住宅改修サービス利用者の心身の状況、住宅の状況等を勘案して必要と認められる場合に限り住宅改修費を支給する。

なお、2006年度からスタートした新しい介護保険制度では、「介護予防」の枠組みが導入された。介護保険法第57条に九つの項にわたり示され[7]、介護予防給付の対象者に対して介護予防住宅改修費が設定された。

さて、厚生労働省が発表した「平成18年度介護報酬等の改定について－骨子－」によれば、「福祉用具貸与・販売」については2006年度より2点の大幅な変更が見られる。すなわち、具体的な変更として、まず第1に、「要支援1・要支援2」および「要介護1」の者に対する福祉用具の貸与については、要支援者の自立支援に十分な効果を上げる観点から現行の「福祉用具の選定の判断基準」を踏まえつつ、その状態像から見て利用が想定しにくい以下の品目、車いす、床ずれ防止用具および体位変換器、認知症老人徘徊感知器、移動用リフトについて原則として保険給付の対象としないこととなった。一定の例外となる者としては、特殊寝台（介護ベッド）の場合、日常的に起きあがりが困難な者もしくは日常的に寝返りが困難な者であり、起きあがり、寝返りなどの判断については、要介護認定データを活用して客観的に判断することとなっている。

すでに、福祉用具貸与を受けている利用者に対しては、2006年4月から6か月間の経過措置が取られた。第2に、福祉用具販売について事業者指定制度を導入することとなった。★3 先に指摘したように、住宅改修サービスに関しては事業者指定が2006年度以降も行われておらず、その

点が住宅改修サービスの大きな問題点であるが、福祉用具販売サービスに関しては事業者指定制度を導入することによって一歩前進したと言える。

先に述べたように、厚生労働省は、2006年4月に「要支援1」、「要支援2」、「要介護1」の高齢者に対する福祉用具の貸与を制限した。ところが、2007年4月より福祉用具の貸与に関する判断基準を見直すと2007年2月の段階で決定したのである。具体的には、「要支援1」、「要支援2」、「要介護1」の要介護度であっても、高齢者がパーキンソン病、末期がん、呼吸器疾患などの疾病により状態が変化しやすい場合には、医師の判断などにより例外的に介護ベッド（特殊寝台）の利用を認めることにしたのである[8]。

例外的に、介護ベッドの利用を認める際の条件の詰めの作業、つまり三つの疾病だけが高齢者の状態を変化させる疾病なのかどうかの判断、医師が認めたあとにサービス担当者会議でケアマネジメントの適切さを判断する方法、保険者である市区町村がサービス担当者会議の判断を確認する過程など、短期間に詰めなければならない課題が山積である。1年で方針を変更するというのは、2000年度にスタートした介護保険の過程の中でも稀有である。2006年度の制度改正時点で、状態が変化しやすい特定疾病をもつ軽度者へもう少し配慮すべきではなかったのか。朝令暮改は制度への信頼を失墜させる。

▶7　結論と今後の課題

住宅改修サービスにおけるケアマネジャーの役割の重要性を再認識した上で、住宅改修サービスが展開される前と後でケアマネジャーが理学療法士や作業療法士と連携してサービス利用者の住宅改修に関わる必要

★3　2006年3月までは「福祉用具購入」という表現を用いていたが、4月より「福祉用具販売」という表現が用いられている。これも変更の一つである。

があることを提案した。さらに、ケアマネジャーが不適切な住宅改修に関与する可能性があることも指摘した。さらに、2006年度からスタートした住宅改修の事前申請システムの概要を具体的に明らかにした。

　今後の課題としては、何故厚生労働省が住宅改修サービスに対して、事業者指定を行わないのか、その理由に関し他の諸サービスとの公平性という観点から明らかにすることである。

　住宅改修はほかのサービスに比べれば介護保険全体に占めるコストは小さいものの、要介護高齢者の日常的自立支援、生活の継続性という点からは極めて重要性の高い必要不可欠なサービスである。サービス費用が、そして改修範囲が少額小規模であるかどうかは問題ではない。不適切な施工はかえって要介護高齢者の自立を妨げるものであり、自立支援にはならない。住宅改修サービスのそうした構造的問題を速やかに解決することが喫緊の課題の一つである。

―――――――(引用文献註)―――――――

(1) 高橋晴美（2002）「各専門職のアイデアをケアプランに生かそう」環境新聞社編『月刊ケアマネジメント』2002年12月、12ページ。
(2) 福祉小六法編集委員会編（2005）『福祉小六法（2005年版）』みらい、451～2ページ。
(3) （財）高齢者住宅財団（2002）『介護保険制度における住宅改修と福祉用具の効果的な活用の推進に向けた調査研究報告書』12ページ。
(4) 同上書、20ページ。
(5) 金沢善智（2002）「住宅改修とそのモニタリングの重要性」環境新聞社編『月刊ケアマネジメント』2002年12月、14ページ。
(6) 福祉小六法編集委員会編（2007）『福祉小六法（2007年版）』みらい、459ページ。
(7) 同上書、467ページ。
(8) 環境新聞社『シルバー新報』2007年2月23日付。

第 2 部

スウェーデンと日本の ケア実践に関する 構造的問題

第9章

スウェーデンにおける介護スタッフの勤務スケジュールの現状と問題点

▶1 グループホームの誕生

　日本がモデルとしたスウェーデンの認知症高齢者のためのグループホームは、どのような背景から生まれてきたのであろうか。

　スウェーデン最初のグループホームは、1977年にストックホルム郊外のウップランズブロ（Upplands-bro）コミューンに誕生した「ロビュヘメット」である[1]。8年遅れで、「バルツァゴーデン（Baltzargården)」というグループホームがモータラ（Motala）コミューンに開設された。このホームは、バルブロ・ベック＝フリス（Barbro Beck-Friis）医師が実験的に開設したもので、独立した一戸の住居であった。

　その後、このグループホームのユニークな実践が日本に紹介されたのを契機に、日本においてもグループホームの重要性が認識され、「ことぶき園」（1987年開設、出雲市）や「函館あいの里」（1991年開設、函館市）、「もみの木の家」（1993年開設、秋田市）などが徐々に開設されるようになった。1985年に誕生したバルツァゴーデンが一戸建てであったために、日本で建設されるときにも一戸建てであることが基本的な前提であるかのように理解されているが、決してそのようなことはない。

　ストックホルム、ウプサラ、スンスヴァル（Sundsvall）、ニューショーピング（Nyköping）、ルンド、リンショーピング、ヨンショーピング（Jönköping）、ノルショーピング、ヘリューダ、マルメ、ヨーテボリな

> コラム　バルブロ・ベック＝フリス

　バルブロ・ベック＝フリス医師は、1931年ストックホルムに生まれ、ウプサラ大学で医学教育を受けた後、25年近くにわたってモータラ病院に勤務し、医局長や院長を務めた。1996年からシルビア王妃を会長とする認知症高齢者のためのデイサービス施設「シルビアホーム」の役員を務め、認知症高齢者の看護の専門家（シルビアシスター）を目指す看護師の育成指導にあたっている。

　フリス医師の功績として特筆すべきことは、スウェーデンにおいて第2の認知症高齢者のためのグループホーム実践で成果を挙げたことだ。彼女は、1985年2月に、モータラコミューンの住宅地にあった2階建ての一戸建て民家を利用し、6名の認知症高齢者をケアするグループホーム・バルツァゴーデンをスタートさせた。フリス医師は、3年間にわたるケア実践記録を『At Home at Baltzargården』というタイトルで出版した。『スウェーデンのグループホーム物語』（山井和則・近澤貴徳訳、ふたば書房、1993年）というタイトルで日本語にも翻訳され、現在もその本の影響力は大きい。

バルツァゴーデン全景

　どスウェーデン南部の都市部を中心に筆者が訪問した範囲では、少なくとも一戸建てのグループホームを見かけることはなかった。スウェーデン北部や過疎地の事情は明らかではないが、おそらく一戸建ては存在するとしても少数であろう。スウェーデン最初のグループホームであるロビュヘメットも3階建ての一般アパートの1階5世帯分を改築したものであって、決して一戸建てではない。

　グループホームの大多数は、ナーシングホームと同じ建物の中にある。

スウェーデンでは、グループホームもナーシングホームもユニット制であり、1ユニットが10名から12名で構成されている。一つあるいは二つの建物の中に複数のユニットが存在し、グループホームやナーシングホームとの合築であることが多い。

したがって、グループホームというよりもむしろ「グループリビング」と表現したほうが望ましい。少なくとも、グループリビングと表現するほうが一戸建てでなければならないといった誤解を招かないと言えよう。

以上の説明はスウェーデンの現状を記述したものであって、日本における一戸建てのグループホームの社会的な価値を否定するものではない。日本に適したグループホームのあり方を模索することは重要なことである。ここで問題にしているのは、日本で有名になったスウェーデンのグループホームがたまたま一戸建てであっただけであるにもかかわらず、グループホームの一般的なスタイルであると誤解し、十分に検討することもなく機械的に一戸建てのグループホームを建設してきた、あるいは建設しようとするという安直な姿勢である。

スウェーデンの場合、グループホームはすべて個室、ナーシングホームもほとんどが個室になっている。つまり、QOLの高い生活が社会的に保障されているのである。この個室であることは、極めて重要な社会的意味をもつ。ベッド以外はかつて自宅で使っていた愛着や思い出のある家具・調度類も持参することができるので、介護の付いた特別住宅への心理的・社会的適応がスムーズに行く。なお、ベッドだけは介護スタッフの業務に合わせて高さや角度が自由に調節できる木製のベッドが施設により用意されている。

他方、日本では、最近個室を設ける特別養護老人ホームも少しずつ増えてきているが、大半は2人部屋もしくは4人部屋となっている。2003年度以降、新設の特別養護老人ホーム（介護老人福祉施設）は個室が原則になっているが、これまでの特別養護老人ホームでは入所に際して持ち込めるのは段ボール数箱程度であった。

日本のグループホームや新設されつつある新型特別養護老人ホームにおいては、入居者は個室に住むことになる。しかしながら、残念なことに、スウェーデンに比べれば日本のそれは圧倒的に面積が狭いことが紛れもない事実である。スウェーデンのグループホームやナーシングホームの個室の面積は28㎡〜54㎡と広く、快適な物理的居住環境が確保されている。他方、日本では、新型の特別養護老人ホームの個室でも面積は約13㎡（約8畳）しか専有できず、スウェーデンの半分以下となっている。

　さらに、グループホームに関して入居後の経済的なコストを見ると、両国に大きな開きがある。スウェーデンでは認知症であるという医師の診断書があれば、コミューンの措置によりグループホームに入居することができる。所得（年金収入）が少ない場合には住宅補助金が得られ、グループホームにおける介護費用も少額ですむ。さらに、リザーブド・アマウントとして国が定めた額を手元に残すことができる。日本のグループホームは個別契約であり、グループホーム側の決めた費用（平均的な費用は1か月20万円から25万円）を支払えなければ入居できたとしても継続することができない。

　スウェーデンにおいてグループホームはユニバーサルな存在であり、経済的な理由から排除されることはない。医師の診断書とコミューンのニーズ判定員によってグループホームへの入居が適切であると判断されれば、経済的な水準に関係なく入居することができる。日本のグループホームは、経済的な条件から入居が不可能になる認知症高齢者が少なくない。ここに、著しい格差が存在する。

▶2　高齢者ケア施設での新しい取り組みとしてのスヌーズレン

　スウェーデンのグループホームやナーシングホームで最近注目されているケア実践の方法の一つに「スヌーズレン（Snoezelen）」というものがある。2003年3月、グループホームにおける「感覚統合療法」のための

部屋を見学する機会を得た。視察したグループホームは、ストックホルム郊外のソルナコミューンにある「ポールヘムスゴーデン」である。[★1]

　このグループホームで実践されている感覚統合療法が「スヌーズレン」と呼ばれるものであった。河本佳子の『スウェーデンのスヌーズレン』によれば、スヌーズレンとは、オランダ語で香りを嗅ぐという意味のスヌーフェレン（snuffelen）と、ウトウトする惰眠状態を示すドーセレン（doezelen）の合成語のことである。1980年代後半、オランダのハーテンバーグ（Hartenberg）というダウン症などの知的障害児居住施設で始められ、アド・フェルフール（Ad Verheul）氏とジャン・ハルセージ（Jan Hulsegge）氏が発展させ、今ではイギリス、ベルギーなどヨーロッパ全体に広がりを見せている[(2)]。

　ポールヘムスゴーデンでは、認知症高齢者のための精神的に安定させる場所として「白い部屋」という名前の専用部屋が設けられ、そこでス

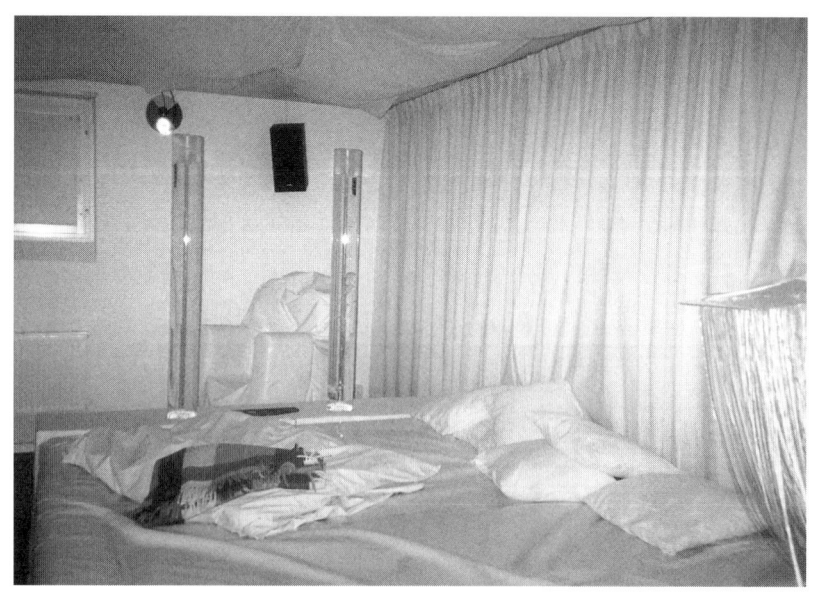

スヌーズレンの部屋にあるウォーターベッド
（身体全体を水の動きに合わせる）

ヌーズレンが実践されている。スヌーズレンは、光、音、触覚を通じて知的障害者や認知症高齢者の感覚を刺激することを目的としており、この実践によって認知症高齢者の攻撃的行動や不安を取り除き、安心感や心の安寧を得ることができるのだ。

ポールヘムスゴーデンのスヌーズレンの部屋には、ミラーボール、大きなウォーターベッド、バブルユニット、白い椅子、等身大の鏡などが備え付けられている。ウォーターベッドには赤白柄のブランケットが置かれ、自由に寝そべりリラックスすることができる。透明で円筒の形をしたバブルユニットは、内部に水が入っており、下から上昇する空気の泡を、下部に埋め込まれた数色のライトで照らし出すように設計されている。きわめて幻想的である。白い椅子は両脇が高めになっており、利用者が固定されるような設計になっている。そして、白色のカーテンには黄色、青色、緑色の蝶が付けられている。

等身大の鏡の側には、ピンク色の手提かごに布の切れ端が入れてある。どうやら、布の手触りのよさが心を癒すようである。そして、天井からは白い布が柔らかい曲線を描きながら垂らされており、ソフトな空間を演出している。また、ミラーボールを点灯させることにより、変化に富んだ幻想的な空間にすることも可能となっている。癒しの音楽も流れており、一種独特な空間を演出している。

認知症高齢者が白い部屋を利用する場合、介護スタッフ同伴のもと20分から30分が標準的な利用時間と言われている。白い部屋には様々な設備が備えられているが、入居者ごとに利用する設備は異なる。つまり、

★1　1997年に建設された。5階建てで、1階には、受付、事務室、ホール、セラピー室、医務室、白い部屋、地域在住の認知症高齢者のためのデイケアセンターなどがある。2階から5階までがグループリビングとなっており、各階に21アパート（部屋）設けられている。10アパート（10名）で一つのグループリビングを構成しており、各階二つのグループリビングがある。各階中央部の1アパートは夫婦（カップル）用で、いずれのグループリビングにも属さない。各部屋の面積は部屋数によって異なるが、28～54㎡で8種類にタイプが分かれている。5部屋ごとに共同キッチンが設けられている。

利用者ごとに利用開始時点でどの設備が効果的かを入念に調べたうえで実践を行っているのである。

興味深いことに、ポールヘムスゴーデンでは、職員もストレスがたまったり疲労が重なったときには一人でその白い部屋を利用している。オランダで始められたときには、対象が知的障害児であったが、その後の実践を通して自閉症児（者）や認知症高齢者、施設職員と対象が広がっていった。ストレスは万人に共通であり、グループホームの職員がストレスマネジメントの一環としてスヌーズレンの「白い部屋」を利用することは至極当然のことであろう。

スウェーデンで最初に認知症高齢者のケアにスヌーズレンを導入したのは、スンスヴァルコミューンの「ユスタゴーデン（Ljustagården）」という介護の付いた特別住宅であると言われている。2005年3月にはこのユスタゴーデンを訪問した。驚いたことに、スヌーズレンを専門に担当していた2名の介護スタッフが他のグループホームに引き抜かれたためにスヌーズレンは中止され、スヌーズレン専用の設備や道具類が物置に山積みにされていた。スヌーズレンによる療法の指導者を各現場で養成しなければユスタゴーデンの二の舞となってしまうので、十分に留意しなければならない。

日本の特別養護老人ホームあるいはグループホームでも、スヌーズレンのための空間が確保できれば導入が検討されてよいと考える。外国の成功事例をやみくもに導入する姿勢は問題であるものの、あらかじめ予想される効果を実験的に検証した上で、さらに日本的なアレンジを加えるという慎重な姿勢をもちつつ積極的に導入を検討することが重要である。

韓国の大田市にある大田保健大学を2007年2月に訪問した。この大学が運営している「Lee Hospital」（Tel.042-670-9651）には、ポールヘムスゴーデンとまったく同じスヌーズレンが設けられている。この病院の場合、ウォーターベッドの中にボディーソニックのシステムが組み込ま

れており、ポールヘムスゴーデン以上に認知症の高齢者の精神的な安寧が全身で得られるような工夫がなされていた。

ところでポールヘムスゴーデンと言えば、第6章でも述べたように、1997年に准看護師サーラ・ヴェグナートさんがマスコミの取材に答えたことにより、入居している認知症高齢者に対する虐待の事実が明るみに出たグループホームである。虐待が発生したポールヘムスゴーデンでスヌーズレンが導入された経緯は不明であるが、事件が起きたことで逆に新しい試みを導入しやすい環境が整ったのではないかと考えられる。

▶3　ヘリューダコミューンにおける介護スタッフの勤務スケジュール

スウェーデンの高齢者ケアを扱った先行研究では、介護スタッフの延べ人数と入居者の人数を極めて単純に比較しただけで事足れりとしている場合がほとんどすべてである。岡田耕一郎が著した「スウェーデンの老人ホームにおける介護サービス組織の構造」という論文では、研究者が視察時にフロアにいる職員数を聞き、日本の施設の状態と比較するという大雑把な見積りをしていることが大きな原因であると断言している[3]。これには、筆者もまったく同感である。

こうした先行研究の怠慢を超えるべく、ここではいくつかのコミューンを取り上げ、当該コミューンの一般的なナーシングホーム、グループホームの介護スタッフの勤務スケジュールの詳細を紹介し、介護スタッフと入居者の比率を含めて高齢者ケアの問題点と今後の課題を明らかにする。

（1）ユニット・リッラローダの場合

まず、2003年3月に筆者が訪問したヘリューダコミューンを取り上げる。このコミューンは、スウェーデン第2の都市ヨーテボリから東へ約20kmの所に位置し、総人口約3万人、65歳以上の高齢者人口約3,500人

セテリーゴーデンの全景

セテリーゴーデンにあるユニットの居間
（寛ぎの空間）

セテリーゴーデンの電光掲示板
（入居者のコールがあれば数字が赤で表示。介護スタッフが対応すると数字が消える）

夏場にはベッドごと屋外で1年分の日光浴

の町である[4]。ヘリューダには五つの「介護の付いた特別住宅」があるが、そのうち筆者が直接調査した「セテリーゴーデン（Säterigården）」の勤務スケジュールについて紹介する。

1998年に開設されたセテリゴーデンには三つのユニットがある。この介護の付いた特別住宅は3階建てで、1階は「リッラローダ（Lilla råda）」と呼ばれ、要介護度の高い高齢者8名が入居しているユニットである。2階には「エクリデン」と呼ばれる認知症高齢者12名が入居するユニットが、3階には要介護高齢者12名が入居する「フリードヘム」というユニットがある。**表9－1**から**表9－4**は、このうちのリッラローダというユニットに関する介護スタッフの日勤（6：45～22：00）の勤務スケジュール（arbetstidsschema）を示している[5]。

スウェーデンの高齢者ケア施設では、4週間から8週間で1サイクルが終了する勤務スケジュールを採用している所が一般的である。ヘリューダでは、4週間で1サイクルが終了する勤務スケジュールを採用している★2。昼間・夜間は全部で8名の介護スタッフ（**表9－1**において、AからHとアルファベットで表記）が分担して8名の高齢者のケアを担

表9－1　第1週の勤務パターン

	月	火	水	木	金	土	日
A	—	8-14	15-21	15-22	—	—	—
B	8-13	—	14-22	8-14	—	—	—
C	—	—	—	6:45-15	6:45-15	—	—
D	15-22	6:45-11:30	6:45-14:45	—	14-21	6:45-21	8-22
E	7:30-15	15-22	8-14	14-21	8-14	—	—
F	6:45-14	14:30-21	—	—	—	—	—
G	14-21	8-15:30	—	—	15:30-22	8-22	6:45-21
H	—	—	8-14	8-13	8-13	—	—

（資料出所）Härryda Kommun　内部資料　（出典）筆者作成。

★2　コミューンあるいはユニットにより、勤務スケジュールの1サイクルは異なる。

表9-2　第2週の勤務パターン

	月	火	水	木	金	土	日
A	8-14	13:30-16:30 ※	13:30-22	8-15	—	—	—
B	8-15	13:30-16:30 ※	—	6:45-11:30	8-14	15-22	6:45-15
C	14:30-21	6:45-16:30 ※	—	—	15-22	7:30-15	15-21
D	—	13:30-16:30 ※	6:45-14	—	—	—	—
E	6:45-14:30	8-16:30 ※	14:30-21	15-22	8-15	—	—
F	15-22	13:30-21	—	—	6:45-13:15	6:45-21	8-22
G	—	8-16:30 ※	8-15	8-14:30	—	—	—
H	—	13:30-22	—	14-21	14-21	—	—

（注）※は、介護スタッフ会議の時間を含む。
（資料出所）（出典）いずれも表9-1と同じ。

表9-3　第3週の勤務パターン

	月	火	水	木	金	土	日
A	8-14	8-14	6:45-15	—	14-22	8-22	6:45-21
B	—	—	—	8-14	14-21	—	—
C	—	—	8-14	6:45-14:30	8-15	—	—
D	15-22	8-15	8-14	14-21	—	—	—
E	8-15	—	—	—	—	6:45-21	8-22
F	—	14-21	15-21	8-15	—	—	—
G	14-21	6:45-14:30	14-22	—	—	—	—
H	6:45-13	15:30-22	—	15-22	6:45-14	—	—

（資料出所）（出典）いずれも表9-1と同じ。

当する。日勤（6：45～22：00）の介護スタッフは、准看護師（Undersköterska）が5名、介護士（Vårdbiträde）が3名勤務しており[3]、女性入居者6名、男性入居者2名合計8名の入居高齢者のケアを行っている。

　他方、深夜勤（22：00～6：45）は、この時間帯専門の介護スタッフ3名が3ユニット全体の介護を行っている。深夜・早朝の勤務スケジュールは3週間単位であり（表は省略）、3名が2日もしくは3日連続で担当する。このユニットでは、3名が3週間21日のうち6日から8

表9−4 第4週の勤務パターン

	月	火	水	木	金	土	日
A	—	—	15:30-22	8-14	—	—	—
B	8-14	6:45-13:15	6:45-14:30	15-22	—	6:45-15	15-22
C	—	—	8-15:30	8-15	15-22	15-22	6:45-15:15
D	—	—	15-21	14:30-21	6:45-14	—	—
E	6:45-13:45	—	—	—	—	—	—
F	14:45-22	13-21	—	6:45-14	8-15	—	—
G	8-14:30	8-14:30	8-13	—	—	—	—
H	14-21	15-22	—	—	14:30-21	8-21	8-21

（資料出所）（出典）いずれも表9−1と同じ。

表9−5 リッラローダにおける週ごとの労働時間　　　（単位：時間）

	第1週	第2週	第3週	第4週	合計時間	フルタイム換算（％）
A	19.0	24.5	56.5	12.5	112.5	76.0
B	19.0	36.0	13.0	42.5	110.5	74.7
C	16.5	36.75	20.75	37.0	111	75.0
D	55.0	10.25	27.0	19.75	112	75.7
E	33.5	36.75	35.25	7.0	112.5	76.0
F	13.75	49.25	20.0	29.5	112.5	76.0
G	49.25	22.0	22.75	18.0	112	75.7
H	16.0	22.5	27.0	46.5	112	75.7

（資料出所）（出典）いずれも表9−1と同じ。

日間ケアをする。3名とも、50％から66.7％のパートタイム勤務である。

表9−5は、日勤の介護スタッフ8名の週ごとの勤務時間とフルタイムで換算したときの割合を示している。**表9−1**から**表9−4**は休憩時

★3　本書では、准看護師と介護士（看護助手）を合わせて介護スタッフとする。どのユニットでも、准看護師が多く介護士は少ない。准看護師は、高等学校のケアコースを3年間履修するか、コミューンが主催する成人教育（ケアコース）を1年半履修することで得られる資格である。介護保健士と訳されることもある。介護士は、特別な資格をもたない助手のことである。

間を含めた勤務時間帯を示しているが、表9－5は休憩時間を除いた実際の労働時間を示している。極めて不規則な労働時間であることに加えて、週ごとの勤務時間のアンバランスな状況が確認できる。例えば、Aは第3週に56.5時間とかなりの長時間労働であるが、翌週の第4週は12.5時間と激減する。同様に、Dも第1週に55時間とかなりの過重労働であるが、翌週の第2週は10.25時間と激減する。

　筆者としては、こうした週あたりの勤務時間の大変動を「ジェットコースター・シフト」と名づけておきたい。スウェーデンの高齢者ケアの現場では、1週間で37時間労働する場合をフルタイムとしているが、[★4] 高齢者ケア施設のような不規則でありかつ労働負荷の高い職場で4週間に148時間働くというフルタイム労働は困難をきわめる。リッラローダユニットを担当する介護スタッフ8名全員が75％前後の労働時間となっているのは、自らの精神的・肉体的な健康を考えてのことであろう。

　4週間の勤務スケジュールのうち任意に第1週を選び、平日の月曜日と週末の日曜日に関し、時間の経過によって介護スタッフの人数がどのように変化するのかを図示したものが図9－1である（図中のアルファベットは、表9－1の介護スタッフのアルファベットに対応）。この図から、時間帯によって介護スタッフの数が変化していることが分かる。すなわち、具体的には、8時から13時の時間帯は入居者8名に対して3名の介護スタッフを配置しているものの、13時から21時までの時間帯は介護スタッフが2名に減り、21時から翌朝6時45分まではさらに減って1名という状態になる。そして、日曜日はさらに手薄になり、8時から21時までは2名の介護スタッフで介護にあたるものの、6時45分から8時までと21時から22時は1名となる。こうした介護スタッフの人数の変動を時間帯と関連づけて図示したグラフが図9－2である。

　確かに、日勤の介護スタッフ全員の数（8名）と入居者数（8名）の比で言えば「1：1」であるが、すでに述べたように、介護スタッフのすべてが75％強のパートタイマーであることを考慮するならば、単純な

図9-1　第1週における介護スタッフの配置状況

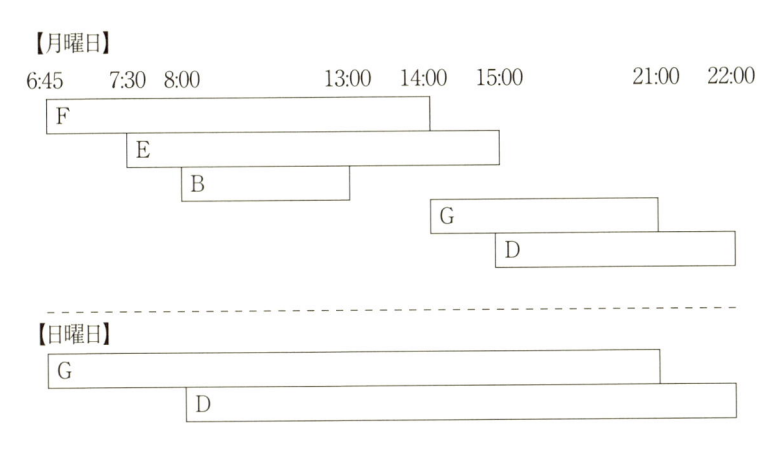

【月曜日】

6:45　7:30　8:00　　　　13:00　14:00　15:00　　　　21:00　22:00

F
E
B
G
D

【日曜日】

G
D

（資料出所）（出典）いずれも表9-1と同じ。

図9-2　第1週における介護スタッフの人数の変化

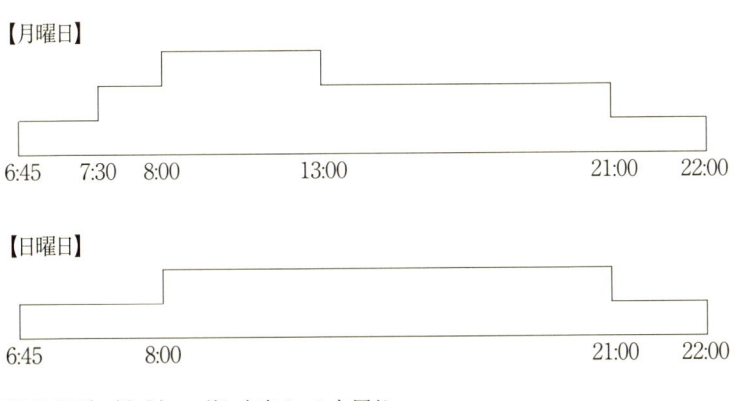

【月曜日】

6:45　7:30　8:00　　　　13:00　　　　　　　　　21:00　22:00

【日曜日】

6:45　　　8:00　　　　　　　　　　　　　　　21:00　22:00

（資料出所）（出典）いずれも表9-1と同じ。

★4　労働時間法（Arbetstidslagen）の第5条によれば、1週間単位でフルタイム労働時間が決められているが、高齢者ケアに関しては4週間単位以上でフルタイムの労働時間が計算される。労働組合との交渉で37時間としているところが多い。

人数の比をとることに積極的な意味はない。フルタイム換算したうえで、「介護スタッフ6：入居者8」と見るのが妥当である。重要なことは、**図9－1**、**図9－2**で示したように、どの時間帯にいったい何名の介護スタッフが配置されているかということである。月曜日の場合、8時から13時までの時間帯はまだしも、7時30分から8時までと13時から21時までの時間帯の2名および6時45分から7時30分までの1名という介護職員配置数は、問題があると言わざるをえない。この介護スタッフの配置は、ほかのユニットの場合どのようになっているのであろうか。

（2）アンネヒルの場合

　表9－6から**表9－8**は、同コミューンにある介護の付いた特別住宅の「エークダーラゴーデン（Ekdalagården）」の一つのグループホームユニットである「アンネヒル（Annehill）」における勤務スケジュールを示している。このユニットでは、13名の介護スタッフ（**表9－6**から**表9－8**においてIからUとアルファベットで表記）が13名の入居者のケアを行っている。なお、このエークダーラゴーデンでは、リッラローダと異なって5週間を1サイクルとする勤務スケジュールとなっている（なお、第3週・第4週の勤務スケジュールは省略する）。**表9－6**から**表9－8**は、休憩時間を含めた勤務時間を示している。

　表9－9は、介護スタッフ13名の週ごとの労働時間およびフルタイム換算した時の割合を示している。このユニットの場合、勤務時間が5時間以下では休憩なし、5時間を超えて9時間以下は30分の休憩、9時間を超えて10時間以下は45分の休憩、10時間を超えて11時間以下は60分の休憩、11時間を超えると90分の休憩をすることになっている。**表9－9**は、この休憩時間を除いた実質労働時間の表である。極めて不規則な勤務時間であることに加えて、週ごとの労働時間のアンバランスな状態がこの表から明らかとなる。アンバランスの激しさは、リッラローダほどではないが（アンネヒルの介護スタッフは13名と多いので、リッラロー

第9章 スウェーデンにおける介護スタッフの勤務スケジュールの現状と問題点

表9－6 第1週の勤務スケジュール

	月	火	水	木	金	土	日
I	14-21	8-16	6:45-14:45	6:45-15:45	—	8-21	6:45-15:45
J	—	6:45-15:45	8-16	12:45-21:15	6:45-15:45	—	—
K	8-14:15	—	12:45-21:15	6:45-15:45	8-16	—	—
L	16:45-21:45	14-21	8-14:15	—	—	6:45-15:45	8-21
M	—	—	16:45-21:45	8-13	14-21	—	—
N	8-14	12:45-21:15	9-14	—	—	7:15-15:15	10-20
O	8-14	16:45-21:45	7:15-13:15	8-14	—	—	—
P	—	—	—	14-21	7:15-13:15	—	—
Q	6:45-15:45	7:15-13:15	—	—	12:45-21:15	16:45-21:45	7:15-15:15
R	12:45-21:15	8-14:30	—	8-13	8-14	—	—
S	7:15-13:15	8-15	14-21	9-14	9-14	—	—
T	8-14:15	9-14	—	—	16:45-21:45	10-20	16:45-21:45
U	—	—	8-14:15	16:45-21:45	8-15	—	—

表9－7 第2週の勤務スケジュール

	月	火	水	木	金	土	日
I	6:45-14:45	—	6:45-15:45	12:45-21:15	6:45-15:45	—	—
J	12:45-21:15	8-16	12:45-21:15	6:45-15:45	—	—	—
K	7:15-16:15	12:45-21:15	8-16	—	12:45-21:15	6:45-15:45	10-20
L	8-14	—	16:45-21:45	8-16	7:15-13:15	—	—
M	16:45-21:45	8-14	—	8-14	8-14	16:45-21:45	6:45-15:45
N	8-14:15	—	14-21	9-14	9-14	—	—
O	8-13	7:15-13:15	8-13	—	16:45-21:45	10-20	7:15-15:15
P	8-15	16:45-21:45	8-15	7:15-13:15	—	—	—
Q	—	14-21	7:15-15:15	14-21	—	—	—
R	—	8-14:15	—	16:45-21:45	14-21	7:15-15:15	8-21
S	—	6:45-15:45	9-14	—	—	8-21	16:45-21:45
T	—	—	—	8-14:15	8-14	—	—
U	14-21	9-14	—	—	8-15	—	—

表9−8　第5週の勤務スケジュール

	月	火	水	木	金	土	日
I	12:45−21:15	8−16	12:45−21:15	8−14:30	—	—	—
J	6:45−15:45	12:45−21:15	8−14:15	—	12:45−21:15	6:45−15:45	—
K	13−21	8−16	6:45−15:45	—	—	8−21	6:45−15:45
L	—	—	16:45−21:45	7:15−15:15	8−16	—	—
M	16:45−21:45	7:15−13:15	—	—	14−21	7:15−15:15	10−20
N	—	—	9−14	8−13	6:45−14:45	—	—
O	7:15−13:15	—	14−21	12:45−21:15	9−14	—	—
P	8−16	8−15	—	6:45−15:45	8−14	10−20	16:45−21:45
Q	—	16:45−21:45	8−15	9−14	8−14	—	—
R	—	14−21	—	14−21	7:15−13:15	—	—
S	—	—	8−16	8−14:15	—	—	—
T	8−14:15	8−14	—	16:45−21:45	—	—	—
U	9−14	6:45−14:45	7:15−13:15	—	16:45−21:45	16:45−21:45	7:15−15:15

表9−9　アンネヒルにおける週ごとの労働時間　　　　（単位：時間）

	第1週	第2週	第3週	第4週	第5週	合計時間	フルタイム換算（％）
I	50.00	32.50	48.25	24.75	29.50	185.00	100.0
J	32.50	32.00	41.25	29.00	41.25	176.00	95.1
K	29.75	49.75	30.50	31.50	43.50	185.00	100.0
L	37.25	23.50	24.50	40.50	20.00	145.75	78.8
M	16.50	35.00	23.25	21.00	33.75	129.50	70.0
N	35.25	22.25	23.00	45.50	17.50	143.50	77.6
O	21.50	37.25	22.50	32.50	25.00	138.75	75.0
P	12.00	23.50	37.00	24.00	42.25	138.75	75.0
Q	34.50	20.50	31.00	21.50	22.00	129.50	70.0
R	24.50	36.25	15.00	35.25	18.50	129.50	70.0
S	28.50	30.00	18.50	39.25	13.25	129.50	70.0
T	30.00	11.25	17.50	17.50	16.25	92.50	50.0
U	17.25	18.00	38.00	20.75	35.50	129.50	70.0

第9章 スウェーデンにおける介護スタッフの勤務スケジュールの現状と問題点 157

介護の付いた特別住宅「エクダラゴーデン」の玄関
(このコミューンにはサービスハウスがないので、ここに
地域開放型レストランがある)

ダの8名に比べてシフトの弾力性に関連しているのではないかと思われる)、例えばIは第3週に48.25時間とかなりの過重労働となっているが、翌週の第4週は24.75時間と激減する。Nは第4週に45.5時間と過重労働であるが、翌週の第5週は17.5時間と激減している。やはり、アンネヒルにおいても「ジェットコースター・シフト」が存在していることが分かる。二つのユニットの勤務スケジュールの事例が示すように、ヘリューダコミューンでは、かなり変動の激しい勤務体制がとられている。

図9-3は、5週間の勤務スケジュールのうち、任意に第2週を、平日のうちから任意に火曜日を選び、週末の土曜日とあわせて時間の経過とともに介護スタッフの人数がどのように変化するのかを図示したものである(図中のアルファベットは**表9-6**の介護スタッフIからUに対応)。この図から、時間帯によって介護スタッフの数が激しく変動していることが分かり、それがこのユニットの特徴と言える。なお、土曜日は10時から15時15分の時間帯は介護スタッフが4名いるが、それ以外の時間帯は1名ないし3名のスタッフ数で大きく変化している。こうし

図9－3　第2週における介護スタッフの配置状況

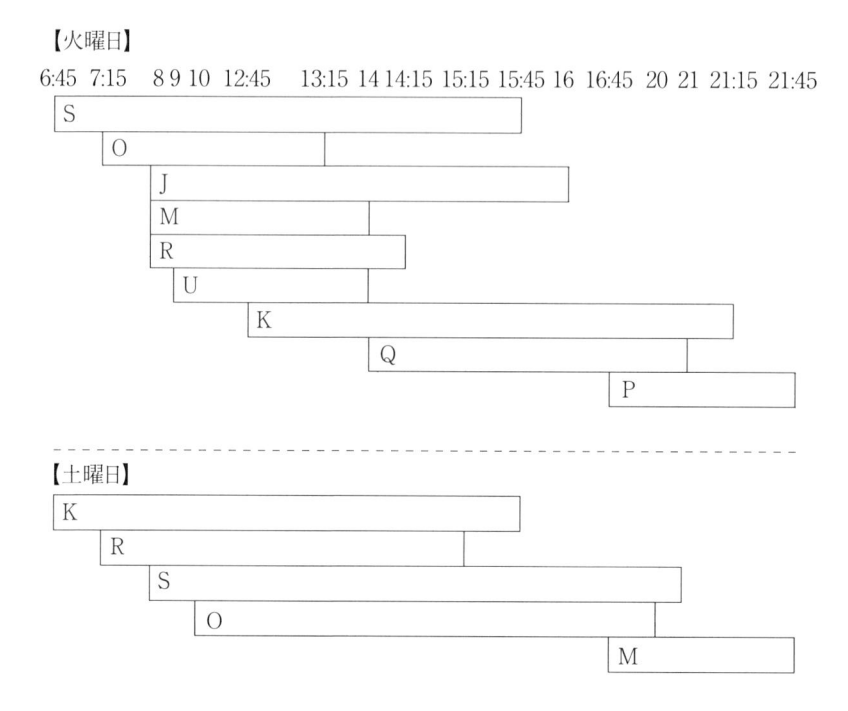

【火曜日】
6:45　7:15　　8 9 10　12:45　　13:15 14 14:15　15:15 15:45 16　16:45　20　21　21:15 21:45

S
　O
　　J
　　M
　　R
　　U
　　　K
　　　　Q
　　　　　　P

【土曜日】
K
　R
　　S
　　　O
　　　　　M

　た介護スタッフの人数の変動を1日の時間的変化と関連づけて図示したグラフが**図9－4**である。

　確かに、日勤と夜勤の介護スタッフ全員の数と入居者数の比で言えば「1：1」ということであるが、介護スタッフの多くが約77％のパートタイマーであることを考慮するならば、単純な人数の比を取ることに積極的な意味はない。フルタイム換算をした上で、「介護スタッフ10：入居者13」と見るのが妥当である。**図9－3**、**図9－4**に見られる変化が示すように、どの時間帯にいったい何名の介護スタッフが配置されているかを詳しく理解することが重要である。

図9－4　第2週における介護スタッフの人数変化

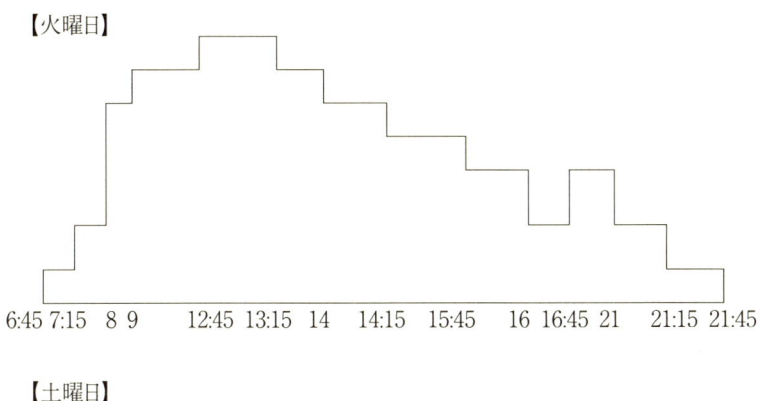

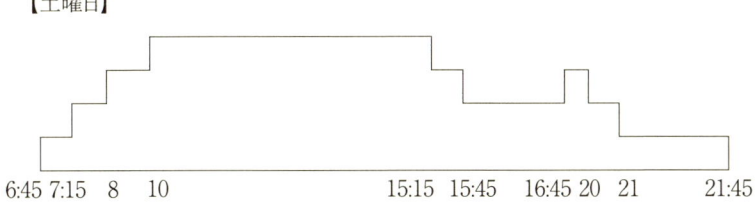

【火曜日】

6:45 7:15　8　9　　12:45 13:15　14　　14:15　　15:45　　16 16:45　21　　21:15 21:45

【土曜日】

6:45 7:15　8　　10　　　　　　　　15:15　15:45　　16:45 20　21　　　　21:45

▶ 4　フィンスポングコミューンにおける介護スタッフの勤務スケジュール

次に、フィンスポング(Finspång)コミューンを取り上げる。同コミューンは、総人口約22,000人、高齢者人口約4,200人の町である[6]。**表9－10**は、フィンスポングにある介護の付いた特別住宅の「ベータレン（Betaren）」の1階にあるユニット（ユニットの名称は不明）に関して、「ア」から「キ」までの7名の介護スタッフの週ごとの勤務時間を一覧できる形にしたものである[7]。**表9－10**は、休憩時間を除いた実際の労働時間を示している。なお、各週の具体的な勤務スケジュールは煩雑になるので省略する。

すでに指摘した点であるが、フィンスポングコミューンにおいても勤務時間の激しい変化が確認できる。すなわち、「ウ」の40.5時間（第4週）

から15時間（第5週）への変化、「エ」の18.5時間（第5週）から44.5時間（第6週）への変化、「オ」の42時間（第4週）から17.5時間（第5週）への変化などはこれまでのユニット同様「ジェットコースター・シフト」と形容しうる勤務時間のアンバランスという問題性がここにも存在することを指摘しておきたい。

　図9-5は、6週間の勤務スケジュールのうち、第3週を任意に選び、平日のうちから水曜日を選び、週末の土曜日とあわせて、時間の経過とともに介護スタッフの人数がどのように変化するのかを図示したものである（図中のカタカナは、**表9-10**の介護スタッフの仮名に対応）。この図から、時間帯によって介護スタッフの数が激しく変動していることが分かる。すなわち、水曜日は、7時から13時15分の時間帯は入居者8名に対し3名の介護スタッフを配置しているものの、13時15分から20時までの時間帯は介護スタッフが2名に減り、20時から21時まではさらに減って1名という状態になる。7時から13時15分までの時間帯はまだしも、それ以外の時間帯での2名あるいは1名という介護職員配置数は問題があると言わざるをえない。

　なお、土曜日は、7時から13時、13時15分から15時15分、16時から20時にかけて2人の介護スタッフでケアをしている。15時15分から16時、20時から21時は1人の介護スタッフのみである。こうした介護スタッフの人数の変動を1日の時間的変化と関連づけて図示したグラフが**図9-6**である。深夜勤（21：00〜6：45）は、5名の介護スタッフが2名ずつ交替でケアにあたる。深夜の時間帯の勤務スケジュールは9週間単位で作成されている。

　介護スタッフ全員の人数と入居者数の比で言えば確かに「1：1」ということである。しかし、介護スタッフのほとんどが約79％のパートタイマーであることを考慮しなければならない。単純な人数の比を取ることに意味はないのだ。フルタイム換算をした上で、「介護スタッフ6.4：入居者8」と見るのが妥当である。**図9-5**、**図9-6**が示すように、

表9－10　ベータレンにおける週ごとの労働時間　　（単位：時間）

	第1週	第2週	第3週	第4週	第5週	第6週	合計	フルタイム換算（％）
ア	47.50	31.50	47.50	24.50	47.50	23.50	222.00	100.0
イ	36.00	18.50	38.50	15.00	38.50	20.00	166.50	75.0
ウ	21.00	38.00	20.50	40.50	15.00	31.50	166.50	75.0
エ	15.00	37.00	15.00	36.50	18.50	44.50	166.50	75.0
オ	42.50	21.00	22.50	42.00	17.50	21.00	166.50	75.0
カ	22.50	34.50	19.50	27.50	41.50	21.00	166.50	75.0
キ	19.50	22.50	39.50	18.50	25.00	41.50	166.50	75.0

図9－5　第3週における介護スタッフの配置状況

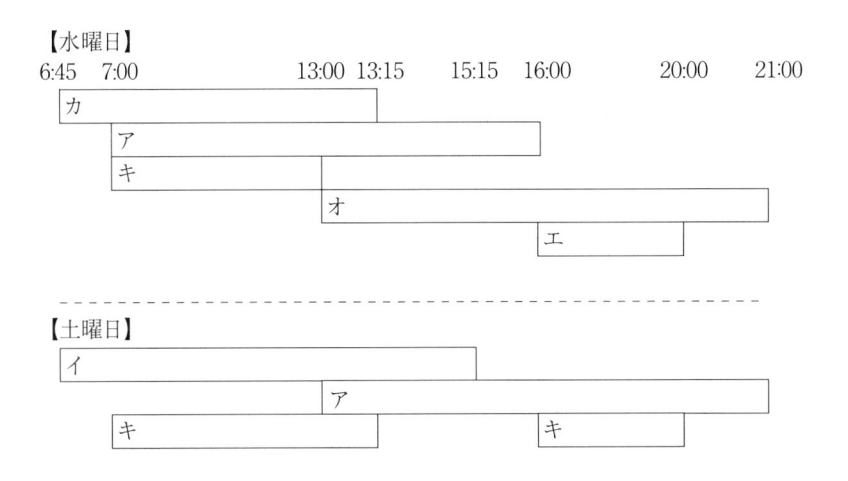

【水曜日】
6:45　7:00　　　　　　　　13:00 13:15　　15:15　16:00　　　　20:00　　21:00
カ
ア
キ
オ
エ

【土曜日】
イ
ア
キ　　　　　　　　　　　　　　　　　　　　　　　　　　キ

　どの時間帯にいったい何名の介護スタッフが配置されているかということに注目すべきである。

　さらに、別の勤務体制上の問題がこのユニットに存在する。介護スタッフ7名すべてではないが、「オ」、「カ」、「キ」の3名は、7時から13時30分（休憩30分）と16時から20時（休憩なし）の二つの時間帯を週末の土・日連続して担当するという極めてハードな勤務を6週間のうちに2

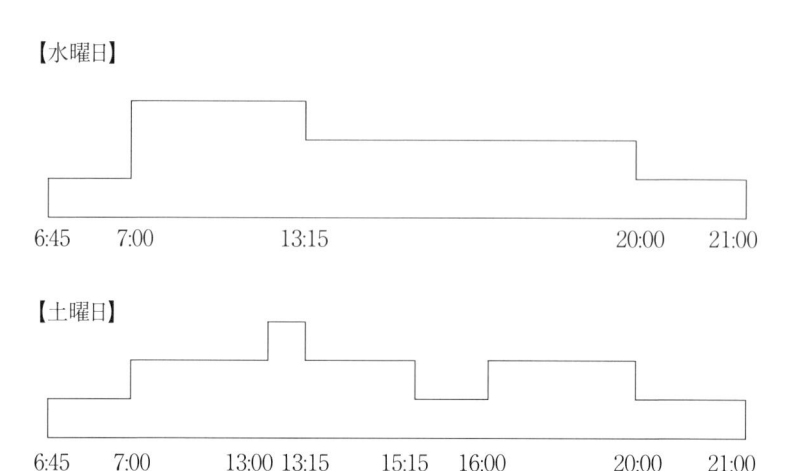

図9−6　第3週における介護スタッフの人数変化

【水曜日】

6:45　7:00　　　　13:15　　　　　　　　　20:00　21:00

【土曜日】

6:45　7:00　　　13:00 13:15　　15:15　16:00　　20:00　21:00

回経験しなければならない。例えば「オ」は、第1週の土・日と第4週の土・日に7時から13時30分と16時から20時に入居者の介護を行う。同様に、「カ」は第2週と第5週、「キ」は第3週と第6週に同様のパターンで勤務する。特に「オ」は、第4週に土・日合わせて19時間勤務するというこうしたハードな勤務スケジュールを経験しなければならないし、翌週は1週間で合計17.5時間しか勤務しないという大きな変動を経験しなければならない。

　このように、介護スタッフの1サイクルあたりの総勤務時間数だけでなく、こうした「ジェットコースター・シフト」という勤務時間の非斉一性の実態まで踏み込んだ上で日本と比較したり、スウェーデンの高齢者ケアのあり方を分析し評価したりすることが今必要とされている。

▶5　ピーテオコミューンにおける介護スタッフの勤務スケジュール

　第3に取り上げるのはピーテオ（Piteå）コミューンである。スウェー

デン最北部にあるこのコミューンは、総人口約4万人、高齢者人口約7,000人の町である[8]。表9−11は、同コミューンにある介護の付いた特別住宅のユニット「ルンデン（Lunden）」に関して、クからソまでの8名の介護スタッフの週ごとの勤務時間を一覧できる形にしたものである[9]。この表は、休憩時間を除いた実際の労働時間を示している。なお、各週の具体的な勤務スケジュールは割愛する。

同コミューンにおいても、すでにヘリューダ、フィンスポング両コミューンの事例で指摘した通り、勤務時間の激しい変化が確認できる。例えば、「ク」の15.5時間（第4週）から42.5時間（第5週）への変化、「ケ」の47.75時間（第2週）から20.25時間（第3週）への変化、「ス」の43.5時間（第3週）から18時間（第4週）への変化などは勤務時間のアンバランス、すなわち「ジェットコースター・シフト」であると指摘できる。

図9−7は、ピーテオコミューンのルンデンにおける5週間の勤務スケジュールのうち、任意に第4週を、平日のうちから木曜日を任意に選択し、週末の日曜日とあわせて、時間の経過とともに介護スタッフの人数がどのように変化するのかを図示したものである（図中のカタカナは、**表9−11**の介護スタッフのカタカナに対応）。この図から、時間帯によって介護スタッフの数が変化していることが分かる。

表9−11　ルンデンにおける週ごとの労働時間　　　（単位：時間）

	第1週	第2週	第3週	第4週	第5週	合計	フルタイム換算（％）
ク	21.50	38.25	21.00	15.50	42.50	138.75	75.0
ケ	28.75	47.75	20.25	26.50	43.25	166.50	90.0
コ	39.50	20.00	38.00	16.00	25.25	138.75	75.0
サ	37.50	20.00	16.75	39.50	25.00	138.75	75.0
シ	34.50	19.75	25.00	38.00	21.50	138.75	75.0
ス	23.50	16.75	43.50	18.00	37.00	138.75	75.0
セ	18.50	37.50	21.50	44.25	17.00	138.75	75.0
ソ	15.75	16.50	34.00	15.75	10.50	92.50	50.0

図9－7　第4週における介護スタッフの配置

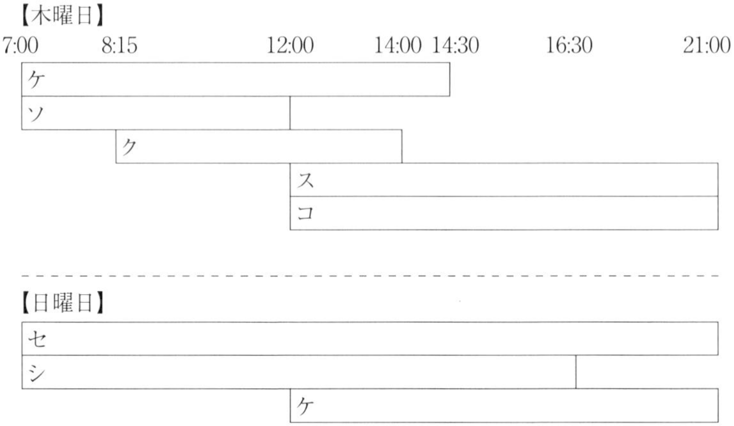

【木曜日】
```
7:00      8:15              12:00    14:00 14:30    16:30        21:00
   ケ
   ソ
         ク
                        ス
                        コ
```

【日曜日】
```
   セ
   シ
         ケ
```

　これまで詳細に述べてきたいくつかのユニットの例と比較すると、このピーテオコミューンの場合は相対的に望ましい介護スタッフの配置となっている。すなわち、木曜日には、8時15分から12時までの時間帯は入居者8名に対し3名の介護スタッフ、12時から14時までは4名の介護スタッフが配置されている。そして、14時30分以降21時までは2名となっている。

　このコミューンでは、介護スタッフが3名ないし4名勤務する時間帯が比較的長い。介護スタッフが手薄になる日曜日も12時から16時30分まで平日のように3名の介護スタッフがケアをしており、比較的恵まれた配置となっている。こうした介護スタッフの人数の変動を1日の時間的変化と関連づけて図示したグラフが**図9－8**である。なお、深夜勤（21：00〜7：00）は、3名の介護スタッフが6週間の勤務スケジュールのもとで、それぞれ14回出勤してケアを行っている。財政事情が異なるので直ちには改善できないのであろうが、他のコミューンもピーテオコミューンのケア体制を見習ってほしいものである。

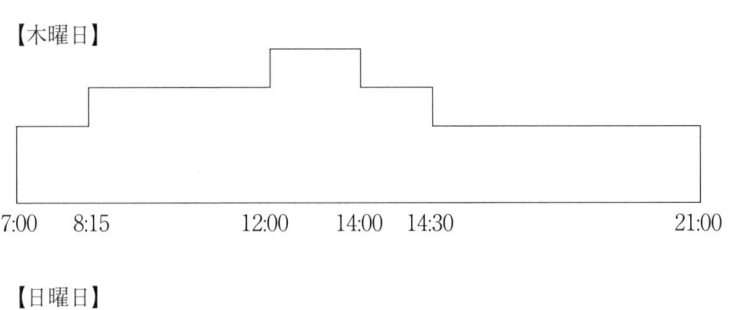

図9-8　第4週における介護スタッフの人数変化

【木曜日】

7:00　8:15　　　　　12:00　14:00　14:30　　　　　　　　　21:00

【日曜日】

7:00　　　　　　　　12:00　　　　　　　16:30　　　　　21:00

▶6　ユードレコミューンにおける介護スタッフの勤務スケジュール

　第4に、ユードレコミューンを取り上げる。南部にあり、前述のフィンスポングの近くにあるこのコミューンは、総人口約4,200人、高齢者人口約900人の小さな町である[10]。

　表9-12は、ユードレコミューンにある認知症高齢者のためのグループホームの「モーゴーデン（Mogården）」のユニットに関して、「タ」から「ノ」までの10名の介護スタッフの週ごとの勤務時間を一覧できる形にしたものである[11]。この表は、休憩時間を除いた実際の勤務時間を意味している。なお、ユニット名は不明である。また、各週の具体的な勤務スケジュールは省略する。

　すでにヘリューダ、フィンスポング、ピーテオの各事例で指摘した通り、このコミューンにおいても勤務時間の激しい変化、すなわち「ジェッ

トコースター・シフト」が確認できる。「チ」の28.5時間（第１週）から49.75時間（第２週）への変化、「ツ」の28.5時間（第５週）から49.75時間（第６週）への変化、「テ」の35.25時間（第４週）から15.5時間（第５週）への変化、「ト」の37.25時間（第２週）から17.5時間（第３週）への変化などは勤務時間のアンバランスとしてその問題性を指摘できる。また、同ユニットに関しては、「ネ」の25％、「ノ」の16.2％という極端に勤務時間の短い介護スタッフが存在する。「ノ」に至っては６週間のうち２週間のみ、その２週間もフルタイムと見なす週37時間の半分弱の18時間しか入居者のケアに携わらないという極めて変則的な就労パターンとして存在する。

　図９－９は、これまでと同様、６週間の勤務スケジュールのうち、任意に第５週を、平日のうちから金曜日を選択し日曜日とあわせて時間の経過と介護スタッフの人数の変化を図示したものである（図中のカタカナは、**表９－12**の介護スタッフのカタカナに対応）。この図から、時間帯によって介護スタッフの数が変化していることが分かる。

　同ユニットの場合、先のピーテオコミューン以上に理想的な介護スタッフの配置となっている。すなわち、具体的には、平日の金曜日は、７時から８時までは入居者８名に対し介護スタッフ３名、８時から12時までの４時間は４名の介護スタッフが配置されている。12時から14時は介護スタッフが３名で、２名に減るのは14時以降15時30分、16時以降21時までとなっている。15時30分から16時は１名に減る。

　ユードレコミューンは、ピーテオコミューンと同じく介護スタッフが３名ないし４名勤務する時間帯が長い。なお、21時以降翌朝７時までは１名体制という状態になる。ほかのコミューンでは介護スタッフが手薄になる日曜日も13時30分から17時まで平日と同じように３名の介護スタッフがケアをしており、比較的恵まれた配置となっている。そして、７時から13時30分まで、および17時から21時までは２名の介護スタッフとなっている。こうした介護スタッフの人数の変動を１日の時間的変化

表9-12 モーゴーデンの週ごとの労働時間　　　（単位：時間）

	第1週	第2週	第3週	第4週	第5週	第6週	合計	フルタイム換算（％）
タ	49.75	30.00	33.00	48.25	31.00	30.00	222.00	100.0
チ	28.50	49.75	33.00	30.00	49.75	31.00	222.00	100.0
ツ	31.00	30.00	49.75	33.00	28.50	49.75	222.00	100.0
テ	31.75	13.00	22.50	35.25	15.50	25.50	143.50	64.6
ト	23.00	37.25	17.50	25.00	40.25	24.00	167.00	75.2
ナ	15.00	9.00	30.25	16.50	15.00	25.25	111.00	50.0
ニ	10.00	14.50	23.00	20.50	13.50	22.50	104.00	46.8
ヌ	32.50	28.00	18.00	33.00	21.50	27.50	160.50	72.3
ネ	8.50	11.50	9.50	10.00	5.50	10.50	55.50	25.0
ノ	—	18.00	—	—	18.00	—	36.00	16.2

図9-9　第5週における介護スタッフの配置状況

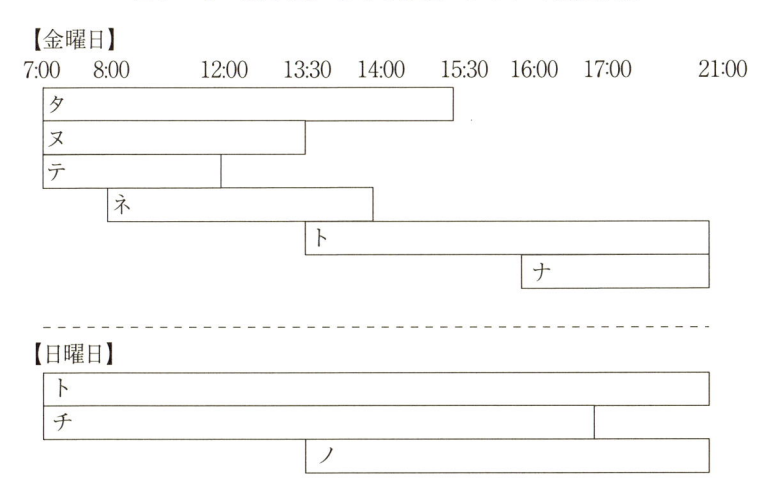

と関連づけて図示したグラフが**図9-10**である。財政事情が異なるので直ちには改善できないのであろうが、ほかのコミューンもユードレコミューンの介護スタッフの配置を参考にすべきであろう。

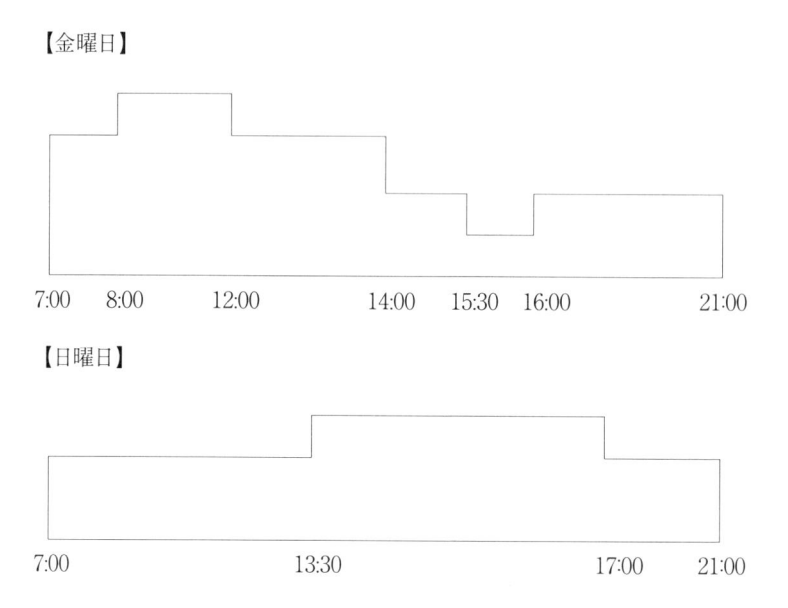

図9−10　第5週における介護スタッフの人数変化

【金曜日】

7:00　8:00　　12:00　　　　14:00　　15:30　16:00　　　　　21:00

【日曜日】

7:00　　　　　　　　13:30　　　　　　　17:00　　21:00

▶7　介護スタッフの夏休みとアルバイトに関する構造的問題

　スウェーデンの労働者の有給休暇は5週間である。このうち、4週間の有給休暇を夏休みにとるのが一般的である。特に、子どもがいる場合には、6月中旬から始まる子どもの夏休みに合わせて4週間の夏休みをとり、残り1週間は年末年始にとることが多い。

　ケアの現場も決して例外ではない。ナーシングホームやグループホームなどの介護の付いた特別住宅で働く介護スタッフも、ホームヘルパーも4週間連続して夏休みを取る。しかし、ケアを必要とする要介護高齢者や認知症高齢者には夏休みがないのであって、絶えず他者からのサポートが不可欠となる。したがって、介護スタッフが有給休暇をとっている間、別のスタッフが代行しなければならない。そのためスウェーデ

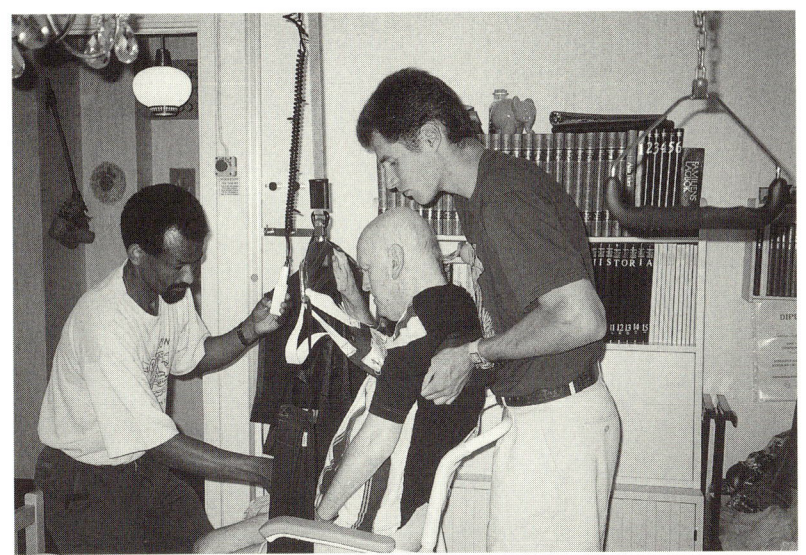

第9章 スウェーデンにおける介護スタッフの勤務スケジュールの現状と問題点　169

在宅高齢者のホームヘルプサービスをする夏休みヴィカーリエ（向かって左の人は他に仕事をもたず、右の人はリンショーピング大学学生）

ンでは、「ヴィカーリエ（Vikarie）」と呼ばれるアルバイトが不可欠なマンパワーとして活用され、高齢者ケアを行っている。

　コミューンにより、あるいは介護の付いた特別住宅により差があるが、おおむね次のような方法で夏休み中のケアの体制が維持されている。まず第1に、ナーシングホームやグループホームに勤務する正規の介護スタッフ（フルタイムスタッフとパートタイムスタッフを含む）が、相談によって二つのグループに分かれる。一つのグループは6月中旬から1か月間、もう一つのグループは7月中旬から1か月間、それぞれ夏休みをとる。

　次に、各施設とも通常のスタッフ数の半分になるわけであるから、残りの半分を夏休みのアルバイトで穴埋めをする。夏休みのアルバイトの属性は多様である。社会サービスを専攻する大学生もいればそうでない大学生もおり、社会サービスを専門的に学ぶ高校生もいればそうでない高校生もいる。場合によっては、失業者が入ることもある。

第3に、介護の付いた特別住宅の介護スタッフはすでに確認したように（ホームヘルパーも同様の勤務スケジュールに従って仕事をしている）、4〜8週間単位の勤務スケジュールで働いている。夏休みのアルバイトは、この勤務スケジュールに従って、場合によってはジェットコースター・シフトに従ってケアの仕事を行う。例えば、レギュラースタッフのAさんが夏休み中、アルバイトのBさんはAさんの不規則な勤務スケジュール通りに仕事を行う。BさんはAさんにまったく成り代わって仕事をするのである。同様に、夏休みの後半では、アルバイトのDさんはレギュラーの介護スタッフのCさんの勤務スケジュール通りに介護の仕事を行うのである。

　筆者が各地の高齢者ケア施設でたまたま見かけたアルバイトは、常勤専門職の介護スタッフと比べて遜色のない働きぶりをしていたが、アルバイトがすべて良質であるとは限らない。質の高いアルバイトを自らのネットワークや口コミで集めることが施設長に期待される最も大きな役割の一つと言われているが、常にパーフェクトと言うわけにはいかないであろう。たまたま良質のアルバイトが確保できケアが実践できているために、スウェーデンではあまり夏休み休暇中のアルバイトのことがこれまでは問題にされていないようである。

　しかし、何故、社会サービスの経験や関心のない高校生や大学生、あるいは成人にケアを委ねるのであろうか、理解に苦しむところである。ケアの対象が認知症高齢者の場合も多いことからすれば、ある程度専門性の身に付いたアルバイトに限定すべきであろう。最も高い専門性が必要とされる認知症グループホームのユニットにさえも、こうしたアルバイトが数多く入っていることに首を傾げざるを得ない。もし、この現状を認めてしまうならば、ケア専門職の価値を否定せざるを得なくなってしまう。

　もちろん、こうしたアルバイトには働く前に研修が課される。3日間程度、正規の介護スタッフの指導を受けながら、リフターの操作、介護

の流れや介護を受け持つ入居高齢者の状況について理解を深めることにはなっている。また、スウェーデンでは、レギュラーの介護スタッフが本人あるいは子どもの病気などの事情で介護の仕事ができないときに備えて、先ほど述べたように、緊急時に対応できる「ヴィカーリエ」というアルバイトを常々確保しているので、夏休み休暇中も通常のヴィカーリエを中心にアルバイトが動員されている。

いずれにせよ、新規のアルバイトは３日間程度の事前研修を経験するだけで、１か月から２か月以上の長期にわたって高齢者ケアの実践を行うことになる。スウェーデンの介護スタッフの多くは、准看護師もしくは介護士である。３日間程度の事前研修は、こうした准看護師の養成期間に比べてあまりにも短すぎる。

スウェーデンの高齢者ケアの大原則の一つが「継続性」である。夏の間、馴染みの介護スタッフの半数が馴染みのないアルバイトと入れ替わる介護現場のあり方は、この継続性を阻害する深刻な問題であると言わざるを得ない。

さらに、スウェーデンの介護の付いた特別住宅では、各入居者について介護スタッフの中から「コンタクトパーソン（contact person）」が決められる。コンタクトパーソンは、入居者の洗濯物、部屋の掃除、衣服の管理、オムツの管理などの責任をもつ。夏休み中は、こうしたコンタクトパーソンの役割も遂行できなくなる。

▶8 結論と今後の課題

以上、ヘリューダコミューンのユニット・リッラローダおよびユニット・アンネヒル、フィンスポングコミューンのベータレンの一つのユニット、ピーテオコミューンのユニット・ルンデン、ユードレコミューンのモーゴーデンの一つのユニットの５ケースについて詳細に検討してきた。分析したすべてのユニットに共通しているのは、いずれに

も「ジェットコースター・シフト」と名付けることのできる勤務スケジュールの大変動がひんぱんに見られることであった。

　時間帯ごとの介護スタッフの配置状況は、図9-1から図9-10で示したように、ユニットごとに個別性があり多様であった。比較的恵まれた介護スタッフの人員配置をしているユニットもあれば、そうでないユニットもあった。人員配置の面では、ユニット間で格差があると言える。

　実は、スウェーデンには、介護の付いた特別住宅に関する介護スタッフ数の配置基準がない。こうした職員配置の格差は、コミューンの財政状況や委託された民間のあるいはコミューンの運営主体が当該コミューンからどれだけの運営費を得ているかによって生ずる。

　そして、人員配置の格差は、コミューンごとの民間事業者委託の有無、支払われる運営費の多寡、各コミューン議会の与党の高齢者ケアに対する考え方など多様な要因との関連によって生じるものであるので、こうした複合的な要因を解きほぐし、一つ一つ具体的に検証していくことが今後の課題である。

　さらに、「ジェットコースター・シフト」の実態を、当該コミューンやスウェーデン政府がどのように認識し問題解決しようとしているのかについて具体的に調査していくことが今後の課題の第2となる。

　まだ一般的ではないが、「洗濯場スケジュール（tvattstugeschema）」という勤務スケジュールが増えつつある。[★5]これは、介護スタッフが働きたい時間帯を自らスケジュール表に予約していく、そしてユニット責任者が重複した時間帯を調整するという方式である。最近では、コンピュータソフトに各介護スタッフが希望する時間帯を入力し、ユニット責任者が調整していくという方式を取るユニットもある。この介護スタッフの希望が最大限尊重される方式（逆に希望が重なったり、希望者のいない時間帯ができたりする）の普及の程度を調べることが第3の課題である。

　また最後に、高齢者ケアの現場における介護スタッフの夏休みとアルバイトの問題に言及した。この夏休みの2か月間にわたる介護スタッフ

の「人的不連続性」は、スウェーデンにおけるノーマライゼーションの理念にまったくそぐわないものである。これは、ここに勤務スケジュールを載せたコミューンに限定されるものではなく、スウェーデン全体で一般的に行われているシステムである。筆者は、これが構造的な問題の一つであると認識している。

　翻って考えてみると、ヨーロッパ諸国の有給休暇の期間と夏休みのとり方はスウェーデンと大差ない。つまり、ここで指摘したアルバイトに関する構造的問題はヨーロッパ全体に共通の問題ということになる。さしあたって、「福祉国家」と呼ばれるほかの北欧諸国の夏休み休暇中のケア体制について研究していきたい。

──────（引用文献註）──────

(1) 奥村芳孝（2002）『新スウェーデンの高齢者福祉最前線』筒井書房、215〜216ページ。
(2) 河本佳子（1997）「月刊福祉」1997年11月号、1〜3ページ。河本佳子（2000）『スウェーデンのスヌーズレン』新評論、161〜170ページ。リンショーピングコミューンに1988年に創設された知的障害者のための「ヘンデルセリーケ・デイセンター（Händelserike daycenter）」がスウェーデン最初のスヌーズレンである。
(3) 岡田耕一郎（2005）「スウェーデンの老人ホームにおける介護サービス組織の構造」『東北学院大学経済学論集』第160号、17ページ。
(4) 西下彰俊（2002c）『スウェーデンにおける高齢者福祉サービスのコミューン間格差に関する実証的研究』（平成12年度〜13年度科学研究費補助金（基盤研究（C）（2））研究成果報告書、32ページ。
(5) セテリーゴーデンの3ユニットの名前、准看護師・介護士の人数、入居者数に関するデータは、ヘリューダコミューン職員の安達雪枝氏から資料を得た。
(6) 西下彰俊（2002c）前掲書、14ページ。

★5　アパートには地下に共同利用の洗濯機と乾燥機があり、利用したい日時を予約することになっている。エステルシュンドコミューン職員の石濱・ヒョーグストローム・実佳氏から情報を得た。

(7) フィンスポングコミューンの地域責任看護師（Medicinskt Ansvaring Sjuksköterska）のマーティン・ダーヴィッドソン（Martin Davidsson）氏から資料を得た。
(8) 西下彰俊（2002c）前掲書、56ページ。
(9) ピーテオコミューン高齢者ケア部のレーナ・エスビョーンソン（Lena Esbjornsson）氏、エーヴァ・ロンベリ（Ewa rönberg）氏から資料を得た。
(10) 西下彰俊（2002c）前掲書、15ページ。
(11) ユドレコミューンのアネッテ・アッリドソン（Anette Arridsson）氏から資料を得た。

第10章

日本における介護スタッフの勤務スケジュールの現状と問題点

▶ 1　はじめに

　前章では、スウェーデンの五つのコミューンを対象に、介護の付いた特別住宅のユニットの勤務スケジュールを詳細に分析した。その結果、第1に、介護スタッフの配置数、勤務スケジュールのあり方がコミューンにより大きく異なること、第2に「ジェットコースター・シフト」と筆者が名付けた勤務時間の著しい変動がすべてのコミューンのユニットに存在することを明らかにした。

　本章では、日本の三つの地域におけるグループホームの勤務スケジュールを詳細に検討し、どのような特徴が見られるのかを実証的に分析する。本稿で取り上げるグループホームは、近畿地方のAグループホーム、山陽地方のBグループホーム、東海地方のCグループホームの三つである。

　ここではグループホームを取り上げるが、グループホームではユニットケアが実践されている。第9章ではスウェーデンの介護の付いた特別住宅を、具体的にはグループホームのユニットを取り上げている。両国ともユニットケアを実践するグループホームのユニットを対象としており、比較分析をすることに問題はない。

▶ 2　Aグループホームの場合

　表10−1から表10−4は、近畿地方にあるAグループホーム（2000年4月開設、調査時点の平均介護度2.4）の2004年2月（1か月分）の勤務スケジュールである。社会福祉法人設立のAグループホームには二つのユニットがあるが、この勤務スケジュールはそのうちの一つのものである。表10−1は第1週、表10−2は第2週、表10−3は第3週、表10−4は第4週の勤務スケジュールを示している。

　このグループホームの介護スタッフは全部で9名（あ〜け）、入居者は9名（女性8名、男性1名）である。各居室はいずれも6畳である。ほかに夜勤非常勤スタッフ（6名）がおり、そのうち1名がローテーションで夜勤に就いている。夜間の介護については、当該の夜勤専門非常勤スタッフ1名に加えて、Aグループホームの常勤スタッフおよび併設された別のグループホーム（入居者9名、勤務スケジュールは省略）の常勤スタッフのうち、隔日で1名が交代で夜勤に従事している。

　専任スタッフのうち、介護福祉士が2名、精神保健福祉士1名、ホームヘルパー2級4名、資格なしが2名である。夜勤専門非常勤スタッフ6名については、2名がホームヘルパー2級、資格なしが4名である。

　表10−5は、9名の介護スタッフの週あたり勤務時間を一覧できる形で示したものである。表10−1から表10−4は休憩時間を含めた勤務時間を示しているが、表10−5は休憩時間を除いた実際の労働時間を表している。スウェーデンの介護の付いた特別住宅で頻繁に見られた「ジェットコースター・シフト」は1か所でしか確認できない。具体的には、介護スタッフ「お」について28.75時間（第2週）から9.5時間（第3週）への激減が見られるのみである。なお、フルタイム換算で100％を超えるのは9名中1名にとどまっている。

　図10−1は、勤務スケジュールのうちから任意に第1週を選び、平日の中から選んだ月曜日と週末の日曜日について、各介護スタッフの勤務

第10章 日本における介護スタッフの勤務スケジュールの現状と問題点　177

表10－1　Aグループホームの勤務スケジュール（第1週）

	月	火	水	木	金	土	日
あ	0-8:30	—	8-17	8-17	11:45-20:45	—	—
い	—	8-17	11:45-20:45	—	8-17	14:30-24	0-8:30
う	8-17	8-17	—	14:30-24	0-8:30	—	—
え	11:45-20:45	14:30-24	0-8:30	—	—	8-17	11:45-20:45
お	—	16-20:45	16-20:45	8-17	—	8-17	16-20:45
か	—	—	—	7-12	16-20:45	—	8-17
き	7-12	—	—	—	—	7-12	7-12
く	—	7-12	7-12	16-20:45	7-12	16-20:45	—
け	16-20:45	—	—	—	—	—	—

（資料出所）Aグループホーム　内部資料　　　（出典）筆者作成

表10－2　Aグループホームの勤務スケジュール（第2週）

	月	火	水	木	金	土	日
あ	8-17	—	—	—	14:30-24	0-8:30	—
い	—	—	8-17	8-17	8-17	11:45-20:45	—
う	8-17	11:45-20:45	14:30-24	0-8:30	—	—	8-17
え	14:30-24	0-8:30	—	11:45-20:45	8-17	—	14:30-24
お	—	16-20:45	8-17	8-17	—	—	8-17
か	16-20:45	8-17	—	7-12	—	8-17	—
き	7-12	—	—	—	—	7-12	7-12
く	—	7-12	7-12	16-20:45	7-12	16-20:45	—
け	—	—	16-20:45	—	16-20:45	—	16-20:45

（資料出所）（出典）いずれも表10－1と同じ。

時間帯を図示したものである（図中の平仮名は**表10－1**の介護スタッフの平仮名に対応）。また、時間の変化に伴って介護スタッフの数が変動する様子を示したのが**図10－2**である。具体的には、第1週の月曜日については、0:00～7:00は1名、7:00～8:00は2名、8:00～8:30は3名、8:30～11:45は2名、11:45～12:00は3名、12:00～16:00は2名、16:00～17:00は3名、17:00～20:45は2名、20:45～24:00は夜間専門スタッフ1名と

表10-3　Aグループホームの勤務スケジュール(第3週)

	月	火	水	木	金	土	日
あ	—	8-17	11:45-20:45	14:30-24	0-8:30	—	—
い	11:45-20:45	14:30-24	0-8:30	—	—	8-17	11:45-20:45
う	8-17	8-17	—	8-17	11:45-20:45	14:30-24	0-8:30
え	—	—	8-17	8-17	8-17	8-17	—
お	—	16-20:45	16-20:45	—	—	—	—
か	—	8-17	—	7-12	16-20:45	—	8-17
き	7-12	—	—	—	—	7-12	7-12
く	—	7-12	7-12	16-20:45	7-12	16-20:45	—
け	16-20:45	—	—	—	—	—	16-20:45

(資料出所)(出典)いずれも表10-1と同じ。

表10-4　Aグループホームの勤務スケジュール(第4週)

	月	火	水	木	金	土	日
あ	8-17	11:45-20:45	14:30-24	0-8:30	—	—	8-17
い	8-17	—	8-17	—	14:30-24	0-8:30	—
う	—	8-17	8-17	8-17	—	11:45-20:45	14:30-24
え	14:30-24	0-8:30	—	11:45-20:45	8-17	—	—
お	—	16-20:45	16-20:45	—	8-17	8-17	—
か	—	—	—	7-12	16-20:45	—	8-17
き	7-12	—	—	—	—	7-12	7-12
く	—	7-12	7-12	16-20:45	7-12	16-20:45	—
け	16-20:45	—	—	—	—	—	16-20:45

(資料出所)(出典)いずれも表10-1と同じ。

　隣接のグループホームのスタッフ1名の2名となっている。朝、昼、夕方と交代の時期に30分から60分重なってはいるが、基本的にはいずれの時間帯も2名体制であることが分かる。

　第1週の日曜日については、0:00〜7:00は1名、7:00〜8:00は2名、8:00〜8:30は3名、8:30〜11:45は2名、11:45〜12:00は3名、12:00〜16:00は2名、16:00〜17:00は3名、17:00〜20:45は2名という体制である。

表10－5　Ａグループホームの勤務時間　　　　（単位：時間）

	第1週	第2週	第3週	第4週	合計時間	フルタイム換算（％）
あ	31.50	24.00	32.00	40.00	127.50	79.7
い	40.00	32.00	40.00	32.00	144.00	90.0
う	32.00	40.00	48.00	40.50	160.50	100.3
え	40.00	40.50	32.00	32.00	144.50	90.3
お	30.25	28.75	9.50	25.50	94.00	58.8
か	17.75	25.75	25.75	17.75	87.00	54.4
き	15.00	15.00	15.00	15.00	60.00	37.5
く	24.50	24.50	24.50	24.50	98.00	61.3
け	4.75	14.25	9.50	9.50	38.00	23.8

（資料出所）（出典）いずれも表10－1と同じ。　　　（注）休憩時間を除く。

図10－1　第1週における介護スタッフの勤務状況

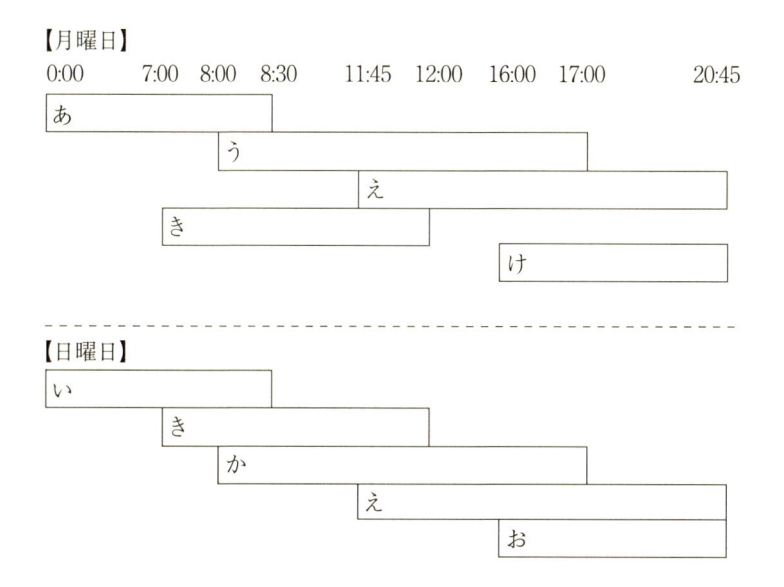

【月曜日】

0:00　　　　7:00　8:00　8:30　　　11:45　12:00　16:00　17:00　　　　　20:45

あ
う
え
き
け

【日曜日】

い
き
か
え
お

図10−2　第1週における介護スタッフの人数変化

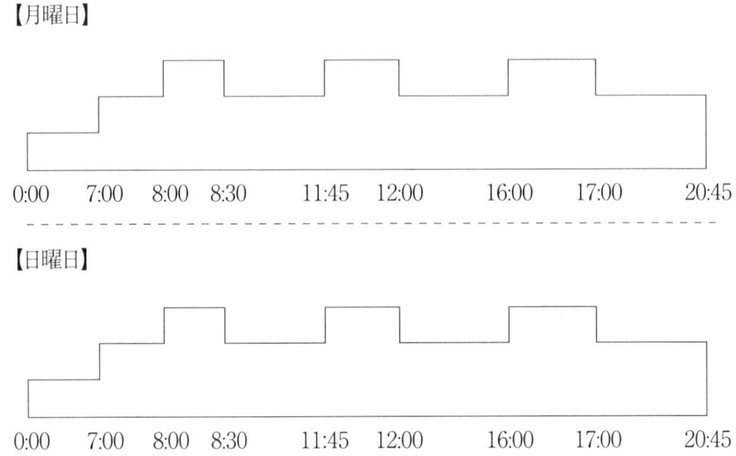

【月曜日】

0:00　7:00　8:00　8:30　　11:45　12:00　　　16:00　17:00　　　20:45

【日曜日】

0:00　7:00　8:00　8:30　　11:45　12:00　　　16:00　17:00　　　20:45

　日曜日についても、平日とまったく同じ勤務スケジュールを実施していることが特徴的であり、この点でスウェーデンの勤務スケジュールとは大いに異なっている。

▶3　Bグループホームの場合

　表10−6から表10−9は、山陽地方にあるBグループホーム（2001年開設、調査時点の平均介護度3.7）の2003年12月（1か月分）の勤務スケジュールである。それぞれの表は、4週間の勤務スケジュールを示している。
　NPO法人設立のBグループホームはユニットが一つであり、介護スタッフは全部で12名（こ〜な）、入居者は9名（女性8名、男性1名）である。居室はほとんどが和室であるが、居室の広さは異なっている。10畳が一つ（夫婦用）、8畳が二つ、6畳が三つ、4.5畳が二つである。専任スタッフ12名のうち、介護福祉士1名、准看護師1名、ホームヘル

表10－6　Bグループホームの勤務スケジュール（第1週）

	月	火	水	木	金	土	日
こ		9:30-18:30	9:30-18:30		9:30-18:30	16-24	0-10
さ		10:30-19:30	10:30-19:30	16-24	0-10		9:30-18:30
し	0-10		16-24	0-10	16-24	0-10	16-24
す	9:30-18:30			9:30-18:30		9:30-18:30	
せ	10:30-19:30			10:30-19:30	10:30-19:30		
そ			7-16		7-16	7-16	7-16
た		7-16		7-16			
ち	7-16		16-24	0-10			
つ	16-24	0-10					
て		16-24	0-10				
と						10:30-19:30	10:30-19:30
な	10-14	10-14			10-14		

（資料出所）Bグループホーム　内部資料。　　（出典）筆者作成。

表10－7　Bグループホームの勤務スケジュール（第2週）

	月	火	水	木	金	土	日
こ	—	9:30-18:30	9:30-18:30	—	9:30-18:30	9:30-18:30	※10-15
さ	10:30-19:30	10:30-19:30	—	10:30-19:30	—	10:30-19:30	16-24
し	0-10	—	16-24	0-10	16-24	0-10	※10-15
す	9:30-18:30	—	—	9:30-18:30	—	—	9:30-18:30
せ	—	—	10:30-19:30	—	10:30-19:30	—	10:30-19:30
そ	—	—	—	7-16	—	—	7-16
た	7-16	7-16	7-16	—	7-16	7-16	※10-15
ち	—	—	—	16-24	0-10	—	—
つ	16-24	0-10	—	—	—	—	—
て	—	16-24	0-10	—	—	—	—
と	—	—	—	—	—	10:30-19:30	—
な	—	10-14	—	—	10-14	—	—

（資料出所）Bグループホーム　内部資料。　　（出典）筆者作成。
（注）※は研修。勤務時間に含む。

表10－8　Bグループホームの勤務スケジュール（第3週）

	月	火	水	木	金	土	日
こ	—	9:30-18:30	9:30-18:30	—	9:30-18:30	16-24	0-10
さ	0-10	—	10:30-19:30	10:30-19:30	—	9:30-18:30	9:30-18:30
し	—	—	16-24	0-10	16-24	0-10	16-24
す	9:30-18:30	—	—	9:30-18:30	—	—	—
せ	10:30-19:30	10:30-19:30	—	—	10:30-19:30	—	—
そ	—	7-16	7-16	—	—	7-16	—
た	7-16	—	—	7-16	7-16	—	7-16
ち	—	—	—	16-24	0-10	—	—
つ	16-24	0-10	—	—	—	—	—
て	—	16-24	0-10	—	—	—	—
と	—	—	—	—	—	10:30-19:30	10:30-19:30
な	—	10-14	—	—	10-14	—	—

（資料出所）（出典）ともに表10-6と同じ。

表10－9　Bグループホームの勤務スケジュール（第4週）

	月	火	水	木	金	土	日
こ	—	9:30-18:30	9:30-18:30	—	9:30-18:30	16-24	0-10
さ	—	10:30-19:30	—	9:30-18:30	10:30-19:30	9:30-18:30	9:30-18:30
し	0-10	—	16-24	0-10	16-24	0-10	16-24
す	9:30-18:30	—	—	—	—	—	—
せ	10:30-19:30	—	—	10:30-19:30	—	—	10:30-19:30
そ	7-16	—	—	7-16	—	—	7-16
た	—	7-16	7-16	—	7-16	7-16	—
ち	—	—	—	16-24	0-10	—	—
つ	16-24	0-10	—	—	—	—	—
て	—	16-24	0-10	—	—	—	—
と	—	—	—	—	—	10:30-19:30	—
な	—	10-14	—	—	10-14	—	—

（資料出所）（出典）ともに表10-6と同じ。

第10章 日本における介護スタッフの勤務スケジュールの現状と問題点　183

表10−10　Bグループホームの労働時間　　　（単位：時間）

	第1週	第2週	第3週	第4週	合計時間	フルタイム換算（％）
こ	40.00	37.00	40.00	40.00	157.00	98.1
さ	40.00	40.00	41.00	40.00	161.00	100.6
し	48.00	45.00	40.00	48.00	181.00	113.1
す	24.00	24.00	18.00	8.00	74.00	46.3
せ	24.00	24.00	24.00	24.00	96.00	68.5
そ	32.00	16.00	24.00	24.00	96.00	68.5
た	16.00	45.00	32.00	32.00	125.00	78.1
ち	24.00	16.00	16.00	16.00	72.00	45.0
つ	16.00	16.00	16.00	16.00	64.00	40.0
て	16.00	16.00	16.00	16.00	64.00	40.0
と	16.00	8.00	16.00	8.00	48.00	30.0
な	12.00	8.00	8.00	8.00	36.00	22.5

（資料出所）（出典）いずれも表10-6と同じ。
（注）休憩時間を除く。

パー1級1名、ホームヘルパー2級9名である。

　表10−10は、12名全員の介護スタッフの週あたり勤務時間を一覧できる形で示したものである。**表10−6**から**表10−9**は休憩時間を含めた勤務時間を示しているのに対し、**表10−10**は休憩時間を除いた実際の労働時間を示している。「ジェットコースター・シフト」が、若干ではあるが確認できる。すなわち、介護スタッフ「そ」について、32時間（第1週）から16時間（第2週）への激減、介護スタッフ「た」について、16時間（第1週）から45時間（第2週）への激増が見られる。

　加えて、介護スタッフ「し」については、毎週水曜から木曜にかけて、および金曜から土曜にかけて夜勤勤務が入っている。認知症高齢者への介護にフルタイム以上の時間従事し、夜間勤務を連続して行うことは問題であると言えよう。ただし、同グループホームの管理者によれば、本人の希望により夜勤を多くシフトに入れており、主体的選択としての勤

務なので問題ないとのことである。

図10-3は、勤務スケジュールのうちから任意に第3週を選び、平日の中から選んだ火曜日と週末の土曜日について、介護スタッフごとの勤務時間帯を図示したものである（図中の平仮名は表10-7の介護スタッフの平仮名に対応）。また、時間の変化に伴って介護スタッフの数が変動する様子を示したのが図10-4である。具体的には、第3週の火曜日においては、0:00～7:00は1名、7:00～9:30は2名、9:30～10:30は3名、10:30～14:00は4名、14:00～18:30は3名、18:30～19:30は2名、19:30～24:00は1名となっている。9:30から18:30まで3名ないし4名の体制で介護が行われており、極めて手厚い体制でケアが実践されていることが分かる。

他方、第3週の土曜日においては、0:00～7:00は1名、7:00～9:30は2名、9:30～10:00は3名、10:00～10:30は2名、10:30～18:30は3名、18:30～19:30は2名、19:30～24:00は1名となっている。10:30から18:30までは3名の体制で介護が行われており、週末についても手厚い体制でケアが実践されていることが分かる。

表10-6から表10-9から分かるように、介護スタッフ「そ」、「た」の勤務スケジュールについては7:00～16:00の「早出」が集中している。これは、グループホーム立ち上げ時に勤務時間帯を指定して求人をしたためである。9:30～18:30と10:30～19:30の時間帯については公平な振り分けが行われている。

図10−3　第3週における介護スタッフの勤務状況

【火曜日】

0:00　　7:00　9:30　10:00　　10:30　　　　　14:00　　　　16:00　18:30　19:30　24:00

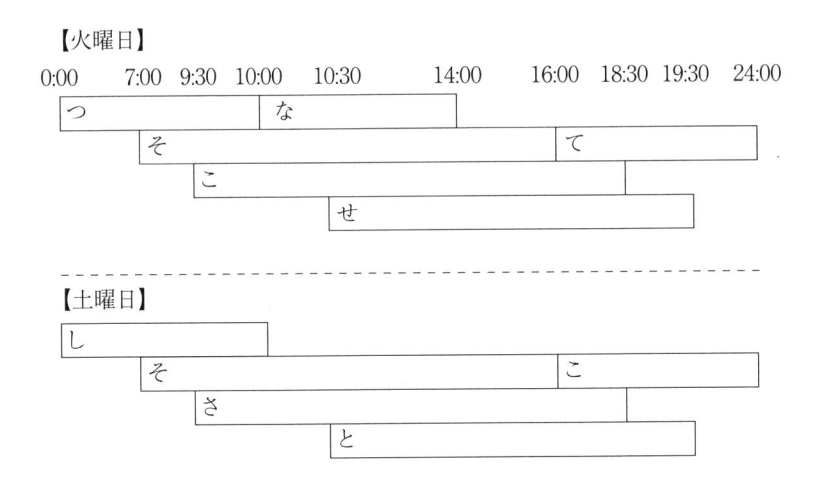

つ
そ
な
こ
て
せ

【土曜日】

し
そ
さ
こ
と

図10−4　第3週における介護スタッフの人数変化

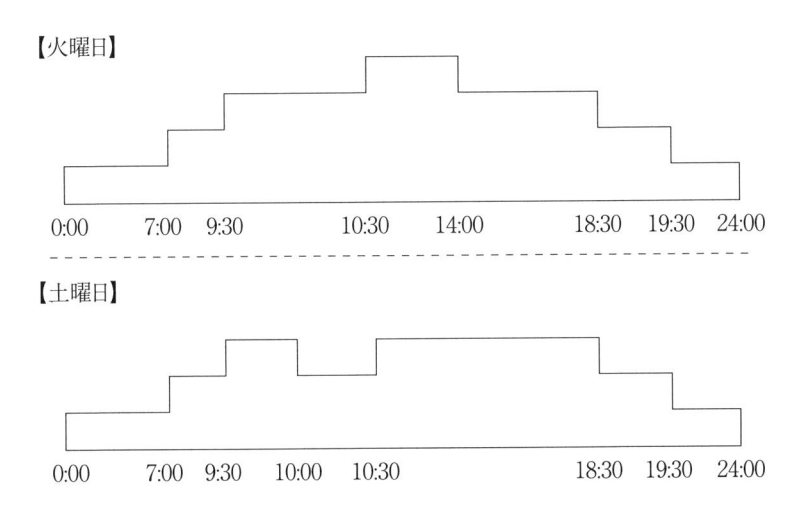

【火曜日】

0:00　　7:00　9:30　　　　10:30　　　14:00　　　　　　18:30　19:30　24:00

【土曜日】

0:00　　7:00　9:30　10:00　10:30　　　　　　　　　　　18:30　19:30　24:00

表10−11　Cグループホームの勤務スケジュール（第1週）

	月	火	水	木	金	土	日
に	0-10	—	12-21	9-18	12-21	—	16:45-24
ぬ	—	16:45-24	0-10	—	7-16	12-21	—
ね	16:45-24	0-10	—	12-21	—	16:45-24	0-10
の	—	7-16	7-16	7-16	—	7-16	7-16
は	7-16	—	9-18	—	—	—	9-18
ひ	9-18	9-18	—	—	9-18	—	—
ふ	12-21	—	—	—	—	—	12-21
へ	—	12-21	—	—	—	9-18	—

（資料出所）Cグループホーム　内部資料。　　（出典）筆者作成。

表10−12　Cグループホームの勤務スケジュール（第2週）

	月	火	水	木	金	土	日
に	0-10	—	12-21	16:45-24	0-10	—	7-16
ぬ	—	16:45-24	0-10	—	—	—	12-21
ね	—	9-18	16:45-24	0-10	—	7-16	16:45-24
の	9-18	7-16	—	7-16	12-21	9-18	—
は	—	—	7-16	—	7-16	—	—
ひ	—	—	—	9-18	9-18	—	—
ふ	7-16	—	9-18	—	—	—	—
へ	—	12-21	—	—	—	12-21	—

（資料出所）（出典）いずれも表10-11と同じ。

▶4　Cグループホームの場合

　表10-11から表10-14は、東海地方にあるCグループホーム（2000年開設、調査時点の平均介護度1.9）の2003年12月（1か月分）の勤務スケジュールである。

　株式会社が運営するCグループホームには二つのユニットがあるが、

表10－13　Cグループホームの勤務スケジュール（第3週）

	月	火	水	木	金	土	日
に	12-21	—	12-21	16:45-24	0-10	—	12-21
ぬ	16:45-24	0-10	—	7-16	7-16	12-21	16:45-24
ね	0-10	—	7-16	—	—	16:45-24	0-10
の	—	7-16	—	9-18	12-21	7-16	—
は	7-16	—	9-18	—	—	—	9-18
ひ	9-18	9-18	—	—	9-18	—	—
ふ	—	12-21	—	—	—	9-18	—
へ	—	—	—	12-21	—	—	7-16

（資料出所）（出典）いずれも表10-11と同じ。

表10－14　Cグループホームの勤務スケジュール（第4週）

	月	火	水	木	金	土	日
に	12-21	12-21	—	16:45-24	0-10	—	12-21
ぬ	0-10	—	16:45-24	0-10	—	12-21	16:45-24
ね	—	7-16	—	7-16	—	9-18	7-16
の	7-16	—	7-16	—	7-16	7-16	9-18
は	9-18	—	9-18	—	—	—	—
ひ	—	9-18	—	9-18	9-18	—	—
ふ	—	—	12-21	—	—	—	—
へ	—	—	—	12-21	12-21	—	—

（資料出所）（出典）いずれも表10-11と同じ。

　この勤務スケジュールはそのうちの一つのユニットのものである。このグループホームの介護スタッフは全部で8名（に～へ）、入居者は9名である。居室はいずれも和室であり6畳である。専任スタッフ8名のうち、介護福祉士は1名、社会福祉士が2名おり、ホームヘルパー2級が5名である。
　表10－15は、8名の介護スタッフの週あたり勤務時間を一覧できる形で示したものである。**表10－11**から**表10－14**は休憩時間を含めた勤務時

表10-15　Cグループホームの勤務時間　　　　　　　　　（単位：時間）

	第1週	第2週	第3週	第4週	合計時間	フルタイム換算（％）
に	40.25	41.25	40.25	40.25	162.00	101.3
ぬ	32.25	24.25	47.50	40.50	144.50	90.3
ね	40.50	39.50	33.25	32.00	145.25	90.8
の	40.00	40.00	32.00	40.00	152.00	95.0
は	24.00	16.00	24.00	16.00	80.00	50.0
ひ	24.00	16.00	24.00	24.00	88.00	55.0
ふ	16.00	16.00	16.00	8.00	56.00	35.0
へ	16.00	16.00	16.00	16.00	64.00	40.0

（資料出所）（出典）いずれも表10-11と同じ。

図10-5　第3週における介護スタッフの勤務状況

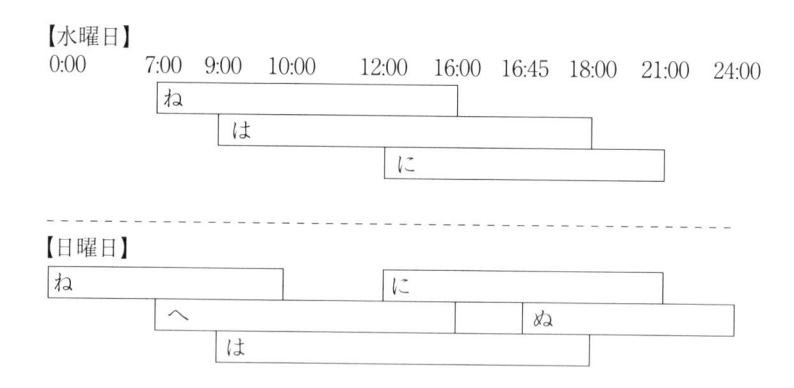

【水曜日】
0:00　　7:00　9:00　10:00　　12:00　16:00　16:45　18:00　21:00　24:00
　　　　　　ね
　　　　　　　　は
　　　　　　　　　　　　　　　に

- -

【日曜日】
ね
　　　　へ
　　　　　は
　　　　　　　　　　　　　　に
　　　　　　　　　　　　　　　　　　　ぬ

間を示しているが、表10-15は休憩時間を除いた実際の労働時間を表している。「ジェットコースター・シフト」は1ケースしか確認できない。すなわち、介護スタッフ「ぬ」について、24.25時間（第2週）から47.5時間（第3週）への激増が見られるのみである。なお、フルタイム換算で100％を超えるのは8名中1名にとどまっている。

　図10-5は、勤務スケジュールのうちから第3週を任意に選び、平日

第10章　日本における介護スタッフの勤務スケジュールの現状と問題点　189

図10－6　第３週における介護スタッフの人数変化

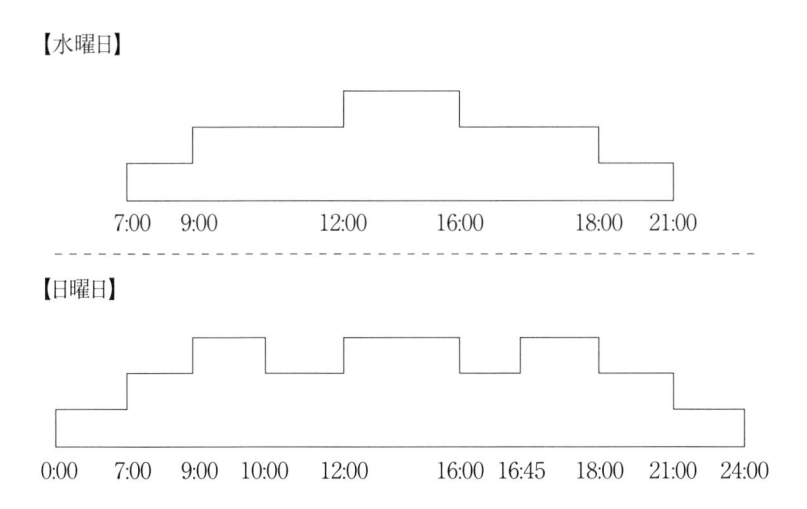

【水曜日】

7:00　9:00　　　12:00　　　16:00　　　18:00　21:00

【日曜日】

0:00　7:00　9:00　10:00　12:00　　　16:00　16:45　18:00　21:00　24:00

の中から選んだ水曜日と週末の日曜日について、各介護スタッフの勤務時間帯を図示したものである（図中の平仮名は、**表10-13**の介護スタッフの平仮名に対応）。また、時間の変化に伴って介護スタッフの数が変動する様子を示したのが**図10-6**である。具体的には、第３週の水曜日の場合、7:00～9:00は１名、9:00～12:00は２名、12:00～16:00は３名、16:00～18:00は２名、18:00～21:00は１名となっている。9:00から18:00まで２名ないし３名で介護が行われており、ＡグループホームやＢグループホームに比べるとケアスタッフがやや少ないことが分かる。

　第３週の日曜日については、0:00～7:00は１名、7:00～9:00は２名、9:00～10:00は３名、10:00～12:00は２名、12:00～16:00は３名となっている。また、16:00～16:45は２名、16:45～18:00が３名、18:00～21:00は２名、21:00～24:00は１名という体制である。

▶ 5　スウェーデンと日本における日勤スケジュールの比較分析

　グループホームにおける深夜から早朝にかけての勤務は、スウェーデンと日本で著しく異なっている。スウェーデンでは、三つ程度のユニット（１ユニット10名程度の入居者）を深夜勤専門の介護スタッフ３名が巡回してケアするパターンが多い。一方、日本では、１グループホームで２ユニット（１ユニット９名、合計18名）まで１人の深夜勤スタッフが勤務することになっているが、介護スタッフのローテーションで深夜勤を担当するホームと深夜勤専門が担当するホームがある。

　この相違を考慮し、７時から20時に限定した上で日勤の時間帯の勤務スケジュールを両国で比較分析してみたい。**表10−16**は、スウェーデンにおける五つのグループホームの勤務スケジュールについて、７時から20時の時間帯において、認知症の入居者が介護スタッフからケアを平均してどれくらいの時間受けているかについて、平日と土曜・日曜について算出した結果を示したものである。

　スウェーデンの五つのグループホームでは、７時から20時までの13時間（780分）のうち、平日のうちランダムに選ばれた１日につき225分から274分（平均は251分）、土曜・日曜のどちらかについては188分から233分（平均は205分）、入居者はケアサービスを受けている計算になる。グループホームにより格差が見られ、平日について最も時間が長いのはモーゴーデンの274分、最も短いのがリッラローダの225分である。土曜・日曜について、最も時間が長いのはルンデンの233分、最も短いのがリッラローダの188分である。

　同様に、**表10−17**は、日本における五つのグループホームの勤務スケジュールにつき（Ｄグループホームとｅグループホームの二つは参考データとして加えた）、スウェーデンと同一条件のもとで認知症の入居者が介護スタッフからケアを平均してどれほどの時間受けているか、平日と土曜・日曜について算出した結果を示したものである。

表10－16　入居者一人あたりの1日の平均ケア時間
（単位：分，（　）内サービス享受率%）

	リッラローダ	アンネヒル	ベータレン	ルンデン	モーゴーデン	平均
平日	225 (28.8)	261 (33.5)	242 (31.0)	253 (32.4)	274 (35.1)	251 (32.2)
土日	188 (24.1)	194 (24.9)	191 (24.5)	233 (29.9)	221 (28.3)	205 (26.3)

（注）休憩時間を含む。全て、コミューンが運営するグループホームのユニットである。

表10－17　入居者一人あたりの1日の平均ケア時間
（単位：分，（　）内サービス享受率%）

	Aグループホーム 社会福祉法人	Bグループホーム NPO法人	Cグループホーム 株式会社	Dグループホーム 株式会社	Eグループホーム 医療法人	平均
平日	185 (23.7)	253 (32.4)	173 (22.2)	233 (29.9)	187 (24.0)	206 (26.4)
土日	185 (23.7)	267 (34.2)	215 (27.6)	233 (29.9)	187 (24.0)	217 (27.8)

（注）休憩時間を含む。

　日本の五つのグループホームでは、7時から20時までの13時間（780分）のうち、平日のうちランダムに選ばれた1日につき173分から253分（平均は200分）、土日は185分から267分（平均は213分）、入居者はケアサービスを受けている計算になる。グループホームにより格差が見られ、平日について最も時間が長いのはBユニット（NPO法人）の253分、最も短いのがCユニット（株式会社）の173分である。土曜・日曜について、最も時間が長いのは同じくBユニットの267分、最も短いのがAユニット（社会福祉法人）の185分である。

　平日については、スウェーデンのほうが日本よりも平均ケア時間が45分長くなっており、手厚いケアが行われていることが確認できた。土曜・日曜については、逆に日本のほうがスウェーデンに比べて12分長くケアが提供されていることが明らかになった。

本研究は少数のグループホームに関する分析なので一般化することに慎重でなければならないが、本研究で確認できたことはスウェーデンのグループホームのほうが平日の平均ケア時間が著しく長いことである。日本のグループホームの場合は平日のケア時間がスウェーデンよりもかなり少なく、介護スタッフの人数および介護サービス提供時間に課題が残されていることが示された。

他方、土曜・日曜に関しては、逆に日本のほうがスウェーデンよりもケア時間がやや長いことが明らかになった。加えて、日本のほうが平日と週末の平均ケア時間の差が少ないことから、時間的継続性という点では望ましいと言えよう。

▶ 6　結論と今後の課題

両国のグループホームを比較分析した結果、結論として示すことができるのは次の4点である。

第1に、スウェーデンのグループホームにおける介護スタッフの勤務スケジュールについては、「ジェットコースター・シフト」と形容しうる激しい勤務時間の週間変動が確認できた。加えて、土曜・日曜における介護スタッフの数が少ないことが明らかになった。スウェーデンの社会サービスの重要な基本理念の一つに「継続性」がある。スウェーデンのグループホームにおいて「ジェットコースター・シフト」が広く一般的に存在することは時間的継続性、人的継続性を阻害するものであり、社会環境の変化への適応力が脆弱な認知症高齢者を対象とするグループホームにおいて、最も深刻な構造的問題を内包していると言える。

第2に、日本のグループホームにおける介護スタッフの勤務スケジュールに関しては、「ジェットコースター・シフト」の発生する割合がスウェーデンに比べて著しく少ないことが明らかになった。また、土曜・日曜における介護スタッフの人数が平日とほとんど変わらないこと

が、スウェーデンには見られない特徴として示された。

　第3に、当該のグループホームに勤務する介護スタッフの実質人数と入居者の比率に関しては、ほとんど差がないことを示すことができた。なお、深夜間勤務に関しては、両国で構造的な相違があるので比較できない。

　第4に、7時から20時までの日勤時間帯で入居者1人あたりに投入されるケア時間を比較した結果、平日についてはスウェーデンのほうが日本より著しく長く、逆に土曜・日曜については日本のほうがスウェーデンよりもやや長いことが明らかになった。これまで、スウェーデンのグループホームは入居者と介護スタッフの比が「1：1」であって、日本よりも手厚いケアが行われているかのように紹介されてきたが、実証的に比較分析した結果、必ずしもそうであるとは言えないことが明らかになった。

　総じて、グループホームにおける勤務スケジュールのあり方に関する限り、スウェーデンではジェットコースター・シフトが普遍的に存在すること、スウェーデンでは週末の介護サービス提供時間が少ないこと、日本では平日の介護サービス提供時間が少ないことなどを明らかにすることができた。

　本比較研究に関する今後の課題としては、以下の2点が指摘できる。まず第1に、本稿で分析したグループホームにおける介護スタッフの勤務スケジュールの具体的な決定プロセス、すなわち勤務スケジュールがそれぞれのグループホームの介護スタッフによって主体的に選択されたものかどうかについて詳細に調査することが必要不可欠である。スウェーデンも日本も、「相談」により勤務スケジュールが決められると言われている。現時点では相談のメカニズムが不明であるので、「相談」に見られる権力性の内実について詳細に調査研究することが今後の課題である。

　第2に、これが本研究に残された最も大きな課題であるが、次に行わ

れるべきは認知症グループホームで実践されている介護の方法、介護の質、介護現場の雰囲気にかかわる比較研究である。例えば、スウェーデンでは介護スタッフが「タクティール・マッサージ（Taktil Massage）」という特有の技法を用いて認知症高齢者に接している。このマッサージの技法はスウェーデンの看護師シーブ・アーデビィ（Siv Ardeby）が1960年代に考察したものである。このマッサージにより「オキシトシン」というホルモンが分泌され、人々の心をリラックスさせる[1]。この技法は、認知症高齢者のストレスを少なくする作用があると言われている。こうした技法をはじめとして、具体的なケアの方法論をめぐり、スウェーデンと日本でどのような相違が確認できるのか実証的に研究することが重要である。

　スウェーデンのグループホームを毎年のように視察して感じることは、ケアの現場の雰囲気がゆったりしていることである。日々介護スタッフがしなければならない業務が日本と同様に多くあるとしても、雰囲気にゆとりがある。介護スタッフの時間的切迫感がまったく感じられず、ゆとりの中でケアが実践されている。一方、日本のグループホームは、大規模な特別養護老人ホームのケアに比べればゆとりのあるケアがなされているものの、スウェーデンのように介護スタッフがソファに座っている認知症高齢者に寄り添って、腕や手をマッサージするというような光景はほとんど見られない。何が、そのようなグループホームにおけるケアのあり方や雰囲気に違いをもたらしているのか。研究に値する魅力的なテーマである。

──────（引用文献註）──────

[1]　小笠原裕次編（2002）『今、なぜ痴呆性にグループホームか』筒井書房、73ページ。

第11章
スウェーデンの高齢者に対するインフォーマルサポートの過去と現在

▶1　はじめに

　スウェーデンにおいて、要介護高齢者をインフォーマルにサポートするエージェントが家族であることは断るまでもない。同居という居住形態に限定するならば、家族とは配偶者を意味する。老親が成人した子どもと同居する割合は、スウェーデンにおいて圧倒的に低く2～4％程度であると言われている。

　2001年に内閣府が実施した『高齢者の生活と意識―第5回国際比較調査結果報告書』によれば、スウェーデンの60歳以上の高齢者（サンプル数1001名、無作為抽出）について、既婚の息子との同居が1.8％、既婚の娘との同居が0.6％、未婚の子どもとの同居が1.3％となっており、合計3.7％と極めて低い[1]。また、別居世帯を含めて考えるならば、家族には配偶者だけでなく娘や息子が含まれることになる。インフォーマルサポート提供者としての家族と言えば、同居の配偶者と別居の息子や娘が含まれる。

　ところで、要介護高齢者に対するサポートは「フォーマルサポート（Formal Support）」と「インフォーマルサポート（Informal Support）」に大別される。フォーマルサポートは、責任主体である当該コミューンが在宅の要介護高齢者にホームヘルプサービス、デイサービス、ショートステイサービス、訪問看護サービスを提供することや、ナーシングホー

ムやグループホームなど介護の付いた特別住宅に入所の措置を行うことが含まれる。

　フォーマルサポートに関しては、在宅ケアの場合、身体介護と生活援助（家事援助）を主とする「手段的サポート（Instrumental Support）」が、また介護の付いた特別住宅の場合は、身体介護を主とする手段的サポートが直接援助の形で展開される。そこに、社会的交流やコミュニケーションを主とする「情緒的サポート（Emotional Support）」が派生すると言える。

　他方、インフォーマルサポートでは、在宅の要介護高齢者や介護の付いた特別住宅に入居する要介護高齢者に対し、配偶者や娘・息子が訪問または面会という形でコミュニケーションや社会的交流を主とする情緒的サポートが中心的に行われ、時として、銀行や郵便局での手続きなど手段的サポートが展開される。もちろん、同居の配偶者の場合には、要介護高齢者に対する日々の身の周りの世話全体が手段的サポートであり、また同時に情緒的サポートも合わせて行われることになる。

　要介護高齢者をめぐるこうしたソーシャルサポート、特にフォーマルサポートの形態は1960年代以降に徐々に整備され、1960年代のスウェーデンの好景気を背景に現在のようなシステムに進化発展してきたと言えよう。

　では、それ以前の20世紀前半、さらに遡って19世紀では、スウェーデンの要介護高齢者はどのようにケアされてきたのであろうか。少し、歴史的に振り返ってみることにしたい。

▶2　隠居契約制度の誕生

　スウェーデンでは、17世紀に「ウンダンターグ（Undantag＝隠居契約、引退契約）[2]」が誕生し、隠居する高齢の農民は遺産相続人との間で契約書を交わすようになった。石原俊時（訳）の『スウェーデンの高齢者

福祉』によれば、隠居契約とは、財産の生前贈与と引き換えに財産相続者がそれまでの所有者に生涯にわたって様々な便宜を与える義務を定めた契約のことである[3]。18世紀前半には隠居の習慣が法律によって隠居制度として認められ、遺産を譲ったあとに住居の提供を受け扶養してもらうことが保障された[4]。

当時、子どもは15歳ぐらいで親から独立していた。この隠居契約を結ぶことによって、1人の子どもと同居または近居することができ、経済的に扶養してもらうことができる。スウェーデンだけでなく、ノルウェー、デンマーク、フィンランド、ドイツにも「引退契約（Retirement contract）」があった。スウェーデンだけの特徴としては、土地（農場）に対して契約する点が挙げられる。

スウェーデンにおける隠居契約の最も大きな特徴は、その契約の相手が親族である息子だけに留まらず、非親族と契約する場合も存在する点である。またそれだけでなく、娘の夫（婿）の場合もある。つまり、当時のスウェーデンでは、血縁関係にない第三者が高齢者と隠居契約を結び、高齢者の世話を請け負っても高齢者の養子にはならず、他人のままで高齢者を扶養したのである。つまり、血縁関係の擬制なしに、身内以外の他者を含みうるという開放性がスウェーデンには存在したことになる[5]。

では、当時のウンダンターグでは、具体的にどのような事柄が契約されていたのであろうか。具体例を3ケース挙げてみよう。

ケース1

1880年に、69歳の父親（肺炎のため80歳で他界）が息子と契約をした事例であり、裁判所によって公的に認められたものである[6]。契約時、母親（妻）も健在であった。その契約内容は、以下の7点である。

❶住居として、中庭に面した南側の建物の一角を提供すること。また、井戸と洗濯場を兼ねたビール醸造小屋を父親にも利用させる

こと。

❷食料として、毎年、小麦1バレル[*1]、大麦4バレル、ビール醸造用にモルト1バレル、雑穀1バレル、ジャガイモ1バレルを父親に提供すること。納期は、半分を4月1日に残りの半分を10月1日とするが、ジャガイモについては聖マイケル日（10月末）でよい。息子はまた、両親のために毎年半バレルのジャガイモを所有農地の中でも土質のよい場所に作付けすること。

❸息子は、焚き付け用や燃料として小枝、薪、木炭を提供すること。

❹息子は、毎週1回425gのバターと毎日約1ℓないし2ℓの牛乳を提供すること。ただし、冬の間はそれぞれその半分でよい。

❺息子は、父の所有する羊1匹、子羊1匹に、聖マイケル日まで飼料を与えること。また、この日に8.5kgの布地を提供すること。毎年12月中旬に、少なくともラード4.5kgを提供すること。

❻教会に行く場合のように、必要な送迎の手段は息子が提供すること。

ケース2

1904年に、南東部沿岸のある街で、父親が妻の同意のもとに息子オスカーと交わした隠居契約の例である[(7)]。父親は「本日、妻の同意の下に、我々の財産（1／12 Garö number 1）を息子オスカーに売ることにしたので、我々の残りの人生を生きている間、以下の引退特権、つまり必要なときには介護してもらうことと、以下に示す具体的な食料や物資を受ける特権を有する」と明記した。その契約内容は以下の6点である。

❶1階にある小さな二つの部屋と、台所、地下室、薪小屋を自由に使うこと。

❷乾燥した良質の薪3パイル、松材2パイルを薪小屋に運ぶこと。

❸ライ麦3バレル、ジャガイモ4バレルを提供すること。

❹4月1日から11月1日まで、夏の間中毎日甘いミルクをピッ

チャー1.5杯分提供すること。残りの半年は、同じく甘いミルクを毎日1パイント★2分提供すること。
❺夏冬通して、1頭の羊の飼葉を用意すること。
❻毎年、庭で採れる物の4分の1を提供すること。
　以上、上に示した権利を持つ品物は上質なものに限ることに加え、毎年、我々の所に配達すること。10月1日をもって1年を計算すること。

　なお、引用したデイビッド・ガウント（David Gaunt）の論文には、このケース2のほかに1816年にフィンランドの北西沿岸で交わされた隠居契約の内容、および1785年にデンマークの北ジーランド（zealand）で交わされた隠居契約の内容が示されている[8]。

ケース3 [9]

　1905年に、ヨンショーピングにおいて、高齢夫婦の夫ヨーハン・スヴェンソンと妻のマリア＝クリスティーナ・ペッテシュドッテルが、娘夫婦（娘ヘニング・ニューランデルとその婿アマンダ・ヨーハンスドッテル）に彼らの所有する自宅（住所：Mulseryds Socken 8/63 mantal Mulseryd Nr.1）と、それに付随する風車小屋および製材所を、次の条件でもって合意した額4,000SEKで売り渡した。その契約内容は以下の6点である。
❶我々売り手は、残りの生存期間中、隠居部屋★3とその真上にある上階の部屋を所有し、居住する権利、地下室と食料貯蔵室に根菜類その他食料品の保存のため自由に出入りする権利、パン焼き、炊事、洗濯等のために台所と洗濯小屋に自由に出入りする権利を有する。

★1　穀物や液体などの量を量る単位。国や扱うものの種類により異なるが、1バレル120ℓから160ℓである。ただし、当時の換算は不明。
★2　1パイントは約0.57ℓ。ただし、当時の換算は不明。
★3　原文を直訳すると「玄関に近い部屋」という意味であるが、その位置の部屋がしばしば隠居部屋に使われた。

❷生活維持費として、買い手または所有者は、毎年、必要に応じて普通この地区でパンに使われるような最上級のライ麦紛を250kg渡す。また、それ以外にも以下のものも渡す。小麦粉20kg、細かい粒状の塩、灯油（パラフィンオイル）15ℓ、骨の少ない牛肉28kg、同じく（骨の少ない）豚肉28kg、ラード4kg、牛脂4kg、チーズ4kg、ブーツ1足と上質かつ適切な木製の雪靴1足、現金10SEK。

❸さらに我々には、毎日2ℓの牛乳と毎月500gのバターが、申し出により必要時に渡される。

❹我々が自分でできないために、買い手は薪を乾燥した状態で十分な量、要求に従って割り居室に持ち込むこと。また、病気のときや老衰のときは、必要な世話と介護をすること。

❺また、農場を所有することになる者（娘夫婦のこと）の羊とともに、我々の2頭の羊も夏期および冬期に餌を与えられるべし。冬に子羊が生まれた場合も夏期に放牧すべし。

❻上記の隠居特権は目減りされることなく、契約書通りの秩序で我々双方が生きている限り実施される。しかし、我々夫婦のどちらかが死去した後は、契約条件の2分の1の水準でよい。

▶3　隠居契約制度の限界

　上記の三つの隠居契約は、いずれも住環境や食生活に関わる契約内容となっており、何故、親が息子や娘とこうした詳細な契約を結ばなければ老後の安心を得ることができないのか理解に苦しむ。しかし、19世紀終わりから20世紀の初めの時期であることを想起するならば、親も子もギリギリの生活をしながらその生活を守るためには、裁判所を通して前述のような契約を結ばざるを得なかったということであろう。決して、彼らが「薄情」であったということではない。先に述べたように、この

制度はスウェーデンに限らず他の北欧諸国や中欧にも存在したのであり、ヨーロッパ合理主義の産物であるということができる。

　ただし、詳細な条件を設けて契約を行っている割には、以下に述べる二つの曖昧さも内包している。まず第１に、上記の三つのウンダンターグの例から容易に理解できるように、こうした隠居契約は、父親、母親という老いた両親の存命中（さらに、両親のどちらか一方が他界したあとも）において契約内容が有効である。家屋や現金を受け取ったあと、成人した子どもや子どもの配偶者はしばらくの間契約内容を忠実に履行するものの、隠居契約期間が長期化するのに伴い、隠居契約を締結したことや隠居契約の内容について不満を抱くケースも少なくないと考えられる。

　また、契約によっては、物資提供のタイミングが細かく規定されていない場合や「良質な」といった主観によって大きく左右される基準が示される場合など、契約内容そのものに問題が内在している場合も多い。そのため、契約条件の履行をめぐってトラブルも絶えなかったと言える。例えば、契約で指定した食物の品質が悪かったり傷んでいたり、指定した薪が湿っていて使い物にならなかったりした[10]。

　第２に、すでに確認したように、契約内容は住宅の確保、食料品の確保が中心となっていて、自分達（またはどちらか）が介護を必要とするようになった場合に、子ども夫婦が在宅で介護してくれることの契約が必ずしも明確にはなっていない。ウンダンターグは隠居契約（引退契約）であるから、その性格上、当然身の周りの世話や看病・介護に関する契約事項を入れるべき性格のものであるが、上記の３ケースのうち、ケース１とケース３にはそれがまったく見当たらない。唯一、ケース２において介護を受ける権利について書かれてはいるものの抽象的な表現に留まっており、介護に関する具体的な条件は明記されていない。おそらく、介護をめぐるこうした責任についてもトラブルが起きやすかったのではないか。

そもそも、こうしたウンダンターグは、土地、家屋、財産をもつ裕福な高齢者のみが子どもや血縁関係にない他人と契約できたにすぎない。つまり、スウェーデンの隠居契約は、限られた一握りのエリート高齢者のための老後の生活不安解消手段でしかなかったのである。ウンダンターグは、スウェーデン語で「例外」という意味であり、文字通り、18世紀から20世紀初頭にかけての例外的・限定的な高齢者に対するインフォーマルサポートの形態であったということができる。

　19世紀後半のスウェーデンは、ヨーロッパの中で最も貧しい国の一つであり、急速な人口増加と慢性化した食糧不足を背景に、当時の総人口の4分の1にあたる100万人が1860年代後半から1910年ごろにかけてアメリカに移住していった。そのような社会状況であったことからすれば、なおさらウンダンターグが例外的な高齢者扶養システムでしかなかったことが分かる。

　ところで、大岡頼光の『なぜ老人を介護するのか』は、スウェーデン農民層の約20％を占めた下層の借地農民の隠居契約は、血縁関係にない非親族間で結ばれていると主張する[11]。しかしながら、すでに明らかにした通り、ウンダンターグは、契約の相手が親族であれ非親族であれ、当該高齢者の所有する資産としての価値のある土地、家屋、財産を相手に譲与することと引き換えに、生産活動に従事できなくなった当該高齢者やその配偶者の住居や日常生活を保障する契約である。その主旨からすれば、土地を所有しない下層の借地農民が非親族と隠居契約を結ぶとは到底考えにくい。つまり、土地や家屋をもたない高齢者は、この隠居契約の制度の外にあると考えるのが自然ではないだろうか。借地農民の隠居契約については、論理的に考えて不可能なことである。以上のことから、借地農民の隠居契約に関して、大岡の解釈に疑問を抱かざるをえない。

　では、隠居契約を結ぶことができなかった土地や財産をもたない当時の大多数の高齢者は、要介護の状態になったときにどのような介護をど

のような所で受けていたのであろうか。デイビッド・ガウントによれば、いかなる財産も保有しない高齢者は困難な状況に追い込まれた。高齢者の居住する教区が高齢者ホームを運営しており、貧困な高齢者はそこで介護を受けていた。工場労働者の場合には、工場が保有する高齢者ホームで介護を受けていた。また、場合によっては、子どもたちの家を転々とすることもあった。あるいは、少数ではあるが地域社会の中で、親族のいない高齢者が血縁関係にない世帯からまた別の世帯へ回り介護を受けるという巡回扶養も行われた。

▶4　隠居契約制度の終焉

　同じくデイビッド・ガウントによれば、この引退契約は19世紀末から20世紀初頭にかけて、スウェーデンにおいてもほかの中央ヨーロッパ諸国においても大方消滅した。スウェーデンの第1次世界大戦前の調査によれば、この契約は極北と孤立した南部の森林地域でのみ存在していたにすぎない。しかし、この隠居契約の消滅は、隠居契約が不要になるほど家族関係が良好で調和的になったことを意味してはない[12]。

　スウェーデンで最初に引退契約が消滅したのは、商業的農業の進んだ南部と19世紀半ば以降森林産業の進んだ西部地域である。農地を所有する高齢者は土地を処分し、お金を銀行に預けてその利子で生活するようになり、老後の生活の糧にした。貨幣経済の浸透が引退契約の消滅に大きな役割を果たしたことは明らかであり、引き金になったことは間違いない[13]。

▶5　福祉国家と「国民の家」

　20世紀の福祉国家スウェーデンにおける高齢者ケアの発展を理念的に支えてきたのは、「国民の家（Folkhem_{フォルクヘム}）」という概念である。岡沢憲芙

の『スウェーデンの挑戦』では、G. フレドリクソン、D. ストランドらの『ペール・アルビンの政策基線』に表現を借り、国民の家は胎児から墓場までの人生のあらゆる段階で、国家が「良き父」として人々の要求・必要を包括的に規制・統制・調整する「家」の機能を演じる社会であるとする(14)。

　大恐慌が発生したあと、1932年に初の社会民主労働党（SAP）を組閣したパー・アルビン・ハンソン（Per Albin Hansson、1885～1946）は、1928年の段階で福祉国家建設のスローガンとして「国民の家」という考えを議会で唱えた。
「良き家」とは、平等、心遣い、協力、助け合いがいきわたっている。そして、より公平な社会は、「現在、市民を、特権を与えられたものと軽んじられた者に、優位に立つ者と従属的な者に、富める者と貧しい者、つまり財産のある者と貧窮した者、掠奪する者と奪われる者に、分けているすべての社会的、経済的バリアの破壊」によって到達することになろう(15)。

　彼は、国民の家を家族のように自由かつ平等で、国民相互の理解と連帯に基づく国家と構想している(16)。社会民主労働党は、1932年の党大会でマルクス主義の影響が強く表れていた党綱領を事実上棚上げにし、この「国民の家」に基づく現実的な路線を党の方針とした。この方針変更が、他党との協力体制を固めたとも言える(17)。

　介護を必要とする高齢者の要求に対し、岡沢憲芙が言うように、国家が「良き父」として包括的に調整する家の機能をもつ社会であるとするならば、要介護高齢者に対するフォーマルサポートのバックボーンが「国民の家」にあることはもとより、密接に関連するインフォーマルサポートも「国民の家」と無関係ではないであろう。

　国家が父親であるというアナロジーは家父長制を想起させるものであり(18)、男女同権（男女平等）をかなり高い水準で実現させている現代の

スウェーデン社会では到底受け入れられない発想である。何故なら、性別役割分業の価値観を想起させるからである。「良き親」としての国家と修正しなければならない。

前述の大岡は、血縁関係を擬制しないスウェーデンの「家」の開放性、すなわちウンダンターグにおいて契約の相手が非親族の場合がありうることが「国民の家」の基盤であると主張する[19]。しかし、先に確認したように、ウンダンターグが20世紀初頭にほぼ消滅している事実を踏まえるならば、社会民主労働党のスローガンとして1928年に登場した「国民の家」の基盤であったとは考えにくい。20年以上のタイムラグが存在するからである。

▶ 6　現代におけるインフォーマルサポート

時間軸を現在に戻し、スウェーデンにおけるインフォーマルサポートがどのような形で展開されているのか確認しておきたい。**表11-1**は、マルタ・ツエベヘリ（Marta Szebehely）の研究により、80歳以上の高齢者がフォーマルサポートやインフォーマルサポートをどの程度受けているのかを示すものである。

表11-1から、まず公的サービスは男性よりも女性が多く受けていること、そのうち介護の付いた特別住宅への入居も女性が多いことが分かる。第2に、ホームヘルプサービスは女性のほうが男性よりも多い。第3に、インフォーマルケアは男性のほうが女性よりも多く、とりわけ配偶者が介護をする場合は男性が27%であるのに対し、女性は7％と極めて少ない。

以上の結果から、ケアのタイプをめぐるジェンダー間の「非相称性（Asymmetry）」を指摘できる。つまり、80歳以上の高齢男性は配偶者（妻）からインフォーマルケアを受ける傾向が強いのに対し、女性はおそらく配偶者と死別してから、ホームヘルプサービス、ショートステイサービ

表11-1　男女別高齢者の介護形態　　　　　　　　　　（単位：%）

	男性	女性
公的サービス	37	50
（そのうち介護の付いた特別住宅の場合）	(19)	(26)
ホームヘルプサービス	18	24
インフォーマルケア	38	24
（そのうち配偶者が介護者の場合）	(27)	(7)
家族・友人が介護	14	19
その他	6	6
介護なし	30	32

（出典）Marta Szebehely（1998）p.76
（注）フォーマルサービスとインフォーマルケアを同時に受ける場合がある。また、複数のインフォーマルなサービスを受けることがあるので合計は100%を超えている。

表11-2　ホームヘルプサービスの利用状況　　（単位：実数、（　）内%）

		男性	女性
65-79歳	高齢者数	488,314	575,955
	ホームヘルプサービス利用者数	13,839	23,383
	ホームヘルプサービス利用率	(2.8)	(4.1)
80歳以上	高齢者数	167,484	302,042
	ホームヘルプサービス利用者数	23,602	64,351
	ホームヘルプサービス利用率	(14.1)	(21.3)

（出典）Statistiska centralbyrån（2004）p.74 p.459から筆者作成。

ス、デイサービスなどの在宅サービスを受けたり、介護の付いた特別住宅に入居することが多いと言える。女性のインフォーマルケアについては、配偶者である夫からのケアが7%あり、それ以外のインフォーマルケアは主に娘からである。

　さて、**表11-2**は、2002年における65歳以上の高齢者について、ホームヘルプサービスを受けている人数と当該人口当たりのサービス利用率を示したものである。この表からも分かるように、65〜79歳層では、男性がホームヘルプサービスを利用している割合が2.8%であるのに対して女性は4.1%と、女性のほうがやや多い。80歳以上層では、同じくホームヘルプサービス利用者の割合が14.1%であるのに対して女性は21.3%

表11-3　介護の付いた特別住宅への入居状況　　（単位：実数、（　）内％）

		男性	女性
65－79歳	高齢者数	488,314	575,955
	介護の付いた特別住宅入居者数	10,339	14,285
	介護の付いた特別住宅入居率	(2.1)	(2.5)
80歳以上	高齢者数	167,484	302,042
	介護の付いた特別住宅入居者数	24,040	66,858
	介護の付いた特別住宅入居率	(14.4)	(22.1)

（出典）Statistiska centralbyrån（2004）p.74 p.457から筆者作成。

表11-4　居住形態別サポートのタイプの変化　　（単位：％,（　）内実数）

		家族またはインフォーマルケアのみ	インフォーマルケアと公的ホームヘルプサービスの併用	公的ホームヘルプサービスのみ	合計
一人暮らし	1994	33	17	51	100（266）
	2000	47	24	28	100（338）
同居者あり	1994	85	9	5	100（275）
	2000	88	7	5	100（303）

（出典）Gerdt Sundström, Lennarth Johansson & Linda B. Hassing（2002）p.353から筆者作成。

と、女性のほうが多い。介護を必要とする男性は同居している配偶者（妻）から介護を受けているのに対し、女性は当該コミューンからのフォーマルケアを受ける傾向が強いと言えよう。ホームヘルプサービスについて、「ジェンダー・バイアス」が存在していると言ってよい。

　表11-3は、2002年における65歳以上の高齢者について、介護の付いた特別住宅に入居している高齢者の数と当該人口当たりの入居率を示したものである。この表から分かるように、65～79歳層では、男性が介護の付いた特別住宅に入居する割合が2.1％であるのに対して女性は2.5％と、ほぼ同じである。80歳以上層では、介護の付いた特別住宅に入居する男性の割合が14.4％であるのに対して女性は22.1％と、女性のほうが多い。80歳以上の介護の付いた特別住宅入居状況からも、長時間にわたる介護を必要とする男性は同居している配偶者（妻）から介護を受けているのに対し、女性は当該コミューンからのフォーマルケアを受ける傾向が強いと言えよう。介護の付いた特別住宅においても、ホームヘルプ

サービス同様ジェンダー・バイアスが存在していることが分かる。

表11－4は、現代のスウェーデンにおいて、75歳以上の高齢者がどのようなサポートを受けているのかについて、スウェーデン政府による2回の調査から明らかにしたものである。

イエット・スンドストローム（Gerdt Sundström）らによれば、一人暮らし高齢者の場合、公的ホームヘルプサービスのみを受けるケースが1994年では51％あったのに対し、2000年には28％と著しく減少している。同じく一人暮らし高齢者の場合、家族のインフォーマルケアのみを受けるケースは1994年では33％あったのに対し、2000年には47％と増大している。

一方、もう一つの居住形態である同居者がある場合は（ほとんどは、配偶者との同居）、1994年と2000年ではほとんど変化がない。家族またはインフォーマルケアのみの場合が85％を超えており、公的ホームヘルプサービスの併用が10％弱、公的ホームヘルプサービスのみが5％という分布である。

以上の結果から、6年間に75歳以上の一人暮らし高齢者に関して、本来公的ホームヘルプサービスが担うべきサポートが、家族またはインフォーマルケアに大きくシフトしていることが分かる。つまり、これは同居家族がいないわけであるから、別居している子ども達がサポートの中心になっていることを示している。スウェーデン全体として、介護を必要とする高齢者のケアの主体が当該コミューンから配偶者や別居している子ども達に大きく軸足が変化していることは、先のジェンダー・バイアスが存在することに加えて深刻な問題である。

▶7　日本におけるインフォーマルサポートの過去

これまで、スウェーデンのインフォーマルサポートの過去および現在の状況を論じてきた。ここでは、あまり焦点を当てられることのなかっ

た江戸時代の高齢者のインフォーマルサポートに焦点を当てて当時の状況を明らかにしておきたい。

　高齢者の年齢区分が、時代とともに変化することは言うまでもない。江戸時代前半は60歳以上を高齢者と見なしていたが、何故か後半では50歳以上と考えられていた。その、10歳の若返りの正確な理由は解明されていない[20]。

　さらに不思議なことに、幕府法では老年隠居の法定年齢を70歳としていた。おそらく、当時としてはこの年齢まで現役の役人を続けること自体が至難の技であった。そのため幕末には、立ち居不自由な、つまり日常生活動作能力の低い役人には乍勤隠居（つとめながらいんきょ）が許されることとなった。幕府法に基づき、法定隠居年齢の70歳まで勤め上げた者には、家督相続だけでなく隠居料も支給された。享保の時期には、同じく70歳まで勤め上げた者には、隠居料だけでなく褒美も与えられた[21]。

　他方、藩では独自に老年隠居の法定年齢を定めており、例えば仙台藩では60歳、片倉藩では70歳、宇和島藩では60歳と地域格差が見られた[22]。こうした地域格差があるものの、法定隠居年齢まで勤め上げれば老後の生活は保障されたと言えよう。

　他方、一般の庶民には、当然のことながら、法定隠居年齢がなかった。畿内では、江戸時代初期に「隠居分家」が行われ、中期以降は「家内隠居」に変化していった。隠居分家の場合には、まず長男に分地して独立させ隠居が次男以下を引き連れて別家し、次男に分地して独立させまた隠居が三男以下を引き連れて別家するといった形で繰り返された。本家の家長の地位を長男に譲渡したあとも、分家の責任者として最後の子どもが独立するまで働き続けざるを得なかった。長男に分地して独立させるタイミングが早いために、隠居年齢は比較的若かった。

　一方、家内隠居では、60歳を超えて隠居することが普通であった。しかし、町人や農民は、幕府や藩の武士のように隠居料を支給されるわけではなかったので、老後の生活は自力で確保する以外に方法はなかった。

そのため、町人も農民も隠居する際に、自らの土地や財産の一部を隠居分として留保し隠居後の生活を賄ったのである[23]。

この時代、北陸・東北地方では、「無隠居制」、死譲り慣行がかなり広い領域で見られたと言われている。無隠居制とは、家長が加齢により働けなくなったあと、跡取りの子どもが労働の中心になるシステムであるが、その段階においても家長の座を退かず財布を握り続けることを指している[24]。

スウェーデンのウンダンターグでは、土地や財産をもつ高齢者が、契約相手である子どもや第三者にいったん土地や家屋を譲渡した上で、自分達夫婦あるいは自分自身、配偶者自身の老後生活を保障してくれるように衣食住に関する生活物資について隠居契約を結んだのであるが、日本の江戸時代中期以降の家内隠居では、自らの土地や財産の一部を隠居分として留保している点で大きく異なっている。

いずれにせよ、土地・家屋など財産を担保に安定した老後生活を送ることができた高齢者がごく一部の層であった点では、スウェーデンも日本も共通である。むしろ、多くの高齢者は、日本においてもスウェーデンにおいても不安定な老後を過ごさざるを得なかったのである。

隠居制は、高齢者に子どもがいることを前提にした制度であった。しかし、いつの時代にも子のいない高齢者は存在する。自立した生活を送ることが可能な時期は問題ないが、介護を必要とする状態になった場合には、「五人組帳前書」により近親（従父兄弟姉妹）の責任とされた。つまり、当該の高齢者が一人で暮らせないほどの要介護状態になれば、近親が引き取って扶養したのである。特定の近親の介護を受ける場合もあれば、親族中をたらい回しにされることもあった。

以上は親族のいるケースであるが、子どもがなく親類もいない場合には、村や町の五人組が介護を担当することが五人組帳前書で規定されていた[25]。もともと、五人組は近隣五戸を単位とする最末端行政組織で、法令順守・治安維持のために設けられた制度であるが、現代で言うとこ

ろの地域福祉の機能をも当時担っていたのである。

　五人組は、家族がいない単身世帯の耕作を手伝うという農業経営維持のための手段的サポートを行っていたし、家族をもたず親族の援助が得られない要介護高齢者に対しては、五人組だけでなく村全体で扶養することとされていた[26]。

　近世社会においては、五人組帳前書が示すように、血縁だけでなく隣保地縁による相互扶助が強調された。『続地方落穂集』巻二には、五人組の中で病人が出たり、親・兄弟・妻子が長病のために耕作が十分にできない場合には組中の者がお互いに助け合うべきことと記されている。また、「老いて子孫なく、幼少にて親兄弟なく、近き親類もなく、或は後家鰥(やもめ)に成、(中略)、身衰相続難成もの」が出た場合には、その者の親類はもとより、庄屋・年寄・組頭とも申し合せて介抱し、飢寒をしのがせるようにし、もし百姓の力では及ばないところがあれば、「一応ご注進し御下知を相待つべきこと」と記されている。

　相互扶助を唱えているものの領主の責任分担を最後に位置づけている点に、身寄りのない高齢者が公的にその生活を保障されてはいないという事実を確認することができる[27]。

　結局、江戸幕府は、高齢者扶養の責任を3層構造で規定していたことになる。すなわち、第1扶養義務者を「孝」原理に基づいて「子」とし、子なき場合には第2扶養義務者を族縁原理に基づいて「近親」とし、子や近親がいないときには地縁原理により第3扶養義務者を町村の「五人組」とした[28]。

　ソーシャルサポートという観点から言えば、第1扶養義務者の子、第2扶養義務者の近親までがインフォーマルサポートの提供者であり、第3扶養義務者としての町村五人組は、行政の最末端組織であることから考えるとフォーマルサポートの提供者と位置づけることができる。

▶ 8　結　　論

　スウェーデンにおけるインフォーマルサポートの過去と現在というテーマのもとで、スウェーデンのウンダンターグの発生から終焉に至る一連の流れについて明らかにした。また、ウンダンターグとの関連でスウェーデンが福祉国家を建設する過程で大きな貢献をなしたと考えられる「国民の家」の概念について検討した。さらに、インフォーマルサポートが現在のスウェーデンにおいてどのように展開されているのかについてデータを踏まえて検討し、「ジェンダー・バイアス」が存在することを問題提起した。加えて、スウェーデン全体として、介護を必要とする高齢者のケアの主体が当該コミューンから配偶者や別居している子ども達に大きく軸足が変化していることを指摘した。先のジェンダー・バイアスが存在することに加えて、極めて深刻な社会問題と言わざるを得ない。

　日本における江戸時代に関するインフォーマルサポートについても考察した。江戸時代中期以後に存在した隠居に伴う契約が示すように、土地を老後の生活保障財として保持しつつ、家族によるインフォーマルサポートが強化されるシステムが存在することを明らかにした。さらに、五人組によるフォーマルサポートが外延に位置づくという重層的なサポートシステムの構造が見られることも示した。

　このようなインフォーマルサポートとフォーマルサポートがリンクする構造が、明治時代に入ってどのように変容したのかという点も極めて興味深く、大きな課題として残されている。

──────（引用文献註）──────

(1)　内閣府（2002）「高齢者の生活と意識」第5回国際比較調査結果報告書、10ページ。
(2)　大岡頼光は、以下の文献でスウェーデンにおける隠居契約を「på undantag」

と表記しているが、「undantag」または「undantagskontrakt」が正しい表記である。大岡頼光（1997）「老人扶養における家族と共同体」社会学研究会、『ソシオロジ』、41（3）、3～18ページ。
(3) ペール・ブルメー＆ピルッコ・ヨンソン／石原俊時訳（2005）『スウェーデンの高齢者福祉』新評論、79ページ。
(4) ビヤネール多美子（1998）『スウェーデン・超高齢社会への試み』ミネルヴァ書房、47ページ。
(5) 大岡頼光（2004）『なぜ老人を介護するのか』勁草書房、93ページ。
(6) 木下康仁（1992）『福祉社会スウェーデンと老人ケア』勁草書房、172ページ。
(7) Gaunt, D（1982）The property and kin relationship of retired farmers in Northern and central Europe in Wall. R, Robin. J and Laslett. P (eds.)Family forms in historic Europe, Cambridge University Press p. 278
(8) Gaunt, D（1982）The property and kin relationship of retired farmers in Northern and central Europe in Wall. R, Robin. J and Laslett. P (eds.)Family forms in historic Europe, Cambridge University Press p. 270
(9) スウェーデンの高齢者ケア研究者イエット・スンドスローム（Gerdt Sundström）教授から資料の提供を受ける。
(10) Gaunt, D（1987）Jounal of Family History, Vol. 12, 1-3, p. 139
(11) 大岡頼光（2004）前掲書、93ページ、109ページ。
(12) Gaunt, D（1982）The property and kin relationship of retired farmers in Northern and central Europe in Wall. R, Robin. J and Laslett. P (eds.)Family forms in historic Europe, Cambridge University Press p. 271
(13) Gaunt, D（1982）op,cit. p. 271
(14) 岡沢憲芙（1991）『スウェーデンの挑戦』岩波書店、76ページ。
(15) スティーグ・ハデニウス／岡沢憲芙監訳（2000）『スウェーデン現代政治史』早稲田大学出版部、44ページ。
(16) 石原俊時（1996）『市民社会と労働者文化』木鐸社、391ページ。ペール・ブルメー＆ピルッコ・ヨンソン／石原俊時訳（2005）『スウェーデンの高齢者福祉』新評論、93ページ。高島昌二編（2003）『福祉と政治の社会学的分析』ミネルヴァ書房、102～103ページ。Seppo Hentila（1978）The Origin of the Folkhem Ideology in Swedish Social Democracy, Scandinavian Journal of History, 3, p. 327；Tim Tilton（1991）The Political Theory of Swedish Social Democracy, Clarendon Press pp. 126-127

⑰　スティーグ・ハデニウス／岡沢憲夫芙監訳（2000）前掲書、44～45ページ。
⑱　Tim Tilton（1991）The Political Theory of Swedish Social Democracy, Clarendon Press p. 128
⑲　大岡頼光（2004）前掲書、93ページ、113ページ。
⑳　大竹秀男（1990）「江戸時代の老人観と老後問題」利谷信義他編・比較家族史学会監修『老いの比較家族史』182ページ。
㉑　同上書、189ページ。
㉒　同上書、184ページ。
㉓　同上書、190ページ。
㉔　竹内利美（1969）『家族慣行と家制度』恒星社厚生閣、260ページ。
㉕　大竹秀男（1990）前掲書、195～196ページ。
㉖　柳谷慶子（2003）「日本近世における家族・地域の扶養介護」片倉比佐子編『教育と扶養』（日本家族史論集10）吉川弘文館、317ページ。
㉗　新村拓（1991）『老いと看取りの社会史』法政大学出版局、131～132ページ。
㉘　大竹秀男（1990）前掲書、202ページ。

終章

スウェーデン高齢者ケア研究からのレッスン

▶1 スウェーデンの高齢者ケアの構造的問題点の整理

構造的問題は、高齢者ケア政策にかかわる問題と、高齢者ケア実践にかかわる問題の二つに分けることができる。

(1) 高齢者ケア政策にかかわる問題

高齢者ケア政策にかかわる問題点としては以下の五つを指摘することができる。まず第1に、社会的入院費支払い責任システムの効果に関しては、エーデル改革以後の6年間はある程度機能したものの、筆者の調査によればその後リバウンドして社会的入院が増加に転じており、社会的入院抑制効果が見られなくなってきているという問題が指摘できる。なお、社会的入院費支払い責任については、現在各コミューンから2006年までのデータを継続して集めているところであり、リバウンド現象がその後も続いているのかどうかを検証していく予定である。

第2に、ニーズ判定に関しては、いくつかのコミューンを調査した結果、ニーズ判定の方法がバラバラで不統一であることが明らかになった。心身が衰え介護を必要とする高齢者にどの程度の介護サービスを提供すべきかについては全国一律の公平な基準を設けることが望ましい。また、この問題との関連で、日本における要介護認定についてまったく質の異なる問題点を指摘した。

第3に、サービス利用時の自己負担額のコミューン間格差に着目し、著しい格差が生じていることを明らかにした。なお、2002年の社会サービス法改正によって毎月の自己負担額の上限が決められたことでコミューン間の格差は縮小傾向にあるが、この点に関する分析は今後の課題とされた。

　第4に、介護の付いた特別住宅の運営に関する民間委託の現状を調べ、コミューンと民間組織の間に競争原理を導入したことが、必ずしも介護の質を向上させることに寄与しているわけではない現実について明らかにした。

　第5に、高齢者虐待防止法としてのサーラ法の具体的な手続きを取り上げた。法律が施行された1999年以降も、虐待が疑われる介護スタッフの発言・行為に関する通報数が著しいという構造的問題を筆者の調査結果とともに明らかにした。あわせて、日本で施行されたいわゆる「高齢者虐待防止法」の性格についてサーラ法と比較しながら論じた。

　最後に、心身の衰えた高齢者が住み慣れた馴染みの環境である自宅での生活を継続することによりQOLを維持するためには、住宅改修サービスを利用することが重要であるとの認識から、スウェーデンと日本における住宅改修サービスのあり方と問題点について検討した。

（2）高齢者ケア実践にかかわる構造的問題

　高齢者ケアの実践にかかわる構造的問題点としては、以下の三点を指摘することができる。

　まず第1に、スウェーデンの介護スタッフの勤務スケジュールに関しては、いくつかのグループホームのユニットの勤務シフトを具体的に分析した結果、週ごとの勤務時間が激しく変動するジェットコースターのようなシフトが広く存在することを具体的に明らかにした。このジェットコースター・シフトが、人的継続性、時間的継続性の観点から大きな問題であることを指摘している。

第2に、スウェーデンの介護の付いた特別住宅において介護スタッフが夏休みの休暇をとる間、代用スタッフとして「ヴィカーリエ」と呼ばれるアルバイトが多く使われる現状を指摘し、ケアの専門性の観点から望ましくないことを明らかにした。

第3に、日本のグループホームにおける勤務スケジュールの現状について具体的に明らかにした。とりわけ、比較が可能な7時から20時までの時間帯に関しては、平日はスウェーデンの方が日本より介護する時間が長いこと、週末はスウェーデンよりむしろ日本の勤務スケジュールのほうが手厚い介護ができる状況にあることを指摘した。

本書は、スウェーデンと日本の両国に関して、高齢者ケア政策および高齢者ケア実践の両面からフォーマルサポートの構造的問題を追究することを主たる目的としているが、最後に要介護高齢者に対するインフォーマルサポートについてスウェーデンと日本の両国の歴史を簡略にあとづけ、さらにインフォーマルサポートの現状についても明らかにした。

▶ 2　一括りの陥穽

スウェーデンの高齢者ケアに関して、様々な角度から実証的に論じてきた。論じてきたトピックスは、社会的入院費支払い責任の変化、在宅ケアサービス利用時の自己負担額料金表、ニーズ判定員による高齢者のニーズ判定方法、サーラ法に関連する虐待が疑われたケースの報告数、介護の付いた特別住宅の民間委託、介護の付いた特別住宅の勤務スケジュール、介護スタッフの夏休みとヴィカーリエの問題、住宅改修サービスなどである。

これらの多様なトピックスから明らかにできたことは、スウェーデンにおいて著しい「コミューン間格差」が存在することである。取り上げたトピックスすべてについて数値化による格差が確認できるわけではないので（例えば、ニーズ判定員によるニーズ判定方法）、「コミューン間

格差」というよりもコミューン間の相違、コミューン間の多様性と言ったほうが望ましいのかもしれない。

　加えて、スウェーデンの高齢者ケアを論じる場合には、「スウェーデンでは……」と一括りにして論じることは不可能であること、危険であることを本書で明らかにした。しかし、残念ながら、時に「スウェーデンでは……」あるいは「北欧では……」と一括りにする論調が最近でも見られる。ここでは、そうした論じ方の危険性を「一括りの陥穽」と呼んでおく。

　例えば、最近『コミュニティ・ケア』（日本看護協会出版部）という雑誌で「一括りの陥穽」に二度遭遇した。まず、同誌の中で池田省三氏（龍谷大学）は、2006年4月からの要介護区分の制度変更に伴って、厚生労働省が要介護1の6割程度が要支援2に移行するものと考えているところ、4月時点での現状は公表データから推測すると旧要介護1は4割程度しか「要支援1・2」に移行していないと推定し、厚生労働省の予想をかなり下回ったと判断する。さらに、保険者たる市町村が甘い認定をしているとするならば、後年に大きな憂いを残す恐れが強いと半ば脅迫気味に次のように語っている[1]。

「そもそも、要支援や要介護1レベルの高齢者にサービスを提供している国はほとんどない。例えば、ドイツの介護保険は、日本の要介護2.5以上に相当する者しか保険給付の対象にしていないし、北欧においてもサービス提供の対象になっていないと言われる」[2]

　第2に、高橋紘士氏（立教大学）は、軽度者に制度的サービスが提供されている国はほとんどないと現状を認識し、この点で池田氏とまったく同様の立場に立っている。2006年8月24日・25日に『介護保険推進全国サミット』（於　北海道）におけるミシガン大学のキャンベル教授の講演を引用し、彼が「ドイツの介護保険でも、高齢者ケアの先進国であるスウェーデンでも日本の要支援や要介護1に相当する軽度者は制度的

サービスの対象外である」と、明確に指摘していたと述べている[3]。

両教授とも、北欧やスウェーデンを引き合いに出すにしては極めて根拠が弱い。池田氏は、「……と言われている」と述べ、他方の高橋氏は、「キャンベル教授が……と言っていた」と、間接的に紹介するに留まっている。

このように、どちらについても根拠が薄弱なので、本来は言及する必要性を感じない。しかしながら、両氏とも介護保険を巡る制度設計に関しては、極めて重要な位置を占めており、社会的な影響力が大きいことを考慮して、妥当かつ冷静な反論をしておくことも必要であると判断した。

これまで述べてきたように、スウェーデンは、日本と異なり措置制度に基づき社会サービスが提供されている。日本のような介護保険制度は存在しないので、保険者が被保険者から保険料を徴収することがなく、保険財政が逼迫するということもない。そもそも、スウェーデンでは日本のような要介護度の区分設定がない。存在するのは、「ニーズ判定」という手続きだけである。

このニーズ判定を行うのは、第2章で説明したように、各コミューンの「ビーストンズハンドレッガレ（biståndshandläggare）」または「ビストンズベドーマレ（biståndsbedömare）」と呼ばれるニーズ判定員である。しかし、このビストンズハンドレーガレは、日本のように82項目のマークシート調査票を用いることもなく、コンピュータを用いた要介護認定を行うこともない。各ニーズ判定員は、在宅ケアサービスの利用や介護の付いた特別住宅への入居に関してコミューンに申請した高齢者の自宅を訪問し、当該高齢者に聞き取り調査を行いADL（日常生活動作能力）を確認する。原則的には、一人のニーズ判定員がニーズ判定を行う。

実は、各ニーズ判定員がニーズ判定をどのような具体的指針・基準に基づいて行うのか、またニーズ判定がどのように標準化されているのかについては研究されておらず、よく分かっていない。

第2章では、各コミューンのニーズ判定で用いられているADL尺度

について紹介しているが、研究として未熟な段階であることを認めざるを得ない。筆者は科学研究費補助金（基盤研究（c））を得て、スウェーデンにおけるニーズ判定の具体的なプロセスに関する研究を2006年度、2007年度にわたって実施しているところであり、この点に関する研究を今後とも前進させたい。

さて、ここが重要な点であるが、池田氏と高橋氏が言及したスウェーデンにおける軽度者へのケアサービスの提供は実際のところどのようになっているのであろうか。

社会庁は、報告書『高齢者への介護とサービス』（Äldre-vård och omsorg）を毎年刊行している。**表終－1**は、年齢階層別性別にホームヘルプサービス利用時間の分布を示したものである。2006年版によれば、2005年10月1か月間に、スウェーデン全体で65歳以上の高齢者のうち男性が41,098名、女性が93,863名、合計134,961名がホームヘルプサービス利用の判定を受けている。1か月間のホームヘルプサービス利用時間別では、1～9時間が全体の38.3%（51,628名）、10～25時間が22.8%（30,816名）、26～49時間が17.8%（24,042名）、50～119時間が16.9%（22,757名）、120～199時間が2.6%（3,444名）、200時間以上が0.5%（626名）という分布であった[4]。

各年齢階層別にサービス利用時間の分布をグラフにしたものが、**図終－1**から**図終－7**である（男女を合わせたデータ、筆者作成）。これらのグラフから、どの年齢階層についても1時間から9時間というケアニーズが比較的軽い高齢者に対しても、ホームヘルプサービスが提供されていることが確認できる。

さらにこれらのグラフは、スウェーデンにおける在宅ホームヘルプサービスが120時間以上というケアニーズが重度の要介護高齢者に対しても提供されていることを示すものである。特に、ホームヘルプサービスを1か月に200時間以上利用している要介護度の極めて高い高齢者については、在宅ケアというよりもナーシングホームなどの介護の付いた

終章　スウェーデン高齢者ケア研究からのレッスン　221

表終-1　年齢階層別性別　1か月あたりホームヘルプサービス利用時間の分布

(単位：％、（　）内実数)

		合計	0	1～9時間	10～25時間	26～49時間	50～119時間	120～199時間	200時間以上
65-74	男性	7,196	1.8 (128)	35.9 (2,580)	23.3 (1,674)	17.1 (1,232)	17.7 (1,277)	3.4 (242)	0.9 (64)
	女性	9,444	1.3 (123)	39.1 (3,693)	23.8 (2,248)	16.3 (1,536)	15.7 (1,479)	3.2 (301)	0.7 (64)
75-79	男性	7,023	1.6 (109)	39.0 (2,737)	21.6 (1,519)	17.4 (1,219)	17.2 (1,208)	2.8 (197)	0.5 (34)
	女性	13,249	1.3 (170)	40.5 (5,366)	22.2 (2,945)	16.6 (2,204)	16.0 (2,114)	2.9 (388)	0.5 (63)
80-84	男性	10,601	1.5 (161)	42.3 (4,488)	21.0 (2,223)	17.6 (1,865)	15.3 (1,625)	1.9 (206)	0.3 (33)
	女性	24,883	1.2 (291)	41.6 (10,342)	23.1 (5,749)	16.7 (4,159)	14.9 (3,700)	2.2 (550)	0.4 (93)
85-89	男性	10,317	1.4 (148)	42.2 (4,351)	21.0 (2,168)	18.1 (1,863)	15.2 (1,564)	1.7 (178)	0.4 (44)
	女性	27,200	1.0 (276)	38.5 (10,460)	23.7 (6,433)	17.9 (4,879)	16.4 (4,461)	2.2 (596)	0.3 (94)
90-94	男性	4,883	1.0 (47)	37.5 (1,833)	21.3 (1,039)	19.0 (927)	18.0 (879)	2.6 (128)	0.6 (31)
	女性	15,115	1.0 (156)	30.6 (4,625)	24.4 (3,691)	20.4 (3,088)	20.4 (3,091)	2.7 (408)	0.4 (56)
95-	男性	1,078	0.8 (8)	30.3 (327)	20.8 (224)	21.7 (233)	22.9 (247)	3.2 (35)	0.4 (4)
	女性	3,972	0.8 (31)	20.8 (826)	22.8 (904)	21.1 (838)	28.0 (1,111)	5.5 (217)	1.1 (45)
合計	男性	41,098	1.5 (602)	39.7 (16,316)	21.5 (8,847)	17.9 (7,338)	16.5 (6,800)	2.4 (984)	0.5 (210)
	女性	93,863	1.1 (1,047)	37.6 (35,312)	23.4 (21,969)	17.8 (16,703)	17.0 (15,956)	2.6 (2,459)	0.4 (416)
総合計		134,961	1.2 (1,649)	38.3 (51,628)	22.8 (30,816)	17.8 (24,042)	16.9 (22,757)	2.6 (3,444)	0.5 (626)

(出典) Socialstyrelsen (2006) Äldre-vård och omsorg år 2005　p.46

図終－1　65-74歳1か月あたりホームヘルプサービス利用時間の分布（％）

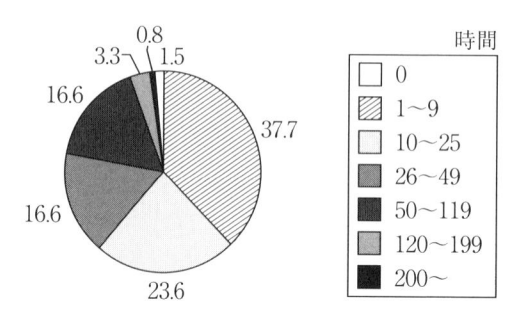

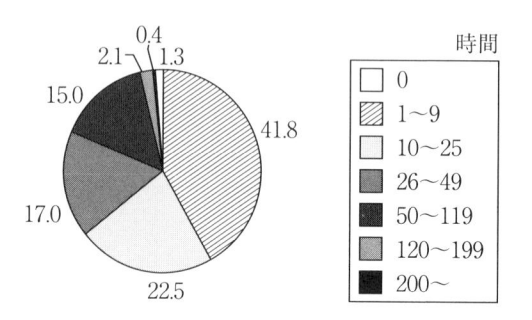

時間
0
1〜9
10〜25
26〜49
50〜119
120〜199
200〜

0.8
3.3
16.6
16.6
23.6
37.7
1.5

図終－2　75-79歳1か月あたりホームヘルプサービス利用時間の分布（％）

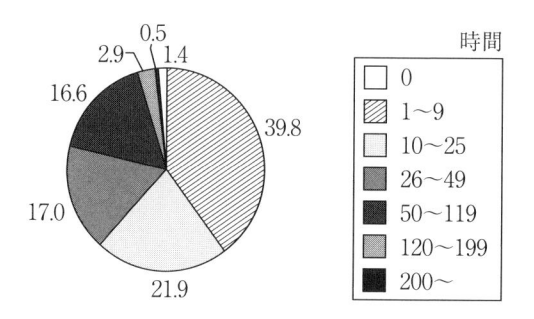

時間
0
1〜9
10〜25
26〜49
50〜119
120〜199
200〜

0.5
2.9
16.6
17.0
21.9
39.8
1.4

図終－3　80－84歳1か月あたりホームヘルプサービス利用時間の分布（％）

時間
0
1〜9
10〜25
26〜49
50〜119
120〜199
200〜

0.4
2.1
15.0
17.0
22.5
41.8
1.3

終章　スウェーデン高齢者ケア研究からのレッスン　223

図終-4　85-89歳1か月あたりホームヘルプ
　　　　サービス利用時間の分布（％）

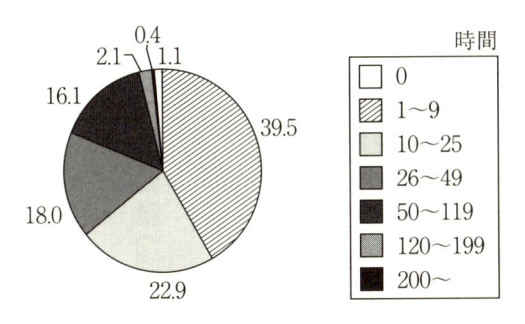

時間
□ 0
▨ 1〜9
□ 10〜25
■ 26〜49
■ 50〜119
■ 120〜199
■ 200〜

0.4
1.1
2.1
16.1
39.5
18.0
22.9

図終-5　90-94歳1か月あたりホームヘルプ
　　　　サービス利用時間の分布（％）

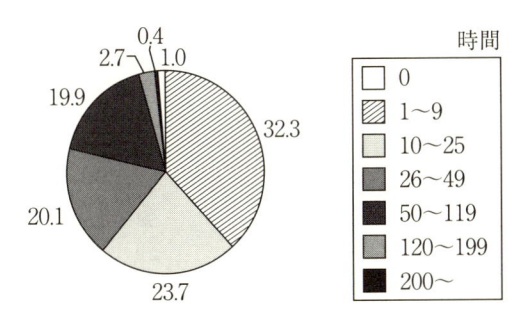

時間
□ 0
▨ 1〜9
□ 10〜25
■ 26〜49
■ 50〜119
■ 120〜199
■ 200〜

0.4
1.0
2.7
19.9
32.3
20.1
23.7

図終-6　95歳以上1か月あたりホームヘルプ
　　　　サービス利用時間の分布（％）

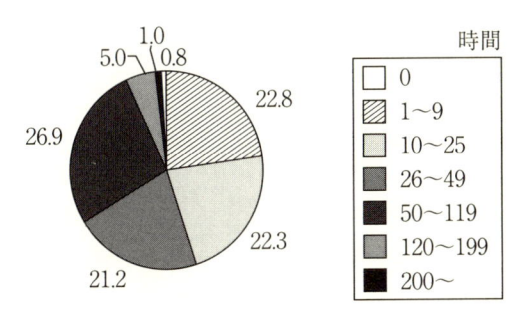

時間
□ 0
▨ 1〜9
□ 10〜25
■ 26〜49
■ 50〜119
■ 120〜199
■ 200〜

1.0
0.8
5.0
26.9
22.8
21.2
22.3

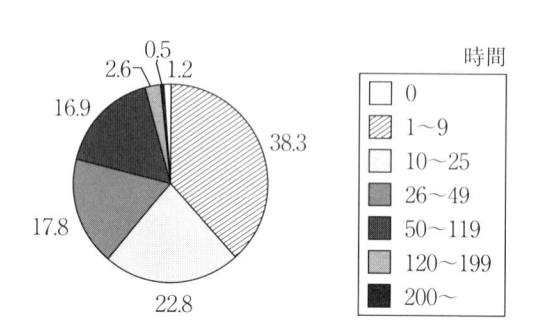

図終－7　65歳以上全高齢者1か月あたりホームヘルプサービス利用時間の分布（％）

時間
- 0
- 1～9
- 10～25
- 26～49
- 50～119
- 120～199
- 200～

0.5
1.2
2.6
16.9
38.3
17.8
22.8

特別住宅でのケアが適しているのであるが、おそらく高齢者自身あるいは配偶者が自宅での生活を強く希望しているのであろう場合には、ニーズ判定員が当事者の自己決定を尊重してニーズ判定を行っていることが推測される。

もちろん、1か月間のホームヘルプサービス利用時間別の分布は、コミューンによる差がまったくないわけではないが、290コミューンのそれぞれについて確認したところ、軽度者へのサービスをまったく提供していないかあるいは少ししか提供していないというコミューンは皆無である[5]。したがって、この事実から判断すれば、上述の2人の学識経験者の言説は完全に誤りであると言わざるを得ない。

▶3　スウェーデンの高齢者ケアに関する研究課題

第2章のニーズ判定、第7章の住宅改修サービスで論じたように、介護サービスのニーズの拡がりと強さはコミューンの高齢者の状況によって異なる。ニーズ判定結果によるサービス提供対象者が拡大した場合には、コミューンの財政に影響が及ぶと考えられるが、どのような影響が見られるのか明らかにする必要がある。

スウェーデンでは今後80歳以上の後期高齢者の急増が見込まれており、在宅ケアサービスや介護の付いた特別住宅をはじめとし、サービス利用希望者が増大していく。コミューンがそうした高齢者ケアのニーズ拡大に対してどのように対応するのか、コミューンの財政面から明らかにすることが必要不可欠である。

　コミューン側の対応として考えられるのは二つしかない。一つは、高齢者ケアのニーズ拡大に対応してサービスを提供すること。この場合、コミューンの財政支出が増大することになる。もう一つは、高齢者ケアのニーズ拡大に抵抗して、より要介護度の高い高齢者だけに制限してサービスを提供するというものである。この場合、コミューンの支出は抑制され増大することはない。

　終章の第1節で確認したように、要介護度の比較的軽い高齢者に対してもホームヘルプサービスが提供されていることからすれば、コミューン側の対応として考えられる二つの方法のうち前者であることは間違いない。しかし今後は、全体的な傾向がそうであるとしても290のコミューンの中には後者の対応をとるコミューンが出現しないとも限らない。

　2006年9月の国政選挙の結果により、穏健党を中心とする連立内閣が誕生した。コミューン議会に関しても、与党が社会民主労働党から穏健党に移行するコミューンも増加したわけで、コミューンレベルでの高齢者ケア政策の継続と変容に今後とも注目していきたい。

▶4　スウェーデンと日本を比較することの意味と限界

　本書全体のメッセージを分かりやすく表現するならば、以下のようになる。
　「スウェーデンと日本の高齢者ケアを実証的に比較した結果、福祉先進国の代表格と考えられてきたスウェーデンの高齢者ケアの制度や介護実践に構造的な問題点、常態化した問題点が少なからず存在することを明

らかにすることができた。他方、福祉後進国と言われ批判に晒されてきた日本の高齢者ケアにも実は相対的な意味においてスウェーデンより優れた部分が存在することも確認することができた」

　さて、社会科学には、比較福祉学、比較社会学、比較政治学など比較〇〇学という名称の学問があまた存在する。日本の社会制度や文化を他の国のそれと比較するのがこれらの学問の大きな役割である。
　そもそも、制度や文化が質的に異なる社会を比較分析することにどのような積極的な意味があるのだろうか。比較研究した結果、そこに顕著な違いがあることを具体的に指摘し、事実として確認できることは多い。翻って考えてみると、もともとの制度や文化が異なるのであるから、異なる国の顕著な違いを指摘し、事実として確認することができたとしても、すべての比較研究は「同語反復（トートロジー）」であるとの誹りから免れることはできない。
　では、何故これまでおびただしい数の比較研究が行われてきたのであろうか。比較することだけが自己目的化していなかっただろうか。
　我々はここで原点に立ち返り、何故比較研究をするのか自問自答しなければならない。さらに言えば、社会科学の領域で比較することの意味を自己分析する、いわば「比較の知識社会学」が現在最も必要とされる科学であり、社会的な要請でもある。
　本書も部分的にではあるが比較研究となっており、その比較分析の目的は、スウェーデンと日本の高齢者ケアの強みと弱みをバランスよく（ラーゴムに）提示することにあった。このまま比較研究を本格的に進めていけば、筆者自身、同語反復の陥穽に陥ってしまうであろう。
　今後、スウェーデンと日本の高齢者ケアに関する本格的な比較研究を進めていくなかで比較分析することの積極的な意味を見いだし、同語反復の罠から逃れることのできる方法論、すなわち「比較の知識社会学」の構築を試みたい。

──────── **(引用文献註)** ────────

(1) 池田省三(2006)「今、強く考えたい。介護保険と福祉行政の適切な組み合わせ」日本看護協会『Community Care』Vol. 8、No. 1、8ページ。
(2) 同上書、8ページ。
(3) 高橋紘士(2006)「地域包括支援センターの現状と課題」日本看護協会編『Community Care』Vol.8、No.1、17ページ。
(4) Socialstyrelsen(2006)Äldre-vård och omsorg år 2005, p. 46
(5) Socialstyrelsen(2006)op.cit, pp.47-57

おわりに

　スウェーデンのリンショーピング大学テマ研究所に1年間留学して帰国したのが1999年7月末。現在、2007年7月。随分と月日が流れてしまったものだ。帰国後実に8年が経過した。別に休眠していたわけではなく、本書で取り上げた研究の一部分を、財団法人高齢者住宅財団が隔月で発行している『いい住まい　いいシニアライフ』に連載していた。現在もその連載を続けている。また、この8年間にスウェーデンに調査研究に行ったり、ゼミ生を連れてゼミの研修旅行をしたりした。年間を通じて、スウェーデンをずっと意識しながら過ごしてきている。

　この連載原稿をベースに本書をまとめたのであるが、この「まとめる」という仕事が単純ではない。連載時には最新情報を集めていたものが、すでに数年が経過していることもあり、出版時には少し古くなってくる。データの更新が可能なものについては入れ替えたりしたのだが、再度大量調査を実施しなければならないテーマについては、今後の課題とした。

　以下、各章の基になった論文を列記する。

はじめに　書き下ろし
序章　書き下ろし
第1章　エーデル改革後の社会的入院費支払い責任をめぐる構造的問題
　　　・西下彰俊（2002）「スウェーデンの高齢者ケアに関する2つの構造的問題」『金城学院大学論集』社会科学編、Vol. 44、75～103ページ。
　　　・西下彰俊（2003）「スウェーデンの高齢者ケアシステムの構造的問題に関する実証的研究（その1）」高齢者住宅財団編『いい住まい　いいシニアライフ』Vol. 56、12～20ページ。

第2章　スウェーデンにおけるニーズ判定
　　・西下彰俊（2002）「高齢者―エーデル改革の評価を中心に―」二文字理明ほか編『スウェーデンに見る個性重視社会』桜井書店、123～145ページ。
　　・西下彰俊（2006）「スウェーデンにおける要介護高齢者の『ニーズ判定』」高齢者住宅財団編『いい住まい　いいシニアライフ』Vol. 70、54～60ページ。
第3章　日本における要介護認定の現状と問題点
　　・西下彰俊（2005）「日本における要介護認定の現状と問題点」高齢者住宅財団編『いい住まい　いいシニアライフ』Vol. 68、1～8ページ。
第4章　サービス利用時の自己負担額のコミューン間格差に関する構造的問題
　　・西下彰俊（2004）「スウェーデンの高齢者ケアシステムの構造的問題に関する実証的研究（その1）」高齢者住宅財団編『いい住まい　いいシニアライフ』Vol. 56、12～20ページ。
第5章　介護の付いた特別住宅の運営に関する入札制度と官民間競争原理
　　・西下彰俊（2004）「高齢者ケア施設の運営に関する入札制度と官民間競争原理」高齢者住宅財団編『いい住まい　いいシニアライフ』Vol. 62、7～12ページ。
第6章　高齢者虐待防止法としてのサーラ法の成立とその後の展開
　　・西下彰俊（2005）「スウェーデンにおける高齢者虐待防止システムの現状と課題」高齢者住宅財団編『いい住まい　いいシニアライフ』Vol. 67、61～67ページ。
第7章　スウェーデンにおける住宅改修サービスの現状と課題
　　・西下彰俊（2006）「スウェーデンにおける住宅改修サービスの現状と課題」高齢者住宅財団編『いい住まい　いいシニアライ

フ』Vol. 74、14〜20ページ。

第8章　日本における住宅改修サービスの現状と課題
　　　・西下彰俊（2006）「日本における住宅改修サービスの現状と課題」高齢者住宅財団編『いい住まい　いいシニアライフ』Vol. 72、18〜25ページ。

第9章　スウェーデンにおける介護スタッフの勤務スケジュールの現状と課題
　　　・西下彰俊（2004）「介護スタッフの勤務スケジュールに関するスウェーデンと日本の比較分析（その１）」高齢者住宅財団編『いい住まい　いいシニアライフ』Vol. 59、55〜62ページ。
　　　・西下彰俊（2005）「スウェーデンと日本における認知症グループホームの勤務スケジュールに関する実証的研究（前半）」東京経済大学現代法学部『現代法学』第10号、89〜117ページ。

第10章　日本における介護スタッフの勤務スケジュールの現状と課題
　　　・西下彰俊（2004）「介護スタッフの勤務スケジュールに関するスウェーデンと日本の比較分析（その２）」高齢者住宅財団編『いい住まい　いいシニアライフ』Vol. 61、54〜60ページ。
　　　・西下彰俊（2006）「スウェーデンと日本における認知症グループホームの勤務スケジュールに関する実証的研究（後半）」東京経済大学現代法学部『現代法学』第11号、69〜91ページ。

第11章　スウェーデンの高齢者に対するインフォーマルサポートの過去と現在
　　　・西下彰俊（2005）「スウェーデンにおけるインフォーマル・サポートの過去と現在」高齢者住宅財団編『いい住まい　いいシニアライフ』Vol. 64、8〜14ページ。

終　章　スウェーデン高齢者ケア研究からのレッスン
　　　・西下彰俊（2006）「日本とスウェーデンにおける軽度の要介護高齢者の位置づけ」高齢者住宅財団編『いい住まい　いいシニ

アライフ』Vol. 76、69〜71ページ。

　本書を出版するにあたり、新評論の武市一幸社長に随分お世話になった。大いに感謝している。2002年に、本書にも登場するイバル・ロー＝ヨハンソンの写真集『Ålderdom』(1949年)と『Ålderdoms-Sverige』(1952年)の翻訳を出版していただきたいと思い、直接電話をして新評論を訪れた。趣旨を説明するとすぐさま快諾していただいた。また昨年、連載してきたものを単著にまとめたいとお願いしたところ、この企画についても快諾していただいた。最初にお願いした翻訳のほうはもうしばらく時間が必要であるが、本書がそれなりの形で世に出ることができたのは、武市社長の英断によるところが大きい。

　『いい住まい　いいシニアライフ』への連載論文を単著にまとめることを許していただいた財団法人高齢者住宅財団にも感謝したい。

　最後に、1998年のスウェーデン留学に賛成してくれた、そして今は単身赴任を許してくれている妻、娘、息子に「ありがとう」と言いたい。妻や子ども達にはそれぞれの生活があるので最初から一人でスウェーデンに留学するつもりでいたが、快く送り出してくれたことに感謝している。東京経済大学現代法学部着任後、もう4年目に入っている。毎週末にしか顔を合わせることができない単身赴任生活であるが、その状況を受け入れてくれている家族に本当に感謝している。

引用参考文献一覧

【A】
・アーネ・リンドクヴィストほか／川上邦夫訳（1997）『あなた自身の社会』新評論

【B】
・Bernt Hedin ／西沢秀夫訳（1992）『高貴な改革』ビネバル出版
・Bernt Hedin（1993）Growing Old in Sweden, The Swedish Institute
・ビヤネール多美子（1998）『スウェーデン・超高齢社会への試み』ミネルヴァ書房

【C】
・Christer Lundh & Mats Olsson（2000）The Institute of Retirement at Scanian Estates in the Nineteenth Century, Paper to the session "Family and the Village Community in Rural Societies in the Past" at the Europian Social Science History Conference in Amsterdam, pp.1-28
・中日新聞、2007年2月10付（朝刊）

【D】
・David Gaunt（1982）The property and kin relationship of retired farmers in Northern and central Europe in Wall.R, Robin.J and Laslett.P (eds.)Family forms in historic Europe, Cambridge University Press pp.249-279
・David Gaunt（1987）Rural Household Organization and Inheritance in Northern Europe, Jounal of Family History, Vol.12 1-3 pp.121-141

【E】
・遠藤英俊・見平隆・川島圭司（2003）『新介護認定審査会委員ハンドブック』医歯薬出版

【F】
・福祉小六法編集委員会編（2007）『福祉小六法（2007年版）』みらい
・藤原怜子（2003）「明治前半期における『家』制度」片倉比佐子編『教育と扶養』

日本家族史論集10、吉川弘文館、331〜362ページ

【G】
・GÖTEBORGS STAD（2001）HEMTJÄNSTTAXA
・Gerdt Sundström, Lennarth Johansson & Linda B. Hassing（2002）The Shifting Balance of Long-Term Care in Sweden, The Gerontologist, Vol.42 No.3, pp.350-355

【H】
・『平成16年版介護保険の手引き』（2004）ぎょうせい

【I】
・池田省三（2006）「今、強く考えたい。介護保険と福祉行政の適切な組み合わせ」日本看護協会編『Community Care』Vol.8　No.1、8〜9ページ
・伊澤知法（2006）「スウェーデンにおける医療と介護の機能分担と連携」国立社会保障人口問題研究所編『海外社会保障研究』No. 156、32〜44ページ
・石黒暢（2004）「高齢者と家族」善積京子編『スウェーデンの家族とパートナー関係』青木書店、71〜95ページ。
・石原俊時（1996）『市民社会と労働者文化』木鐸社
・石原俊時（2005）「スウェーデン高齢者福祉における伝統と革新」廣田功編『現代ヨーロッパの社会経済政策』日本経済評論社、275〜299ページ。
・井上誠一（2003）『高福祉・高負担国家　スウェーデンの分析』中央法規出版
・井上誠一（1999a）「スウェーデンの高齢者ケア最新情報」『週刊社会保障』No. 2044、48〜51ページ
・井上誠一（1999b）「スウェーデンの高齢者ケア最新情報」『週刊社会保障』No. 2045、48〜55ページ
・医療経済研究機構（2004）『医療白書　2004年度版』日本医療企画
・Ivar Lo-Johansson（1949）ÅLDERDOM, Veckotidningen Vi
・Ivar Lo-Johansson（1952）Ålderdoms-Sverige, Carlssons

【J】
・住宅改修補助金法　http://www.notisum.se/rnp/sls/lag/19921574.HTM

【K】

- 金沢善智（2002）「住宅改修とそのモニタリングの重要性」環境新聞社編『月刊ケアマネジメント』2002年12月号
- 環境新聞社『シルバー新報』2007年2月23日付
- 北ヨーロッパ学会（2006）『北ヨーロッパ研究』第2巻
- 木下康仁（1992）『福祉社会スウェーデンと老人ケア』勁草書房
- 訓覇法子（1997）『現地から伝えるスウェーデンの高齢者ケア』自治体研究社
- 訓覇法子（1998）「スウェーデンの社会福祉」仲村優一・一番ヶ瀬康子（編集委員会代表）編『世界の社会福祉　スウェーデン・フィンランド①』旬報社
- 訓覇法子（2000）「第Ⅳ部　スウェーデン」総務庁長官官房高齢社会対策室『各国の高齢化の現状と高齢社会対策』
- 健康保険組合連合会編（2006）『社会保障年鑑　2006年版』東洋経済新報社
- 健康保険組合連合会編（2007）『社会保障年鑑　2007年版』東洋経済新報社
- 厚生労働省編『海外情勢白書（2001～2002）』日本労働研究機構
- 厚生労働省老健局老人保健課（2003a）『認定調査票（基本調査）項目問答集』
- 厚生労働省老健局老人保健課（2003b）『介護認定審査会委員テキスト』
- 厚生労働省老健局老人保健課（2004）『認定調査員テキスト』Vol. 2
- 厚生労働省編（2006）『世界の厚生労働　2006』TKC出版
- 厚生労働省編（2007）『世界の厚生労働　2007』TKC出版

【L】

- Lars Tornstam（1998）Formal and informal support for the elderly, Impact of Science on society, No.153 pp.57-63
- Lennarth Johansson（1997）Decentralization from acute to home care settings in Sweden, Health Policy 41 Suppl., pp.131-143
- Linköpings kommun（2000）TAXA Hemtjänst-Särskiltboende
- Länstyrelsen I Norrbottens Län（2004）Anmälan om missförhållanden i omsorgen om älder och funktionshindrade, enligt 14 kap. 2 Sol
- Länstyrelsen Jämtlands Län（2004）LEX SARAH I JÄMTLANDS LÄN En sammanst ällning av kommunernas anmälningar under 2003

【M】

- Magnus Jegermalm（2006）Informal care in Sweden:a typology of care and

caregivers, International Journal of Social Welfare, Vol.15, pp.332-343
- M.Maccoby(ed) (1991) Sweden at the Edge, University of Pensylvania Press
- Marta Szebehely (1998) Hustruns hjälp eller hemtjänstens? Help from wife or home helper? Stockholm University, Institute of social work, Special series, no.92
- Ministry of Health and Social Affairs (1999) National Action Plan on Policy for the Elderly
- Ministry of Health and Social Affairs (2005) Policy for the elderly, FACT SHEET No.14

【N】

- 内閣府（2002）『高齢者の生活と意識―第5回国際比較調査結果報告書』
- 中井清美（2003）『介護保険』岩波書店
- 永瀬典子（2000）「スウェーデンにおける介護保障制度」『季刊労働法』Vol.193、52～59ページ
- 中野妙子（2004）『疾病時所得保障制度の理念と構造』有斐閣
- 中村智恵子(2003)「スウェーデンにおける高齢者虐待への対応に関する一考察」『The Bulletin of Volunteer Studies』大阪大学大学院人間科学研究科、155～186ページ
- 新村拓（1991）『老いと看取りの社会史』法政大学出版局
- 日本医師会（2003）『改訂版　要介護認定の手引き』
- 西下彰俊・Els-Marie Anbäcken（2000）『女性問題・海外レポート―スウェーデンの女性・最新情報2000―』名古屋市
- 西下彰俊（2002a）「スウェーデンの高齢者ケアに関する2つの構造的問題」『金城学院大学論集』（社会科学編）、第44号、61～83ページ
- 西下彰俊（2002b）「高齢者―エーデル改革の評価を中心に」二文字理明・伊藤正純編『スウェーデンにみる個性重視社会』桜井書店、123～145ページ
- 西下彰俊（2002c）『平成12年度～平成13年度科学研究費補助金（基盤研究（C）(2)）研究成果報告書　スウェーデンにおける高齢者福祉サービスのコミューン間格差に関する実証的研究』
- 西下彰俊（2003）「スウェーデンの高齢者ケアシステムの構造問題に関する実証的分析（その1）」高齢者住宅財団編『いい住まい　いいシニアライフ』Vol.56、12～20ページ

・西下彰俊（2004）「高齢者ケア施設の運営に関する入札制度と官民間競争原理」高齢者住宅財団編『いい住まい　いいシニアライフ』Vol.62、7～12ページ
・西下彰俊（2005a）「スウェーデンにおけるインフォーマル・サポートの過去と現在」高齢者住宅財団編『いい住まい　いいシニアライフ』Vol.64、8～14ページ
・西下彰俊（2005b）「日本における要介護認定の現状と問題点」高齢者住宅財団編『いい住まい　いいシニアライフ』Vol.68、1～8ページ
・西下彰俊（2005c）「スウェーデンと日本における認知症グループホームの勤務スケジュールに関する実証的研究（前半）」東京経済大学現代法学部『現代法学』vol.10号、89～117ページ
・西下彰俊・浅野仁・大和三重編（2005d）『高齢者福祉論』川島書店
・西下彰俊（2006a）「スウェーデンと日本における認知症グループホームの勤務スケジュールに関する実証的研究（後半）」東京経済大学現代法学部『現代法学』Vol.11号、69～91ページ
・西下彰俊（2006b）「日本の介護保険制度下における住宅改修サービスの現状と課題」高齢者住宅財団『いい住まい　いいシニアライフ』Vol.72、18～25ページ

【O】

・岡沢憲芙（1991）『スウェーデンの挑戦』岩波書店
・岡沢憲芙・奥島孝康（1995）『スウェーデンの経済』早稲田大学出版部
・岡沢憲芙・多田葉子（1998）『エイジング・ソサエティ』早稲田大学出版部
・小笠原祐次編（2002）『今、なぜ痴呆性にグループホームか』筒井書房
・岡田耕一郎（2005）「スウェーデンの老人ホームにおける介護サービス組織の構造」『東北学院大学経済学論集』Vol.160、1～19ページ
・奥村芳孝（1999）「連載第5回　グループホームの運営状況」『SILVERWEL BUSINESS』1999年1月
・奥村芳孝（2000）『新スウェーデンの高齢者福祉最前線』筒井書房
・奥村芳孝（2005）『スウェーデンの高齢者・障害者ケア入門』筒井書房
・大阪外国語大学デンマーク語・スウェーデン語研究室（2001）『スウェーデン・デンマーク福祉用語小辞典』早稲田大学出版部
・大岡頼光（1997）「老人扶養における家族と共同体」社会学研究会『ソシオロジ』41（3）、3～18ページ

・大岡頼光（1999）「福祉を成り立たせている論理」社会学研究会『ソシオロジ』43（2）、19～34ページ
・大岡頼光（2004）『なぜ老人を介護するのか』勁草書房
・大竹秀男（1990）「江戸時代の老人観と老後問題」利谷信義ほか編・比較家族史学会監修『老いの比較家族史』177～204ページ

【P】
・ペール・ブルメー&ピルッコ・ヨンソン／石原俊時訳（2005）『スウェーデンの高齢者福祉』新評論

【S】
・斉藤弥生（1994）「エーデル改革の政治経済学」岡沢憲芙・奥島孝康編『スウェーデンの経済』早稲田大学出版部
・斉藤弥生・山井和則（2004）「高齢者・障害者福祉」岡沢憲芙・宮本太郎編『スウェーデンハンドブック（第2版）』早稲田大学出版部、232～248ページ
・笹谷春美・今井陽子（2003）「スウェーデンにおけるケアワークの変容と高齢者ケア政策」日本労働社会学会編『労働社会学研究』Vol.4、1～52ページ
・生活福祉研究機構編（1996）『スウェーデンにおける高齢者ケアの改革と実践』中央法規出版
・Seppo Hentila（1978）The Origin of the Folkhem Ideology in Swedish Social Democracy, Scandinavian Journal of History, 3, pp.323-345
・Socialstyrelsen（1996）Ädelreformen, Slutrapport
・Socialstyrelsen（1997）Social and caring in Sweden 1996
・Socialstyrelsen（1999）Socialtjänsten i Sverige 1999
・Socialstyrelsen（2000）Good housing for older people and people with disabilities
・Socialstyrelsen（2002a）Äldre-vård och omsorg år 2001
・Socialstyrelsen（2002b）Socialtjänstlagen — Vad gäller för dig från 1 Januari 2002?
・Socialstyrelsen（2003）Vård och omsorg om äldre LÄGESRAPPORT 2002
・Socialstyrelsen（2004）Vård och omsorg om äldre LÄGESRAPPORT 2003
・Socialstyrelsen（2005）Vård och omsorg om äldre LÄGESRAPPORTER 2004
・Socialstyrelsen（2006a）Vård och omsorg om äldre LÄGESRAPPORT 2005

- Socialstyrelsen（2006b）Äldre-vård och omsorg år 2005
- Statens Invandrarverk（1995）Information about Sweden
- Statistiska centralbyrån（2004）STATISTISK ÅRSBOK FÖR SVERIGE 2004
- Statistiska centralbyrån（2005）STATISTISK ÅRSBOK FÖR SVERIGE 2005
- Statistiska centralbyrån（2006）STATISTISK ÅRSBOK FÖR SVERIGE 2006
- Svenska Kommunförbundet（2003a）Swedish Elderly care 2003
- Svenska Kommunförbundet（2003b）Aktuellt om äldreomsorgen 2002
- Svenska Kommunförbundet（2004）Aktuellt om äldreomsorgen 2003
- Sverige Kommuner och Landsting（2006）Care of the Elderly in Sweden Today 2005
- スティーグ・ハデニウス／岡沢憲芙監訳（2000）『スウェーデン現代政治史』早稲田大学出版部
- 社会保障審議会介護保険部会報告（2004）『介護保険制度の見直しに向けて』中央法規
- シルバーサービス振興会（2002）『シルバーサービス事業者のための介護保険Q＆A』中央法規
- 社会保険研究所（2001）『介護保険制度の解説』
- 社会保険研究所（2005）『介護保険制度改正点の解説』
- Soren Haggroth et al（1999）Swedish Local Government, Svenska Institutet

【T】

- 高島昌二編（2003）『福祉と政治の社会学的分析』ミネルヴァ書房
- 高橋紘士（2006）「地域包括支援センターの現状と課題」日本看護協会編『Community Care』Vol.8　No.1、14〜17ページ
- 高橋晴美（2002）「各専門職のアイデアをケアプランに生かそう」環境新聞社編『月刊ケアマネジメント』2002年12月
- 竹内利美（1969）『家族慣行と家制度』恒星社厚生閣
- 竹﨑孜（1999）『スウェーデンはなぜ生活大国になれたのか』あけび書房
- 田中潤（1999）「要介護認定を正しく行うために」介護保険実務研究会編『介護保険準備は万全か』ぎょうせい
- The Swedish Institute（1997）The care of the Elderly in Sweden, Fact Sheets on Sweden, FS 8
- The Swedish Institute（1999）The care of the Elderly in Sweden, Fact Sheets on

Sweden, FS 8
・Tim Tilton（1991）The Political Theory of Swedish Social Democracy, Clarendon Press

【U】
・上田博之（2003）「〈研究資料〉福祉先進国における高齢者に対する住宅改修」『大阪市立大学生活科学研究誌』Vol.2、1〜10ページ
・Utrikespolitiska Instituet（2000）Sweden Länder i fickformat

【W】
・渡辺博明（2002）『スウェーデンの福祉制度改革と政治戦略』法律文化社

【Y】
・柳谷慶子（2003）「日本近世における家族・地域の扶養介護」片倉比佐子編『教育と扶養』（日本家族史論集10）吉川弘文館、313〜330ページ
・山井和則・斉藤弥生（1994）『日本の高齢者福祉』岩波書店
・山井和則（1996）「スウェーデンにおける1990年代の高齢者福祉」（社）生活福祉研究機構編『スウェーデンにおける高齢者ケアの改革と実践』中央法規出版

【Z】
・財団法人高齢者住宅財団（2002）『介護保険制度における住宅改修と福祉用具の効果的な活用の推進に向けた調査研究報告書』
・財団法人高齢者住宅財団（2003）『2002年度　北欧高齢者住宅視察報告書』
・財団法人社会保険福祉協会（1995）『ヨーロッパの高齢者住宅』

===== 索 引 =====

ADL（日常生活動作能力） 27,28,30, 31,34,44,47,49,57,114,123,219
Allemansrätten 5
förbehållsbelopp 72
IADL（手段的ADL） 53
ISSケア（デンマーク） 95
Ivar Lo-Johansson 5
Katzスケール 28,36
Lagom 4
Lee Hospital 146
Linköping University ii
LSS法 17
MAS 13,53,99,101,108
PRO 90
QOL 142
SPF 90
Särskilda Boendeformer（SÄBO） 27,78
ÅLDERDOM（老い） 6,7
Ålderdoms-Sverige（スウェーデンの老後） 6,8

【ア】
アーレコミューン 119
浅川澄一 86
アセスメント 28
有吉佐和子 7
アルゴリズム 46
アルツハイマー型認知症 55
アルバイト 169-173
アルベスタコミューン 119
アレマンスレッテン 5
アンケート調査 20
アンベッケン，ウーベ ii
アンベッケン，エルスマリー ii
アンネヒル 154,157,190,191
医学的処置終了宣言 15,17,22
池田省三 218
石濱・ヒョーグストローム・実佳 45
石原俊時 196
委託期間 90
一番ヶ瀬康子 113
一分間タイムスタディ 47
井上誠一 89,90
イヴァル・ロー＝ソサエティ 7,8
イヴァル・ロー＝ヨハンソン文学館 6-8
医療責任看護師 13
隠居契約 196,197,200-203,210
隠居部屋 199
隠居分家 209
引退契約 197,201,203
インフォーマルケア 205,206,208
インフォーマルサポート

195,196,202,204,205,209,211,212,217
ヴァルツアゴーデン　140
ヴィカーリエ　169-171,217
ヴィンデルンコミューン　66,70
ヴェグナート，サーラ　95,147
上田博之　113,114,117,119,123
ヴェッリンゲコミューン　81
ウォーターベッド　145
ウップランズブローコミューン　140
ウプサラコミューン　96,101
ウンダンターグ　196,197,201,202,205,
　　210,212
エーデル改革　12,13,17,19,20,22,23,
　　62,71,74,215
エークダーラゴーデン　154
エクリデン　149
エスモ　6
エステルシュンドコミューン　45,72
江戸時代　209,212
エルブダーレンコミューン　117
エンゲルホルムコミューン　117
大岡頼光　202
オーデスボーグコミューン　105
岡沢憲芙　203,204
岡田耕一郎　147
オキシトシン　194
奥村芳孝　15
奥山正司　ii
穏健党　79,225

【カ】

カールスタードコミューン　74
介護給付　128

介護士　150,171
介護スタッフ（介護職員）　84,87,88,91,
　　96-99,105,109,110,149-152,154,
　　157,160,162,168-172,175-177,183,
　　184,187,189,193,216,217
介護の付いた特別住宅　23,27,28,31,
　　44,62,78,84,86,97,98,100,105,142,149,
　　163,168-172,175,196,206,207,216,
　　217,220,223,225
介護福祉士　176,180,183,187
介護ベッド　137
介護保険　25,46-48,60,88,114,126,128,
　　129,132-134,136
介護療養型医療施設　110
介護老人福祉施設　110,142
介護老人保健施設　110
介護予防　136
介護予防住宅改修費　134
改正介護保険法　47
階段昇降機　117,119,126
ガウント，デイビッド　199,202,203
家内隠居　209,210
兼松麻紀子　6
感覚統合療法　143,144
看護師　194
機能が十分でない人　114
虐待事件　93
急性疾患　16
競争原理　216
勤務スケジュール　147,149,150,152,
　　154,157,159,166,170,172,173,175,176,
　　180,184,187,188,190,193,216,217
筋力リハビリ　47

グループホーム　22,73,79,84,87,96,101, 104,140－144,146,147,154,165,168, 169,175,178,180,183,184,186,187, 189－194,196,216,217
グループリビング　142
ケアの質　90
ケアプラン　15,16,28,46,132,133
ケアマネジメント　46,137
ケアマネジャー　128,132,133,135,137, 138
継続性　171,192
決定書　122
口腔ケア　47
恍惚の人　7
厚生労働省（老健局）　130,133,138
公的ホームヘルプサービス　208
高福祉高負担　9
高齢者委員会　12
高齢者虐待　88,93－95,101,106,108－ 110
高齢者虐待防止法　109,111,216
高齢者ケア　94,105
高齢者ケア課課長　97,98
高齢者ケア政策　215,225
高齢者ケア実践　217
高齢者扶養　211
『高齢者への介護とサービス』　220
国民の家　203－205,212
個人番号　31
ことぶき園　140
五人組　210－212
五人組帳前書　210,211
コミューン間格差　216,217

コミューン議会議員　80,89,90
コミューン職員　80,81,87,88,91
コミューン・ランスティング連合会　75
コムーネ　109
コンタクトパーソン　31,33,171

【サ】
サービスハウス　22,34,87
サーラ法　96,98,100,101,104－106, 108－111,216,217
作業療法士（OT）　27,32,120,123,127, 132,137
サナスインデックス　31
ジェットコースター・シフト　152,157, 160,162,163,165,166,170－172,175, 176,183,188,192,193,216
ジェンダー・バイアス　207,208,212
視覚障害　55
時間的継続性　90,192,216
時間的切迫感　194
自己負担額　77,216
自然享受権　5
事前申請制度　135
指定事業者制度　133
白い部屋　144－146
借地農民　202
社会サービス委員会　26,45,78,80,89, 90,97－100,104
社会サービス法　33,44,62,74,76,77,96, 105,216
社会庁　17,18,21,71,104,220
社会的入院　12

社会的入院費支払い責任 13-17,19, 21,23,215,217
社会福祉士 187
社会民主労働党 79,204,225
住宅改修サービス 113,114,117,119, 120,122,123,126,128,133-138,216, 217,224
住宅改修証明書 120,122,127
住宅改修に関する法律 113
住宅改修補助金法 114
住宅補助金 143
樹形モデル 59,60
主治医の意見書 47
手段的サポート 196,211
自立支援 138
受領委任方式 135
巡回扶養 203
准看護師 31,95,150,171,180,183
情緒的サポート 196
障害者ケア 105
ショートステイサービス 84,195,205
償還払い 134
褥瘡（じょくそう） 52,95
所得税 9
シルコミューン 99
新型特別養護老人ホーム 143
身体介護 196
身体障害者ケア 17
人的継続性 192,216
人的不連続性 173
スウェーデンコミューン連合会 75
スウェーデン年金受給者連合 90
スタータレ 6

ストックホルム 71,86
スヌーズレン 143-147
スヌーフェレン 144
スンスヴァルコミューン 146
スンドストローム，イェット 208
スンドビューベリーコミューン 86
生活援助 196
精神障害者ケア 17
精神保健福祉士 176
セテリーゴーデン 148,149
全国年金生活者連合 90
選択の自由革命 79,84
洗濯場スケジュール 172
相応な生活レベル 44,45
ソーシャルサポート 196,211
ソシオノム 25
措置（制度） 33,81,219
ソルナコミューン 86,88,95,101,144
ソッレントゥーナコミューン 81

【タ】
第1次判定 46,47
第1次判定ソフト 47,48,59
高橋紘士 218
タクティール・マッサージ 194
単身世帯 54
男女同権 204
ダンデリードコミューン 80
地域責任看護師 99,100,108
地域包括支援センター 47,110
地域包括支援センター運営協議会 47
知的障害者 145
知的障害者ケア 17

ツエベヘリ，マルタ　205
中位待機日数　21
中間評価項目得点　57-61
ティーダホルムコミューン　73,117
ティービィコミューン　86
ティエルプコミューン　36,98
デイサービス　75,195,206
ティーブロコミューン　81
テマ研究所　iii,3
東京都老人総合研究所　ii
同語反復（トートロジー）　226
ドーセレン　144
特別養護老人ホーム　142,146,194
特記事項欄　47,56
トラネモコミューン　99
トローサコミューン　81

【ナ】
ナーシングホーム　22,73,79,84,87,99, 141-143,147,149,168,169,195,220
中井清美　56
仲村優一　113
ナショナルガイドライン　74,75
夏休み　168-170,172
ニーズ判定　25-27,32,34-36,44,45, 47,81,215,218-220,224
ニーズ判定員　25,33-35,44,143,217- 229,224
入札（制度）　78,79,81,88,100
認知症高齢者　7,8,47,55,95,140,141, 143-147,165,168,170,183,190,192,194
ノーマライゼーション　173
脳血管性認知症　55

【ハ】
パーキンソン病　137
ハーテンバーグ　144
函館あいの里　140
バブルユニット　145
ハルセージ・ジャン　144
ハンソン，パー・アルビン　204
ハンディキャップ課課長　97,98
ピーテオコミューン　162-164
比較の知識社会学　226
比較福祉学　226
ピック病　55
ビーストンズハンドレッガレ　25,219
ビーストンズベドマーレ　219
非対称性　205
一括りの陥穽　218
ビルト，カール　79
フィンスポングコミューン　159
フェリエランダコミューン　68,70
フェルフール・アド　144
フォーマルサポート　195,196,204,205, 211,212,217
福沢諭吉　93
福祉国家　3,101,109,173,203,212
福祉事務所　33
福祉用具　125,136,137
不正受給　132,133
物価基礎額　74,76
不服申し立て　124
プライエボーリ　109
フリドヘム　149
フローデゴーデン　96,101
ベクショーコミューン　34

ベータレン　159,190,191
ベック・フリス，バルブロー　140,141
ヘリューダコミューン　27,96-98,120,122,147
ヘリエダーレンコミューン　69,70
訪問看護サービス　75,195
ホームエレベーター　117,119,126
ホームヘルパー　23,31,168,170
ホームヘルパー2級　176,183,187
ホームヘルプサービス　28,33,34,44,63,70,71,75,84,100,133,134,195,205-208,220,225
ポールヘムスゴーデン　88,89,95,96,101,104,144-146,147

【マ】
マークシート調査　46-48,219
末期がん　137
マリアトリエ　7
マリア法　108
慢性疾患　16
ミニメンタル・ステート検査（MMSE）　28
ミラーボール　145
民間委託　79,81,84,86,88,91,94,101,216
民間事業者　81,88,91
モーゴーデン　165,190,191
モータラコミューン　140
もみの木の家　140
モラルハザード　56
問題行動　55

【ヤ】
山井和則　141
有給休暇　168,173
ユースナシュベリコミューン　69,70
ユスタゴーデン　146
ユードレコミューン　117,165,166
ユニット　142,149,154,157,166,170,172,175,176,180,186,187,190,216
ユニットケア　175
ユニット責任者　97,98,172
要介護高齢者　25,26,62,75,113,120,133,134,138,168,195,196,211,217
養介護施設従事者　109,110
要介護認定　44,46,47,128,215,219
養護者　109,110
ヨーテボリコミューン　63,70,71,147
良き家　204
良き親　205
抑圧移譲論　93
予防給付　47,48,128
ヨンショーピングコミューン　199

【ラ】
ラーゴム　226
ラホルムコミューン　74,81,106
ラポート　95
ランスティング　9,10,13,14,17,22
ランスクローナコミューン　123
理学療法士（PT）　27,32,132,137
リザーブド・アマウント　72,75,76,143
リバウンド現象　21,23,215
リハビリテーション　22,27
リフター　170

リッラローダ 149,152,154,190,191
リンショーピングコミューン 30,32,63,70,81
リンショーピング大学 3
ルンデン 163,190,191
レールム 29
レーン(地方行政)裁判所 26,43,123,124
レーン庁 95,98
労働時間法 153
ロー＝ヨハンソン，イヴァル 5-8
ロビュヘメット 140,141

【ワ】
渡辺博明 6

著者紹介
西下彰俊（にしした・あきとし）
1955年　愛知県春日井市生まれ
1979年　京都府立大学文学部社会福祉学科卒業
1982年　財団法人東京都老人総合研究所社会学部
1984年　東京都立大学社会科学研究科社会学専攻博士課程単位取得
1987年　神戸山手女子短期大学
1990年　金城学院大学
1998年　スウェーデン・リンショーピング大学テマ研究所客員研究員（1年間）
2004年　東京経済大学現代法学部教授（現在に至る）

主著　西下彰俊・浅野仁・大和三重編『高齢者福祉論』（共著、川島書店、2005年）
『スウェーデンに見る個性重視社会』（共著、桜井書店、2003年）
『スウェーデンの女性・最新情報2000』（共著、名古屋市、2000年）
『少子化社会の家族と福祉』（共著、ミネルヴァ書房、2004年）

E-mail：nisisita@tku.ac.jp
ブログ：http://blog.goo.ne.jp/kyotonc

スウェーデンの高齢者ケア
――その光と影を追って――

2007年7月15日　初版第1刷発行
2010年2月10日　初版第3刷発行

著　者　西　下　彰　俊
発行者　武　市　一　幸

発行所　株式会社　新　評　論
電話　03（3202）7391
〒169-0051　　　　振替　00160-1-113487
東京都新宿区西早稲田3-16-28　　http://www.shinhyoron.co.jp

装丁　山　田　英　春
定価はカバーに表示してあります。　　印刷　フォレスト
落丁・乱丁本はお取り替えします。　　製本　清水製本所

©西下彰俊　2007　　ISBN978-4-7948-0744-1
Printed in Japan

よりよくスウェーデンを知るための本

A.リンドクウィスト，J.ウェステル／川上邦夫訳 **あなた自身の社会**　A5　228頁　2310円　〔97〕	【スウェーデンの中学教科書】社会の負の面を隠すことなく豊富で生き生きとしたエピソードを通して平明に紹介し，自立し始めた子どもたちに「社会」を分かりやすく伝える。
B.ルンドベリィ&K.アブラム＝ニルソン／川上邦夫訳 **視点をかえて**　A5　224頁　2310円 ISBN 4-7948-0419-9　〔98〕	【自然・人間・社会】視点をかえることによって，今日の産業社会の基盤を支えている「生産と消費のイデオロギー」が，本質的に自然システムに敵対するものであることが分かる。
藤井　威 **スウェーデン・スペシャル(Ⅰ)**　四六　276頁　2625円 ISBN 4-7948-0565-9　〔02〕	【高福祉高負担政策の背景と現状】元・特命全権大使がレポートする福祉国家の歴史，独自の政策と市民感覚，最新事情，そしてわが国の社会・経済が現在直面する課題への提言。
藤井　威 **スウェーデン・スペシャル(Ⅱ)**　四六　324頁　2940円 ISBN 4-7948-0577-2　〔02〕	【民主・中立国家への苦闘と成果】遊び心に溢れた歴史散策を織りまぜながら，住民の苦闘の成果ともいえる中立非武装同盟政策と独自の民主的統治体制を詳細に検証。
藤井　威 **スウェーデン・スペシャル(Ⅲ)**　四六　244頁　2310円 ISBN 4-7948-0620-5　〔03〕	【福祉国家における地方自治】高福祉，民主化，地方分権など日本への示唆に富む，スウェーデンの大胆な政策的試みを「市民」の視点から解明する。追悼　アンナ・リンド元外相。
河本佳子 **スウェーデンののびのび教育**　四六　256頁　2100円　〔02〕	【あせらないでゆっくり学ぼうよ】意欲さえあれば再スタートがいつでも出来る国の教育事情（幼稚園～大学）を「スウェーデンの作業療法士」が自らの体験をもとに描く！
河本佳子 **スウェーデンの知的障害者**　四六　252頁　2100円 ISBN 4-7948-0696-5　〔06〕	【その生活と対応策】「支援」はこのようにされていた！　多くの写真で見る知的障害者の日常，そして，その生活を実現した歴史的なプロセスはどんなものだったのか？
伊藤和良 **スウェーデンの分権社会**　四六　263頁　2520円 ISBN 4-7948-0500-4　〔00〕	【地方政府ヨーテボリを事例として】地方分権改革の第2ステージに向け，いま何をしなければならないのか。自治体職員の目でリポートするスウェーデン・ヨーテボリ市の現況。
伊藤和良 **スウェーデンの修復型まちづくり**　四六　304頁　2940円 ISBN 4-7948-0614-0　〔03〕	【知識集約型産業を基軸とした「人間」のための都市再生】石油危機・造船不況後の25年の歴史と現況をヨーテボリ市の沿海に見ながら新たな都市づくりのモデルを探る。
ペール・ブルメー&ビルッコ・ヨンソン／石原俊時訳 **スウェーデンの高齢者福祉**　四六　188頁　2000円 ISBN 4-7948-0665-5　〔05〕	【過去・現在・未来】福祉国家スウェーデンは一日して成ったわけではない。200年にわたる高齢者福祉の歩みを一貫した視覚から迪って，この国の未来を展望する。
飯田哲也 **北欧のエネルギーデモクラシー**　四六　280頁　2520円 ISBN 4-7948-0477-6　〔00〕	【未来は予測するものではない，選び取るものである】価格に対して合理的に振舞う単なる消費者から，自ら学習し，多元的な価値を読み取る発展的「市民」を目指して！

※表示価格はすべて税込み定価・税5％。